Compliance in der Forschung

Ingrid Wiedemann • Patrick Pobuda

Compliance in der Forschung

Praxisnahes Grundwissen von der Risikoanalyse über effektive Präventionsmaßnahmen zu einem wirksamen System

Springer Gabler

Ingrid Wiedemann
Fraunhofer-Gesellschaft
München, Deutschland

Patrick Pobuda
Fraunhofer-Gesellschaft
München, Deutschland

ISBN 978-3-658-45727-3 ISBN 978-3-658-45728-0 (eBook)
https://doi.org/10.1007/978-3-658-45728-0

Die Deutsche Nationalbibliothek verzeichnet diese Publikation in der Deutschen Nationalbibliografie; detaillierte bibliografische Daten sind im Internet über https://portal.dnb.de abrufbar.

Springer Gabler ist ein Imprint der eingetragenen Gesellschaft Springer Fachmedien Wiesbaden GmbH und ist ein Teil von Springer Nature.
Die Anschrift der Gesellschaft ist: Abraham-Lincoln-Str. 46, 65189 Wiesbaden, Germany

Vorwort

Dieses einführende Werk in die Welt der Compliance ist im Rahmen unserer beruflichen Tätigkeit in der Zentrale der Fraunhofer-Gesellschaft in München entstanden. Es soll hiermit ein unkomplizierter sowie auch schneller Einstieg in dieses spannende Themenfeld gelingen. Vor allem wird die Compliance Arbeit in Forschung und Wissenschaft adressiert. Die ersten beiden Kapitel befassen sich mit den grundlegenden Aspekten, die Kapitel drei bis sechs stellen die jeweiligen Bestandteile des hier umrissenen Compliance-Kreislaufes – im Sinne eines simplen Vorgehensmodells – dar, Kapitel sieben behandelt verschiedene relevante Einzelthemen und Kapitel acht bildet den Abschluss mit einem Resümee sowie Ausblick auf zukünftige Herausforderungen. Jedes Kapitel enthält zudem Empfehlungen für weiterführende Literatur zum jeweiligen Themenbereich. Ferner wurde versucht, neben allgemein-anerkannten Inhalten ebenso unsere Erfahrungen aus der Compliance-Tätigkeit in einer außeruniversitären Forschungseinrichtung einzubringen. Dennoch ist hiermit keine Best-Practice-Anleitung angestrebt, sondern lediglich eine initiale Hilfestellung, um recht zügig den Kern der Compliance und auch ihre Aufgaben verstehen zu können.

Natürlich ist dieses Buch nicht nur in einer isolierten Arbeitsgemeinschaft bestehend aus zwei Personen entstanden – wobei die Erstellung durch die beiden Autor:innen zu gleichen Teilen erfolgte. Vielmehr ist es durch einen lebhaften Austausch zwischen verschiedenen Menschen gewachsen. Deshalb möchten wir uns herzlichst bei unseren Kolleg:innen in der Fraunhofer-Gesellschaft, insbesondere bei Dr. Markus Zirkel und Dr. Anne Funck Hansen, für ihre Unterstützung im Rahmen dieser Bucherstellung bedanken. Ebenso gilt unser tiefer Dank den Expert:innen Markus Jüttner und Dr. Hubert Schmid wie auch Anna Schmid und Julia Wiedemann, die uns in ihrem jeweiligen Fachbereich mit wertvollen Hinweisen/Kommentaren sehr weitergeholfen haben.

An dieser Stelle soll ferner darauf hingewiesen werden, dass die in diesem Buch vorgestellten Vorgehensweisen, Konzepte und Empfehlungen lediglich die Sichtweise der beiden Autor:innen abbilden sowie nicht im Gesamtkontext der Fraunhofer-Gesellschaft zu verstehen sind. Es handelt sich hierbei also weder um eine etwaige Beschreibung bzw. Darstellung des Compliance-Management-Systems oder der Compliance-Organisation von Fraunhofer noch sollen hiermit in irgendeiner Weise mögliche Andeutungen oder eventuelle Bewertungen aufgezeigt bzw. offenbart werden.

Wir hoffen, dass unsere Intention, mit diesem Buch eine nützliche Hilfestellung zum Einstieg in die Compliance-Arbeit für Forschung und Wissenschaft bereitstellen zu können, auch wirklich gelungen ist, und wünschen Ihnen viel Erfolg bei der individuellen sowie herausfordernden Aufgabenstellung, die Compliance in Ihrer jeweiligen Organisation wirksam voranzubringen.

München, Deutschland

Ingrid Wiedemann
Patrick Pobuda

Über dieses Buch

Was Sie in diesem Buch finden können

- Einen ersten Überblick zu den wesentlichen Compliance-Grundlagen im Allgemeinen sowie eine tiefere Hinführung zu den Compliance-Gegebenheiten in der Wissenschaft.
- Eine geordnete bzw. strukturierte Vorgehensweise, mit der eine agile Implementierung und ein nachhaltiger Betrieb eines Compliance-Management-Systems gelingen kann.
- Einen Einblick in die notwendigen Fähigkeiten für eine erfolgreiche Compliance-Arbeit mit einem Plädoyer für eine organisationsweite Strategie inklusive Ziele für Compliance.
- Eine Hinführung zu den wesentlichsten etablierten Standards und relevanter Literatur sowie zu weiteren Informationsquellen und einschlägigen Verbänden der Compliance.
- Ein Darstellungsversuch des Enabling-Ansatzes, mit dem Compliance eben nicht als Belastung der Organisation, sondern als Chance zur Fortentwicklung verstanden wird.

Zusammenfassung

Dieses Buch beschäftigt sich mit dem Aufbau, wesentlichen Elementen sowie Wirksamkeitsmechanismen eines Compliance-Management-Systems in Forschung und Wissenschaft. Als ein zentrales Anliegen gilt es hier, einen Eindruck zu vermitteln, wie die Balance zwischen gesetzlichen sowie gesellschaftlichen Anforderungen und dem für Innovationen nötigen Freiräumen gelingen kann. Wo Grenzen sinnvoll gesetzt werden können und wie dies dann auch im Arbeitsalltag praktisch – bspw. durch das Einbringen von Leitplanken oder zielgruppenspezifischen Orientierungshilfen – realisiert werden kann, wird weithin verständlich aufgezeigt. Es soll Personen mit unterschiedlichem Kenntnisstand – von Einsteiger:innen bis Fortgeschrittenen – entsprechende Perspektiven eröffnen, eine brauchbare Vorgehensweise aufzeigen sowie Wegweiser und nützliches Arbeitsmittel sein, um in der täglichen Compliance-Arbeit individuelle Lösungen erarbeiten zu können. Neben dem aktuellen Literaturstand zum Thema Compliance sind die praktischen Erfahrungen der beiden Autor:innen eingeflossen. Ferner wird in jedem Kapitel auf weiterführende Literatur verwiesen. Die Sammlung anwendungsorientierter Standards sowie realitätsnaher Beispiele soll den Lesenden die Implementierung erleichtern und einen Einblick in den Arbeitsalltag geben, wie die Konzepte usw. zu verstehen sind, welche dann spezifisch an die jeweiligen Gegebenheiten der Organisation anzupassen sind. Entsprechend wird hier ein möglichst breites Spektrum in Bezug auf die Organisationsdiversität im Umfeld von Wissenschaft und Forschung (z. B. Universität, Hochschule, außeruniversitäre Forschungseinrichtung sowie Wirtschaftsunternehmen) berücksichtigt. Allen ist jeweils die Notwendigkeit gemeinsam, ihre Innovationsfähigkeit zu stärken – um im Wettbewerb bestehen zu können – und die hierfür erforderlichen Handlungsmöglichkeiten zu schaffen, ohne dass dabei die sinnhaften Absichten hinter den gesetzlichen Vorgaben oder ethischen Standards etc. ausgehöhlt bzw. untergraben werden. Die Aspekte des Spannungsfelds zwischen Freiheit bzw. Gestaltungsspielräumen der Wissenschaft sowie Begrenzung durch verbindliche Bestimmungen werden in den hier verfolgten Ansätzen des *Enablings* bzw. *Möglichmachens* und *risikoorientierten Handelns* in den Vordergrund gestellt. Geleitet wird diese Vorgehensweise vom übergeordneten Ziel, die Compliance als starken Beitrag zum Organisationserfolg zu positionieren. Denn Compliance soll nicht durch eine Regelflut belasten, sondern durch kluge Maßnahmen rechtliche Sicherheit gewähren. So macht dieses Buch hoffentlich Lust auf die Compliance-Arbeit, ohne dabei jedoch die damit einhergehenden Anstrengungen bzw. Schwierigkeiten in der Umsetzung zu verschweigen.

Inhaltsverzeichnis

Abkürzungsverzeichnis

AktG	Aktiengesetz
AKV	Aufgaben, Kompetenzen und Verantwortlichkeiten
AWR	Außenwirtschaftsrecht
BAFA	Bundesamt für Wirtschaft und Ausfuhrkontrolle
BCM	Bundesverband der Compliance-Manager
BDI	Bundesverband der Deutschen Industrie
BKA	Bundeskriminalamt
BMAS	Bundesministerium für Arbeit und Soziales
BMI	Bundesministerium des Innern und für Heimat
CCO	Chief Compliance Officer
CG	Corporate Governance
CMS	Compliance-Management-System
CoC	Code of Conduct
CPI	Corruption Perceptions Index
CPL	Compliance
CRM	Customer-Relationship-Management
CSDDD	Corporate Sustainability Due Diligence Directive
CSR	Corporate Social Responsibility
CSRD	Corporate Sustainability Reporting Directive
DCGK	Deutscher Corporate Governance Kodex
DICO	Deutsches Institut für Compliance
DOJ	US Department of Justice
DSFA	Datenschutz-Folgenabschätzung
DS-GVO	Datenschutz-Grundverordnung
ERP	Enterprise Resource Planning
ESG	Environmental Social Governance
EU	Europäische Union

EuGH	Europäischer Gerichtshof
FAQ	Frequently Asked Questions
F&E	Forschung und Entwicklung
FCPA	Foreign Corrupt Practices Act
GewO	Gewerbeordnung
GRC	Governance, Risk und Compliance
HinSchG	Hinweisgeberschutzgesetz
IDW	Institut der Wirtschaftsprüfer in Deutschland e.V.
IIA	Institute of Internal Auditors
IK	Interessenkonflikt
IKS	Internes Kontrollsystem
IP	Intellectual Property
KI	Künstliche Intelligenz
KPI	Key Performance Indicators
KVP	Kontinuierlicher Verbesserungsprozess
LkSG	Lieferkettensorgfaltspflichtengesetz
LobbyRG	Lobbyregistergesetz
NGO	Non-Governmental Organization
OECD	Organization for Economic Co-operation and Development
OwiG	Gesetz über Ordnungswidrigkeiten
PCDK	Public Corporate Governance Kodex
PS	Prüfungsstandard
QM	Qualitätsmanagement
StGB	Strafgesetzbuch
UK	United Kingdom
UKBA	United Kingdom Bribery Act
UN	United Nations
US	United States
VDA	Verband der Automobilindustrie

Abbildungsverzeichnis

Bedeutung/Nutzen der Compliance 1

Noch bis gut in die 1990er-Jahre galt in der Unternehmenswelt der Ansatz des einflussreichen Ökonomen Milton Friedman (1970), dem zufolge „the social responsibility of business is to increase its profits." Zum Glück hat für unserer aller Lebensqualität ein Umdenken stattgefunden, welches Unternehmen bzw. Organisationen – zunehmend – dazu verpflichtet, aus diesem engen Fokus auszubrechen und bspw. neben den Gesetzen zur Bekämpfung von Korruption oder der Durchsetzung des Außenwirtschaftsrechts ebenso Themenkomplexe wie Fairness, Menschenrechte und Umweltschutz stärker anzugehen (siehe in diesem Kontext die Konzepte *CSR – Corporate Social Responsibility* sowie *ESG – Environmental, Social and Governance*, welche sich derzeit sehr dynamisch entwickeln und eine fortschreitende Verrechtlichung erfahren). Getrieben wurde dieser Wandel bspw. durch die Einsicht, dass sich an den bis dato betriebenen Praktiken dringend etwas ändern muss, damit die Erde auch noch den nachfolgenden Generationen zur Verfügung steht, oder dass sich Gerechtigkeit auf breiter Ebene nicht mit warmen Worten erreichen lässt. Vor allem aber haben wohl geopolitische sowie wirtschaftliche Beweggründe dazu beigetragen, dass u. a. die Entwicklung des Globalen Südens eine höhere Priorität bekommen hat (z. B. Reduzierung der Migrationsströme) und dass mit natürlichen Ressourcen (z. B. infolge von Verknappung und somit Preissteigerungen) in nachhaltigerer (z. B. durch umfassendes Recycling) sowie sparsamerer Weise (u. a. mithilfe effizienter Produktionsverfahren) umgegangen wird. Selbst das Streben nach Fairness kann aus wirtschaftlichen Gründen erfolgen, denn ein anständiges Miteinander in einer Entität und darüber hinaus befördert die Performance bzw. steigert die Leistungsfähigkeit (z. B. treiben Chancengleichheit sowie Gleichberechtigung massiv das Engagement wie auch die Innovationsfähigkeit der Organisationsangehörigen). Ferner bildet natürlich

I. Wiedemann, P. Pobuda, *Compliance in der Forschung*,
https://doi.org/10.1007/978-3-658-45728-0_1

das Vertrauen bspw. der Investor:innen, Projektpartner:innen oder Kund:innen sowie Mitarbeitenden in die jeweiligen Tätigkeiten/Ziele einer Organisation die Grundlage für den (zweckorientierten bzw. wirtschaftlichen) Erfolg, wodurch u. a. die Einhaltung von Gesetzen oder der Schutz der eigenen Reputation essenziell ist. Ebenso zahlen diese Punkte sicherlich auf die Arbeitgeberattraktivität ein, was in Zeiten des Fachkräftemangels von erheblicher Wichtigkeit ist. Zweifelslos trugen auch die vielen gesellschaftlichen Initiativen und Protestbewegungen sowie sich daraus ergebende politische Bestrebungen zu diesem wichtigen Umdenken bei. Entsprechend stark ist also die Regulatorik gestiegen, welche vermutlich in Zukunft aufgrund großer Entwicklungen/Herausforderungen (wie *Künstliche Intelligenz* oder *Klimakrise*) weiter zunehmen wird. Mit diesen starken Veränderungen hat auch die Compliance erheblich an Bedeutung gewonnen und das nicht nur in der Privatwirtschaft, sondern in nahezu allen Organisationsformen (Abb. 1.1).

Compliance bezeichnet im weitesten Sinne die (Beschäftigung mit der) Regelkonformität einer Organisation (wie z. B. Forschungseinrichtungen, Unternehmen oder ähnlichem). Hierunter kann allgemein gesehen die Einhaltung der anzuwendenden nationalen und internationalen Gesetze, etablierten Standards oder auch selbstgesetzten Verhaltensnormen (was man kurzgefasst unter dem Begriff *Vorgaben* subsumieren könnte) durch die Führungskräfte sowie Mitarbeitenden usw. verstanden werden. Die *Corporate Compliance* beinhaltet das unternehmerische Handeln zur Beachtung dieser Vorgaben, für welche sich die Leitung einer Organisation verantwortlich zeichnet. Es gilt in erster Linie die einschlägigen Gesetze eines Landes einzuhalten. Ferner ergibt sich hieraus der Umstand, dass je internationaler eine Organisation agiert, desto umfassendere Bestimmungen beachtet werden müssen. Ein weiterer bedeutender Aspekt ist, dass sich die nationale oder auch supranationale Regulatorik (z. B. durch die EU) in Bezug auf das unternehmerische Handeln immer erheblicher an Nachhaltigkeitsaspekten orientiert und damit ebenso auf eine Steigerung der Resilienz von Organisationen abzielt, um u. a. in Krisensituationen widerstandsfähiger zu sein. Darüber hinaus gilt es die branchenspezifischen Vorgaben entsprechend zu befolgen. Zunehmend werden auch *weiche Faktoren* wie Fairness, Integrität sowie Geschäftsethik in die Compliance-Arbeit einbezogen und die strategischen Überlegungen daran ausgerichtet.

Mithilfe der Compliance können in systematischer Weise die jeweils anzuwendenden Vorgaben genau identifiziert sowie effektive Maßnahmen weitestgehend effizient umgesetzt werden, sodass potenzielle Risiken aus der Nichteinhaltung dieser Vorgaben (z. B. Bußgelder, Freiheitsstrafen oder Reputationsschäden und damit die Gefahr, den Organisationszweck zu verwirken) minimiert bzw. mitigiert werden können. Allerdings ist ebenso die konträre Richtung zu meiden, in der Compliance durch ein zu striktes Durchgreifen bzw. einen überbordenden Ver-

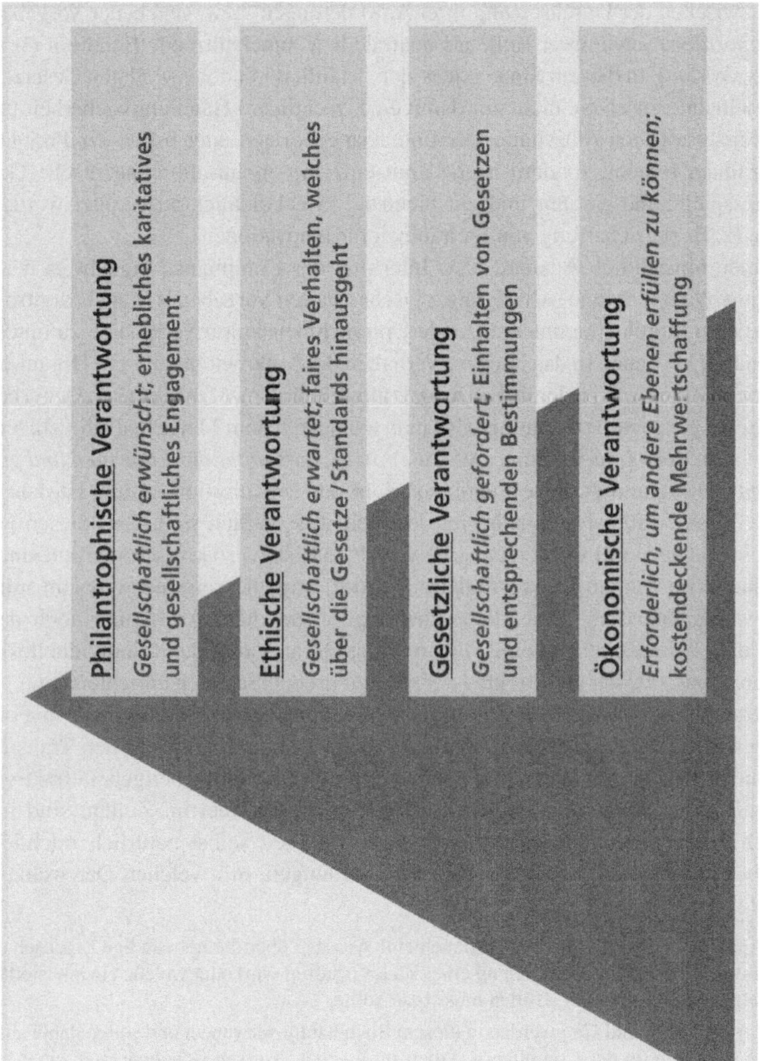

Abb. 1.1 Beziehung von Wirtschaft, Recht sowie CSR. (Vgl. Carroll 1991)

waltungsaufwand dafür sorgt, dass bspw. (wachsende) zusätzliche Kosten die Wirtschaftlichkeit gefährden. Prinzipiell sollte die Compliance somit eine Balance finden zwischen der Durchsetzung ihrer Anforderungen[1] bzw. gegebener Vorgaben (*Machtposition*) sowie ihrer Rolle als neutrale bzw. unterstützende Beraterin (*Vertrauensposition*). In diesem Sinne gilt es sich detailliert mit den jeweiligen Gesetzen etc. auseinanderzusetzen, nicht nur damit eine (rechtliche) Handlungssicherheit für die arbeitsbezogenen Aktivitäten der Entitätsangehörigen oder bspw. der Projektpartner:innen besteht, sondern auch damit einzelne organisationsspezifische Gestaltungsspielräume erkannt und entsprechend zweckdienlich ausgenutzt werden können (z. B. zur Schaffung von Freiräumen für Innovationen).

Gerade hinsichtlich Ausmaß bzw. Intensität der Compliance braucht es u. a. eine sinnvolle bzw. kluge[2] Abwägung zwischen harten Vorgaben wie auch Kontrollen und dem (durch eine unterstützende Unternehmenskultur verlässlich zu untermauernden) Vertrauen in das integere Verhalten der Mitarbeitenden bzw. Organisationsangehörigen sowie deren Führungskräften und dem Management. Denn bei einer (sehr) genauen Betrachtung wird man wohl bei jedem Menschen ein Fehlverhalten feststellen (ganz im Sinne des Ausspruchs, dass *unter der Lupe niemand gut aussieht*). Die grundsätzliche Frage aus Sicht der Organisationsleitung ist daher, welche Verstöße für die Organisation letztlich so schädlich sind, dass diesen jeweils entgegengewirkt werden muss bzw. welche Risiken so kritisch/relevant sind, dass diese (im Ramen der verfügbaren Mittel) angemessen und wirksam mitigiert werden müssen. Wesentlich schwieriger wird diese Abwägung noch dadurch, dass bereits eine einzelne Person in der Organisation durch individuelles – strafbares bzw. ethisch unkorrektes – Verhalten großen Schaden anrichten kann.

Entsprechend ist die Anwendung der Compliance zwangsläufig auch in Forschung sowie Wissenschaft essenziell, vor allem wenn es bspw. um den Transfer von Innovationen in die Wirtschaft geht oder im Kontext von Arbeitgeberattraktivität sowie als verlässliche/r Geschäfts- oder Projektpartner:in. Zudem sind im Bereich der wissenschaftlichen Arbeit bzw. Tätigkeit selbst natürlich reichlich Vorgaben einzuhalten, bspw. bei den Fragestellungen, mit welchen Datensätzen

---

[1] Eine Anforderung ist hier im Wesentlichen eine Aussage über die notwendige Eigenschaft oder Fähigkeit, welche zur Erreichung eines Zieles benötigt wird oder welche ein anvisiertes System (zwangsläufig auch) erfüllen muss bzw. sollte.

[2] Die Worte *sinnvoll* und *klug* werden in diesem Buch häufig verwendet und sollen dabei ausdrücken, dass u. a. in der Compliance-Arbeit infolge der diversen Gegebenheiten einer jeweiligen Organisation sowie deren Umfeld oftmals keine einfachen bzw. vorgefertigten Lösungen existieren können. Daher sind die Aufgaben bspw. mit gewissenhafter Konzentration sowie kreativer Cleverness anzugehen, ohne dass dabei der Zweck bzw. die Wirtschaftlichkeit etc. und damit der Organisationsnutzen konterkariert wird.

eine Künstliche Intelligenz jeweils trainiert werden darf (Stichwort *Datenschutz*) oder inwieweit Menschenaffen für medizinische Versuche bzw. Zwecke heranziehbar sind (Stichwort *Ethik*). In diesem Kontext gilt es auch sicherzustellen, dass dem wissenschaftlichen bzw. wirtschaftlichen Erfolg eben nicht ethische, gesetzliche oder organisationsspezifische Vorgaben geopfert werden. Es muss darüber hinaus zwingend vermieden werden, dass sich bspw. in der Organisation aufkeimendes negatives Verhalten (z. B. Zahlung von Bestechungsgeldern zur Auftragserlangung oder Inkaufnahme von Gesundheitsschäden beim Medikamententest) verstärken kann, wodurch sich Mitarbeitende diesem schädlichen Verhalten bzw. dieser Unternehmens-/Organisationskultur nicht entziehen (außer durch Kündigung) sowie ihre Karriere nicht mehr integer voranbringen können.

Damit nun Forschungseinrichtungen am Markt erfolgreich agieren können (um z. B. ihre Dienstleistungen im Bereich der angewandten Wissenschaften zu vertreiben oder auch innovative Geschäftsideen bzw. -modelle auf der Basis spannender Forschungsergebnisse durch Ausgründungen bzw. Startups zu verwirklichen), müssen sie sich den äußerst vielfältigen Anforderungen bzw. Erwartungen[3] stellen, die u. a. von den Behörden, der Zivilgesellschaft oder ebenso von Partner:innen an sie gerichtet werden. Im Kontext von Geschäfts- bzw. Kooperationspartnerschaften können Anforderungen bspw. Pflichten in Form von höheren, über Gesetze hinausgehende, Sozialstandards sein (wie z. B. die fakultative Zahlung des deutschen Mindestlohnes in den Niedriglohnländern des Globalen Südens). Durch das Festhalten solcher zusätzlichen Verpflichtungen in einer Eigenerklärung oder einem Verhaltenskodex (im Englischen als *Code of Conduct* bezeichnet) und deren Aufnahme in den jeweiligen Kooperationsvertrag etc. (wodurch ein Verhaltenskodex dann auch Vertragsbestandteil würde) gilt es diese verbindlich einzuhalten. Somit ergeben sich aus der Nichteinhaltung dieser (freiwilligen) Verpflichtungen entsprechende Ansprüche der Partner:innen (also z. B. Schadensersatzansprüche oder Vertragsstrafen). Damit das nicht geschieht und damit natürlich ebenso keine Strafen oder Reputationsschäden aufgrund von Verstößen gegen andere Vorgaben entstehen, müssen u. a. die sich aus Gesetzen ergebenden Anforderungen (z. B. arbeitsrechtliche Bestimmungen zum Gesundheitsschutz, wie die Installation von Absperrungen und Schutznetzen, oder die obligatorischen Grundsätze in

[3] Diese Erwartungen sind nicht nur divers, sondern häufig widersprüchlich. Denn Organisationen sollen zugleich Gesetze einhalten, die Umwelt schützen, Lieferketten im Blick haben, innovative Forschung betreiben und auch ein:e attraktive:r Arbeitgeber:in sein (neben weiteren Erwartungshaltungen). Daher lässt sich Compliance als das Verhalten einer Organisation auffassen, welches die Erwartungen externer Interessensgruppen erfüllt oder mit diesen möglichst übereinstimmt; vgl. Jüttner und Schütz (2023).

der Buchführung, wie die Aufbewahrungspflicht von Buchungsbelegen) unbedingt eingehalten werden. Demgemäß sollten Organisationen also stets in Einklang mit den jeweiligen (rechtlichen, ethischen etc.) Vorgaben agieren, da sich anderweitiges (gesetzeswidriges) Verhalten oftmals sehr schnell existenzbedrohend auf die allerbeste Geschäftsidee bzw. Innovation auswirken kann.

Infolge der ganzheitlichen Betrachtung aller – für die jeweilige Organisation anzuwendenden – Rechtsgebiete und selbstgesetzten Verpflichtungen sowie der sich daraus ergebenden Aktivitäten wird von einem (Management-)System[4] gesprochen. Das Compliance-Management-System (CMS) begründet sich auf einem organisationsspezifischen Risikomanagement mit u. a. turnusmäßig stattfindenden Risikoanalysen. Hiermit sind in einer Regelmäßigkeit (oder ggf. zusätzlich auch anlassbezogen) die gesetzlichen Vorgaben sowie damit verbundene haftungsrelevante oder (darüber hinausgehende) reputationsschädigende Risiken individuell für die jeweilige Entität zu erfassen. Davon abgeleitet sind Präventionsmaßnahmen zu erarbeiten, um diesen Risiken in effektiver und effizienter Weise entgegenwirken zu können. Sollten diese individuell zu konzipierenden Maßnahmen in der realen (Arbeits-)Welt dann doch mal zu kurz greifen, so müssen passende Abhilfemaßnahmen anberaumt werden, welche den entstandenen Schaden u. a. eingrenzen können. Ob nun die Präventionsmaßnahmen tatsächlich wirksam sind, ist über jeweilige Kontrollen aktiv zu überprüfen; ferner weisen ggf. Meldungen über das Hinweisgebersystem auf Systemmängel sowie Verstöße hin. Auch eine aussagekräftige Dokumentation für die Nachvollziehbarkeit der Compliance-Arbeit (z. B. als Argument für Gerichtsverfahren) und zielführende Berichterstattung an die notwendigen Funktionen bzw. Stellen (z. B. Organisationsleitung) über all diese verschiedenen Aktivitäten sind als Bestandteile eines CMS anzusehen. So bildet sich aus dieser umrissenen Systematik ein Kreislauf bzw. Regelkreis, der kontinuierlich abzulaufen hat. Letztendlich sollen also mit einem CMS die folgen-

---

[4] Unter dem Begriff *Managementsystem* versteht man im Allgemeinen das Folgende: „A management system is the way in which an organization manages the interrelated parts of its business in order to achieve its objectives. These objectives can relate to a number of different topics, including product or service quality, operational efficiency, environmental performance, health and safety in the workplace and many more. The level of complexity of the system will depend on each organization's specific context. For some organizations, especially smaller ones, it may simply mean having strong leadership from the business owner, providing a clear definition of what is expected from each individual employee and how they contribute to the organization's overall objectives, without the need for extensive documentation. More complex businesses operating, for example, in highly regulated sectors, may need extensive documentation and controls in order to fulfil their legal obligations and meet their organizational objectives." (ISO 2024).

den Aufgabenbereiche strukturiert angegangen werden (wobei der zweitgenannte Punkt von einigen Organisationen ausgeklammert wird):

- die (bestmögliche) Sicherstellung der Einhaltung gesetzlicher Vorgaben (*Legalitätspflicht*),[5]
- die Beachtung von Nachhaltigkeitsstandards in der Unternehmensführung (*Good Governance*),
- sowie die Etablierung von Normen und Werten in einer Organisation (*Unternehmenskultur*).

Die diversen und teils komplexen Anforderungen, welche nun in einem wirksamen CMS beachtet und wonach maßgeschneiderte, auf die organisationsspezifischen Gegebenheiten sowie Risiken ausgerichtete Maßnahmen implementiert werden müssen, erfordern viel Koordinations- und Verhandlungsgeschick sowie eine starke bzw. durchsetzungsfähige Stellung der Compliance in der Organisation. Denn ohne eine auf Compliance ausgerichtete Governance und Strategie sowie ein ehrliches Commitment der Organisationsleitung kann die Compliance-Arbeit nicht wirksam stattfinden. Natürlich braucht es hierfür ebenso engagierte sowie durchsetzungsstarke, aber dennoch kooperative Personen mit bspw. einem umfassenden Kenntnisstand in den Bereichen Projekt- und Prozessmanagement sowie zwangsläufig einem sehr guten rechtlichen Verständnis. Nicht zu vergessen ist – damit eine effiziente und effektive Ausübung der Compliance-Tätigkeiten möglich ist – die IT-Unterstützung, denn ohne jeweilige digitale Anwendungen bzw. Tools wird kein wirksames CMS zu etablieren sein. Digitale Anwendungen/Tools (z. B. für das Hinweisgebersystem oder Richtlinienmanagement) gibt es im Compliance-/Rechtsumfeld reichlich (sog. *Legal Tech*), wobei diese immer mehr Funktionen innehaben und u. a. durch KI-Einsatz enorme Unterstützung bieten können, wenn sie gezielt gemäß organisationsspezifischen Anforderungen ausgewählt werden. Folglich ist dieses vielfältige Tätigkeitsfeld bzw. diese interdisziplinäre Managementfunktion spannend wie ebenso notwendig für eine nachhaltige Unternehmensführung und hohe Innovations-/Leistungsfähigkeit sowie vermutlich unabdingbar für die Gestaltung einer gerechten (Arbeits-)Welt.

---

[5] Mit *Legalitätspflicht* ist hier kein juristischer Fachterminus gemeint. Denn aus (gesellschafts-)rechtlicher Sicht ist zwischen der Legalitäts-, der Legalitätskontroll- und Legalitätsdurchsetzungspflicht zu unterscheiden; vgl. einschlägige Literatur zu § 93 AktG. Die letzteren beiden Pflichten umschreiben dabei die Compliance-Funktion. Die Legalitätspflicht hingegen umschreibt die originäre Rechtstreue des Organs einer Organisation – meint damit also den Vorstand, die Geschäftsführer:innen etc. – selbst.

Dies alles gilt es also in Forschung und Wissenschaft mit einem ressourcenschonenden Vorgehen so auszugestalten, dass nicht nur Risiken minimiert, sondern auch zukünftige Herausforderungen sowie Chancen antizipiert werden können. Dadurch kann es ferner gelingen, genügend Freiraum bzw. Handlungsmöglichkeiten für Innovationen einzuräumen und die beständige Weiterentwicklung eines Forschungsgebietes nachhaltig zu unterstützen. Darüber hinaus sind die vielen Vorgaben und damit auch ein Übermaß an Bürokratie in einer entsprechend klugen Weise zu bewerkstelligen, dass daraus keine (starken) Innovationshemmnisse entstehen. Gemeinhin wird eine hohe Innovationsfähigkeit erst ermöglicht, wenn ein gewisses Niveau an Fairness sowie Verlässlichkeit in der Organisation bzw. im täglichen Umgang miteinander vorhanden ist, damit freies Denken (inkl. einer förderlichen bzw. gewinnbringenden Fehlerkultur) überhaupt erst geschehen kann. Gerade deshalb – und zwangsläufig auch damit nicht das ganze wissenschaftliche System in Verruf gerät – braucht es unbedingt eine wirkungsvolle Compliance in Forschung und Wissenschaft.[6]

Wenn man sich nun zum ersten Mal mit dem breiten Themenbereich der Compliance beschäftigt, dann wird schnell auffallen, dass es nicht die klare Auffassung darüber gibt, was sich dahinter verbirgt oder was es dabei eigentlich alles zu beachten gilt. Ganz im Gegenteil wird man sogar mit unterschiedlichen Lehrmeinungen sowie Sichtweisen (z. B. juristisch vs. betriebswirtschaftlich) über Compliance konfrontiert. Zudem werden einige Bezeichnungen bzw. Fachbegriffe nicht immer einheitlich in Literatur und Praxis verstanden. Man wird also erkennen, dass es nicht den *einen* wirksamen Compliance-Ansatz oder die *eine* Best-Practice-Lösung für eine jeweilige Organisation geben kann. Deshalb versteckt sich nämlich hinter der Compliance-Arbeit eine umfangreiche sowie individuelle Management-Tätigkeit mit erheblicher (kreativer) Problemlösungskompetenz, die komplexe Zielvorgaben verfolgt und Mehrwerte in der Organisation schaffen will. Die ausschließliche Fokussierung auf die Einhaltung (isoliert-betrachteter) Gesetze, u. a. durch die Feinjustierung von (Geschäfts-)Prozessen, genügt diesem Anspruch nicht. Denn eine nachhaltige Geschäfts- bzw.

[6] Letztlich wird das regulatorische System (meint u. a. die Summe an Regelungen) – wie die Geschichte durchaus zeigt – mit jedem Regelbruch, Skandal etc., hervorgerufen durch ein Systemelement (z. B. eine Universität), immer restriktiver. Somit kann auch ein (absichtlicher) Verstoß infolge falscher oder kreativer Gesetzesauslegung, um bspw. die massiven Erschwernisse des Bürokratismus abzufangen, kaum eine Lösung bzw. im Sinne der Compliance-Arbeit und vor allem der Organisation selbst sein. Solch negative Spirale bzw. Dynamik kann dabei nur mithilfe zweckdienlicher Austausche zwischen der Wissenschaftswelt und der Politik aufgelöst werden.

erfolgreiche Forschungstätigkeit kann nur gelingen, wenn sie in risikomitigierender Weise gesteuert wird sowie auf gemeinsamen Werten aufbaut, welche auch gelebt werden. Die folgenden Seiten ermöglichen hoffentlich einen guten Einstieg und eine erste Orientierung in das spannende, aber auch arbeitsintensive Aufgabenspektrum bzw. -gebiet der Compliance.

1.1 Was wird allgemein unter CPL verstanden?

Als ein Grundsatz lässt sich festhalten, dass „es die originäre Aufgabe der Unternehmensleitung [ist], die von ihr verantworteten [...] Aktivitäten in einer Art und Weise zu organisieren und zu überwachen, dass sie mit den jeweils anwendbaren straf- und bußgeldbewehrten Gesetzen in Einklang stehen. Die Einhaltung des mit staatlichen Sanktionen bewehrten Rechts ist damit die Mindestanforderung an die Leitungsaufgabe *Compliance*" (Moosmayer 2021, S. 1).

Grob gesagt bedeutet *Compliance* (CPL) nichts anderes als das Beachten von Regeln. Jedoch klingt dies einfacher, als es tatsächlich der Fall ist. Denn es gilt erst einmal zu verstehen, ob eine Organisation in den Anwendungsbereich eines (nationalen und/oder internationalen) Gesetzes fällt und welche Pflichten sich hieraus ergeben. Zudem definieren organisationsinterne Strategie bzw. Werte, ob eine Verschärfung anzustreben ist (also ob bspw. zusätzliche Maßnahmen zum Wohle der Natur über die Umweltschutzgesetze hinaus zu ergreifen sind).

Compliance im Unternehmenskontext wird üblicherweise als *Corporate Compliance* bezeichnet und bedeutet die Summe aller Maßnahmen in einer Organisation, die gewährleisten soll, dass sich Organisationsleitung sowie Mitarbeitende rechtmäßig verhalten. Dies meint, dass die implementierten Maßnahmen sowohl für eine rechtskonforme bzw. redliche Führung der Aktivitäten als auch für das integre Verhalten der Mitarbeitenden sorgen sollen. Diese Sammlung von Maßnahmen – welche themen-/risikospezifisch in einem *Compliance-Programm* zusammenzufassen sind – wird daran ausgerichtet, Verstöße aufzudecken oder am besten gleich zu verhindern (u. a. durch zielgerichtete Schulungen sowie regelverbindliche Prozessgestaltung). Eine angemessene Compliance beugt auf diese Weise den (spezifischen) wirtschaftlichen Risiken wie auch den zivil- und strafrechtlichen Verstößen sowie einem Reputationsschaden der jeweiligen Organisation wirksam vor und dient somit der Schadens- und Haftungsvermeidung.

Compliance richtig umzusetzen bedeutet, es als einen Erfolgsfaktor in der Organisation zu positionieren, die Compliance-Verantwortlichen mit einer Durchsetzungsfähigkeit auszustatten und ein ganzheitliches System als Wertschöpfungsfaktor zu etablieren. Seine vollumfängliche Wirkung in Bezug auf den *Pre-*

vent-Detect-Response-Ansatz[7] kann das Compliance-Management-System (CMS) nur dann angemessen entfalten, wenn diese Aufgabe organisationsweit (von allen Führungskräften, Mitarbeitenden, externen Stakeholdern etc.) wahrgenommen wird. Ein wirksames CMS stellt zweifelsfrei einen Wettbewerbsvorteil dar, da gezwungenermaßen immer mehr öffentliche und private Geschäftspartner:innen ihre Aufträge nur vergeben, wenn ein angemessenes CMS vorhanden ist. Insgesamt schafft eine verantwortungsvoll-durchgeführte Compliance hohes Vertrauen, weshalb Compliance u. a. im *Deutschen Corporate Governance Kodex* (DCGK) für Kapitalgesellschaften sowie auch im *Public Corporate Governance Kodex* (PCGK) für Beteiligungen des Bundes an Unternehmen in privater Rechtsform selbstverständlich aufgenommen wurde.

1.2 Wozu braucht es CPL in der Wissenschaft?

Allgemein haben Forschungs- und Wissenschaftseinrichtungen – wie alle anderen legalen Organisationen eben auch – die grundsätzliche Verpflichtung, sich an Recht und Gesetz zu halten. Deshalb gibt es selbst für die noch so herausragendste Idee bzw. renommierteste Person keine Ausnahmegenehmigung, sich den bestehenden Vorgaben entziehen zu dürfen. Denn gerade mit einem solchen Gedankengut – dass manche Menschen über den Gesetzen sowie über den in der jeweiligen Organisation geltenden Regelungen stehen – wird der Nährboden dafür bereitet, dass Unrecht – mit all den daraus folgenden negativen Konsequenzen für einzelne Personen und/oder die Organisation in Gänze – geschehen kann. Aus diesem Grund muss bspw. im Bereich Forschung und Wissenschaft, wo eine starke Hierarchie gelebt wird, zwingend dafür gesorgt werden, dass u. a. Privilegien infolge einer höheren Stellung nicht für die falschen (oder auch persönliche) Zwecke (z. B. im Sinne eines Interessenkonfliktes) ausgenutzt werden und andere Mitarbeitende in einer unlauteren Weise darunter leiden müssen. Jedoch geht es keineswegs darum, alle Personen deshalb unter einen Generalverdacht zu stellen. Vielmehr soll eine Umgebung aufgebaut werden, in der Compliance-Verstöße faktisch entweder nicht geschehen können (weil entsprechende Prozesse bzw. Strukturen diese verhindern) oder kulturell von den (integren) Organisationsangehörigen nicht ge-

[7] Nach diesem weithin bekannten Ansatz sollen potenzielle Verstöße gegen geltendes Recht oder interne Regeln etc. verhindert werden (*prevent*). Misslingt dieses Vorhaben, so müssen Kontrollmechanismen den Verstoß frühzeitig aufdecken (*detect*). Anschließend sind Abhilfemaßnahmen bzw. Systemanpassungen vorzunehmen, um den eingetretenen Verstößen jeweils wirksam entgegenwirken zu können (*response*).

duldet werden. Bereits das mangelnde Bewusstsein für Fehlverhalten kann dazu führen, dass die Organisation, in der eine solche Awareness fehlt, erheblichen Schaden nimmt. Demzufolge sollte außer Frage stehen, dass regelkonforme Entscheidungen die Grundlage für nachhaltigen Erfolg bilden, während illegales Verhalten – selbst wenn sich daraus kurzfristige Erfolge ergeben könnten (z. B. durch Bestechung der Entscheidungspersonen bei der Vergabe von Forschungsgeldern oder deren Entfremdung für private Vorhaben) – der Organisation auf langfristige Sicht Nachteile (z. B. wegen verringerter Anreize zur Produktinnovation und natürlich wegen hoher Strafen bzw. Sperren bei Vergaben) beschert.[8]

In einer ergebnis- sowie leistungsorientierten Umgebung wie dem Bereich Forschung und Wissenschaft kommt dem Faktor *Fairness* eine hohe Bedeutung zu, auch wenn dies in der Praxis nicht immer ausreichend gelebt wird. Denn Fairness hat sowohl einen stark positiven Einfluss auf die Motivation und Leistungsbereitschaft (vgl. Yeoman et al. 2016; Ambrose et al. 2021) als auch auf die Kooperations- und Innovationsfähigkeit (vgl. Kim und Park 2017; Akram et al. 2020) von Personen in einer Organisation. Entsprechend muss verhindert werden, dass Mitarbeitende u. a. öffentliche Gelder wie auch Drittmittel zweckentfremden (können) oder dass sie sich einen persönlichen Vorteil durch das Angebot bzw. die Annahme von Zuwendungen verschaffen. Ferner können ebenso die mangelhafte Befolgung des sehr komplexen Steuerrechts, die Missachtung des kleinteiligen Arbeitsrechts oder der unrechtmäßige Umgang mit Daten zu erheblichen haftungsrelevanten Schwierigkeiten bzw. Risiken führen. Wesentlich ist aber auch die Einhaltung der Vorgaben zur *guten wissenschaftlichen Praxis*, darunter u. a. die ethische Notwendigkeit, dass Personen nur aufgrund eines wirklich relevanten Beitrags, aber nicht allein infolge ihrer Hierarchieebene als Autor:innen eines wissenschaftlichen Aufsatzes genannt werden. Anders formuliert, die Compliance-Kernthemen wie bspw. die Vermeidung von Interessenkonflikten oder die Prävention von Korruption wie auch Exportkontrolle und im gewissen Maße die gewinnbringende Verwertung wissenschaftlicher Ideen in Form von Startups sowie Lizenzen oder Patenten sind

[8] So wird bspw. im OLAF-Bericht 2020 (S. 22), herausgegeben vom Europäischen Amt für Betrugsbekämpfung (auch bekannt unter der Abkürzung OLAF), explizit von der Gefahr gesprochen, dass „jedes Jahr […] beträchtliche EU-Geldbeträge in Projekte investiert [werden], die Wissenschaftlerinnen und Wissenschaftler aus der ganzen Welt für eine Zusammenarbeit an wichtigen Forschungsprojekten zusammenbringen. Wie bei allen anderen EU-Fonds wird der Großteil der Mittel ausgegeben, wo und wie es vorgesehen ist, doch Forschungsprojekte können ebenfalls ein mögliches Ziel für Betrüger sein." Als Konsequenz kann hier dann nämlich u. a. drohen, dass eine „Organisation […] für einen Zeitraum von drei Jahren keine EU-Förderangebote wahrnehmen [darf]" (ebd.). Diesem existenzbedrohenden oder zumindest sehr schädlichen Szenario gilt es sicherlich gut vorzubeugen.

zentrale Voraussetzungen für den fortwährenden Erfolg einer (Forschungs- bzw. Wissenschafts-)Organisation. Zusammenfassend ist man demzufolge in Forschung und Wissenschaft einer Vielzahl an potenziell existenzgefährdenden Risiken ausgesetzt. Aber „während Unternehmen nach und nach Compliance-Abteilungen aufbauten, gab es in Behörden, den meisten Hochschulen und Universitäten weder eine Compliance-Organisation[9] noch einen strukturierten Compliance-Management-Prozess" (Weber 2020), obwohl ebenfalls in der Vergangenheit bereits einschlägige Skandale publik geworden sind.[10]

Doch oft wird das Grundgesetz, insb. Art. 5, der in Deutschland neben freier Meinungsäußerung und Pressefreiheit auch Wissenschaftsfreiheit garantiert, zum Widerstand gegen Compliance in Forschung und Wissenschaft angeführt. Wissenschaftler:innen besitzen das Recht, frei und unabhängig Forschung zu betreiben, somit die Forschungsfragen sowie verwendeten Methoden wie auch Werkzeuge selbst zu wählen, ihre Ergebnisse entsprechend zu deuten und zu veröffentlichen sowie ihre Meinungen frei zu äußern. Wissenschaftsfreiheit beinhaltet auch den Schutz vor staatlicher oder anderer Einmischung in die wissenschaftliche Arbeit und ist zweifelsfrei ein wichtiger Grundsatz für den Fortschritt sowie die Entwicklung von Wissen. Denn nur so kann auch sichergestellt werden, dass Innovationen und Fortschritt insgesamt entstehen. In dieser Welt nun einen Eingriff von außen erdulden zu müssen, erscheint wie ein vermeintlicher Freiheitsentzug. Compliance sollte jedoch nicht als Last oder gar Zwang, sondern eher als *Enabler* (= Möglichmacher) einer leistungsstarken Organisation angesehen werden. Sicherlich kann Compliance, falls angemessen aufgestellt, die kritischen Konfliktpunkte zwischen Wissenschaftsfreiheit und den anzuwendenden Gesetzen oder auch ethischen Problemstellungen beleuchten sowie entsprechend dazu beitragen, passende Lösungsmöglichkeiten bzw. Optionen herauszuarbeiten.[11]

---

[9] Unter dem Begriff *Compliance-Organisation* wird die Gesamtheit der beteiligten (Fach-)Abteilungen, Beauftragten sowie die Strukturen usw. verstanden, durch welche die Compliance-Arbeit in einer Entität (maßgeblich) erbracht wird.

[10] So war vor einigen Jahren in den Medien u. a. schon zu lesen: „Um an Fördergelder zu gelangen und die Karriere voranzutreiben, wird getrickst und gefälscht. Immer häufiger wird deswegen gegen Professoren ermittelt" (Meukow 2009). Weshalb sich durchaus die Frage nach systemischen Mängeln in diesem Bereich stellt.

[11] Ferner ist an dieser Stelle darauf hinzuweisen, dass die Compliance – falls *bürokratisierend* bzw. *falsch* gemanagt – natürlich auch ganz im Gegenteil innovationshinderlich sowie regelverletzend wirken kann. Dies ergäbe sich daher, weil Compliance in diesem Szenario die widersprüchlichen Erwartungen weniger harmonisiert, auf welche zahlreiche Regelverstöße in Organisationen zurückzuführen sind, als eben vielmehr scharf schaltet. Und zweitens geht die CMS-Einführung zumeist mit der Etablierung neuer Regeln einher, die nun ihrerseits verletzt werden können; vgl. Jüttner (2023, S. 11) mit weiteren Nachweisen.

Auch bisher ist Wissenschaft kein rechtsfreier Raum, wie u. a. die durch jeweilige Disziplinen, Einrichtungen oder Fördermittelgebenden eingeforderten Regeln zur *guten wissenschaftlichen Praxis* offenbaren. Zu diesen ethischen Grundsätzen sowie Standards, die in der wissenschaftlichen Forschung einzuhalten sind, gehören Integrität, Objektivität, Transparenz sowie Unvoreingenommenheit. Zudem wird die Vermeidung von Fehlverhalten wie Betrug und Plagiat sowie die korrekte bzw. umfassende Dokumentation von Ergebnissen verlangt. Die Einhaltung solcher Regeln ist inzwischen nicht mehr nur zu versichern, sondern muss vielmehr durch organisatorische Strukturen nachgewiesen werden. Ein Punkt, an dem der geordnete Ansatz bzw. die funktionale Flexibilität des Compliance Managements erheblichen Mehrwert erbringen kann. Zudem muss mittlerweile auch bspw. im Rahmen der Lieferkettenthematik (als Geschäftspartner:in), also wenn nun wissenschaftliche Einrichtungen mit entsprechenden Dienstleistungen am Marktgeschehen partizipieren, jeweils nachgewiesen werden, dass eine (durchaus wirksame) Compliance betrieben wird.

Überdies bietet ein wirksames CMS ebenfalls Schutz und Sicherheit für die Personen in einer Organisation (so sollte man an dieser Stelle nicht den Aspekt vernachlässigen, dass Unkenntnis eben nicht vor Strafe schützt).[12] Einerseits können Risiken durch systematische Erhebungen sichtbar sowie potenzielle Verstöße aufgedeckt werden. Andererseits sind hilfreiche Schulungen und maßgeschneiderte Sensibilisierungsmaßnahmen implementierbar, sodass Fairness keine leere Phrase ist, sondern durch die gesamte Organisation zuverlässig gelebt wird.

Denn auch in Bezug auf die Arbeitgeberattraktivität inklusive einer als positiv wahrgenommen (integren) Unternehmenskultur ist ein guter Umgang der Mitarbeitenden untereinander sowie das Verhältnis zu den Führungskräften bedeutsam, um bspw. weiterhin für (besondere) Talente anziehend zu sein. Darüber hinaus sollte eine Einrichtung, welche einen technischen, medizinischen oder sonstigen Fortschritt herbeiführen möchte, schon aus intrinsischen Motiven heraus, ebenso an der Weiterentwicklung eigener Normen und Werte interessiert sein, damit ein solcher Fortschritt auch im arbeitstäglichen bzw. sozialen Sinne geschehen kann. Ferner können hierdurch fortschrittliche Impulse nach außen gesendet werden, um die Gesellschaft weiter voranzubringen.

---

[12] Auch hier gilt es jedoch, die Compliance mit Fingerspitzengefühl oder organisationsklug zu managen, denn wie Roxin (2021) darlegt, kann ein CMS strafschärfend wirken, weil die aufgestellten Verhaltensregeln häufig bereits im Vorfeld des Strafrechts wirken. Dadurch wird der Fahrlässigkeitsmaßstab des § 130 OWiG verschärft und das Strafbarkeitsrisiko entsprechend erhöht anstatt, wie gewollt, verringert.

Es gibt in Forschung und Wissenschaft verschiedene Ansätze, wie mit dem Thema Compliance umgegangen wird, sowie auch recht konträre Ansichten über dessen Bedeutung für diesen Bereich (vgl. Feld et al. 2022). Ratsam wäre es, sich nicht weiter mit der Frage zu beschäftigen, ob es Compliance braucht, sondern eher damit, wie sie sich am besten in der jeweiligen Organisation unter Beachtung deren spezifischen Bedürfnisse und Ziele ausgestalten lässt (um möglichem Schaden präventiv zu begegnen). Denn „wenn sichergestellt ist, dass die Regeln guter wissenschaftlicher Praxis und integren Verhaltens eingehalten werden, entstünde die erforderliche Vertrauensbasis, die öffentliche oder private Zuwendungen ermöglicht. Ohne Compliance könne hingegen das Vertrauen in die Lauterkeit der Wissenschaft schnell verletzt werden" (ebd., S. 14).

1.3 Welche Besonderheiten gibt es in der F&E?

Forschung und Entwicklung findet u. a. in Hochschulen, Unternehmen, der öffentlichen Verwaltung sowie außeruniversitären Forschungseinrichtungen statt. Während Compliance in all diesen Bereichen eine wichtige Rolle spielt, sind jeweils gewisse Besonderheiten zu beachten. Grundsätzlich haben Rechtsform sowie Internationalität, damit verbundene rechtliche Anforderungen und der jeweilige Stand der Unternehmenskultur erheblichen Einfluss auf organisationsinterne Rahmenwerke sowie die Ausgestaltung von Compliance. Eine nachhaltige Unternehmensführung sollte die Interessen beteiligter Akteur:innen, wie u. a. Anteilseigner:innen, Geldgeber:innen, Kund:innen, Mitarbeitende und Öffentlichkeit, berücksichtigen, was nun diverse Kodifizierungen (z. B. DCGK, PCGK) sowie der *UN Global Compact* mit seinen zehn universellen Prinzipien für resiliente Organisationen auch immer stärker einfordern. Je nach Branche und Rechtsform gelten strengere (gesetzliche) Rahmenbedingungen, z. B. Aktiengesetz, welche Umfang und Komplexität des Compliance-Management-Systems bestimmen sowie intern miteinander in Einklang zu bringen sind. Ist eine Organisation in mehreren Sektoren und/oder Regionen tätig, potenziert sich so ggf. die Regulatorik und es müssen dann bspw. Geschäftsmodelle sowie Prozesse feinjustiert werden, um (weiterhin) effektiv tätig zu sein. Behalten Compliance-Ziele und -Strategie dies systematisch im Blick, können passende Frühindikatoren auf mögliche Veränderungen ansprechen und notwendige Maßnahmen rechtzeitig ergriffen werden (Abb. 1.2).

F&E-Compliance in der Privatwirtschaft: Ein wichtiges Ziel von Firmen bzw. Unternehmen (mit Profitstreben) in einer weitestgehend gesunden Ökonomie ist es, die eigene Wettbewerbsfähigkeit aufrechterhalten bzw. steigern zu können (darunter fällt u. a. gesetzliche Vorgaben möglichst effektiv umzusetzen). Hierfür

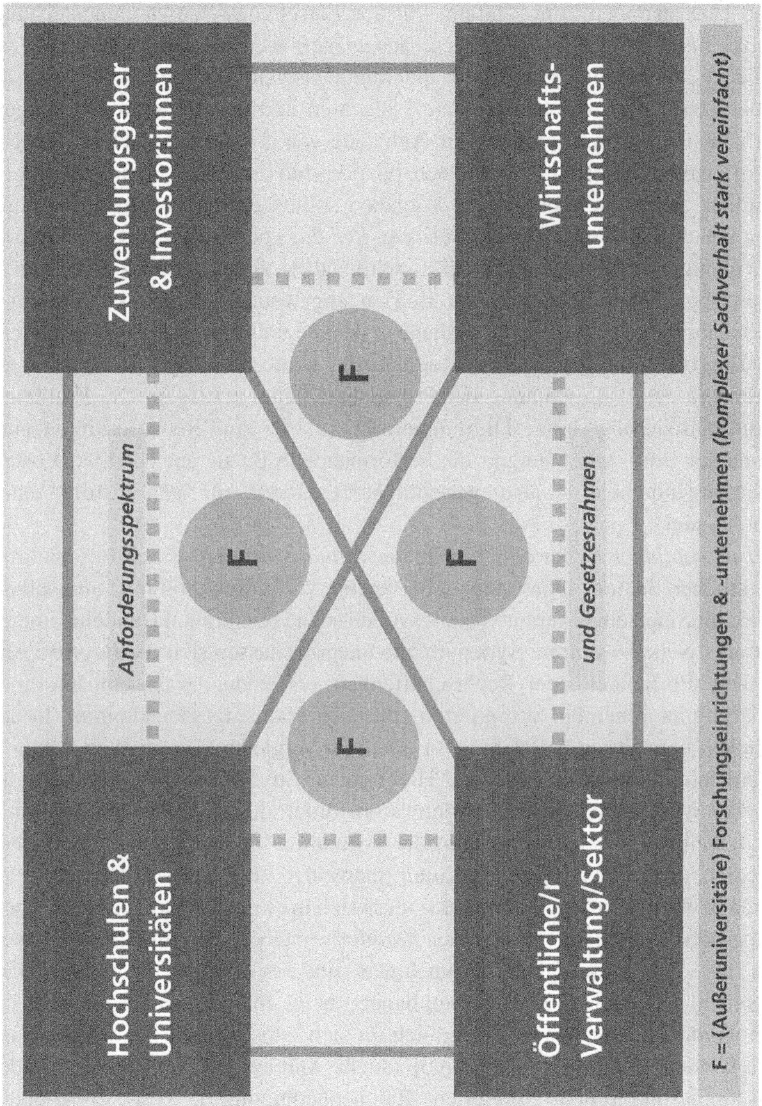

Abb. 1.2 F&E-Compliance in vielseitiger Abhängigkeit. (Eigene Darstellung)

muss man sich fortwährend Innovationen bedienen, um bspw. Produktqualität wie auch Produktivität zu erhöhen. Der Aspekt der Gewinnorientierung erfordert also gewisse Überlegungen zum Umfang eigener Forschungs-/Entwicklungsleistung und dazu, bis zu welchem Grad diese ausgelagert werden könnten/sollten. Die Compliance-Ausrichtung muss diese unternehmensweite Strategie sowie externe Vorgaben (wie Gesetze, Standards etc.) beachten und jeweilige Anforderungen bzw. Maßnahmen daraufhin abwägen. Abhängig von der individuellen Ausgangsposition, Risikodisposition sowie Kostensituation sind Compliance-Eingriffe enger oder breiter zu fassen. Compliance-Vorgaben sollten daher im Sinne von Leitplanken konzipiert werden und sich auf sog. *Red flags* beschränken, damit Innovationen genügend Spielraum gewährt wird, aber ebenso finanzieller sowie reputationsbezogener Schaden vom Betrieb abgewendet werden kann. Ferner sollte eine moderne Compliance in Chancen denken und Prozesse so ausgestalten, damit Eingriffe aus geänderter Regulatorik keine unnötige Komplexitätssteigerung in der Wahrnehmung der Prozessbeteiligten erzeugen. Die Erhöhung der Automatisierung bzw. Digitalisierung (u. a. zur Reduzierung wahrgenommener Bürokratie) steigert die Performance in Bezug auf Qualität, Kosten und Geschwindigkeit – also wesentliche Faktoren für den Erfolg einer Unternehmung.

F&E-Compliance in der öffentlichen Verwaltung: Generell haben Beschäftigte im öffentlichen Sektor im besonderen Maße eine Vorbildfunktion inne und sollten Integrität im Sinne eines verantwortungsvollen sowie regeltreuen Handelns immer wieder aufs Neue bewahren. Synonym zur Integrität lassen sich die Begriffe Anständigkeit, Ehrlichkeit oder Rechtschaffenheit verwenden, was demnach einer Orientierung an allgemein akzeptierten ethischen Standards gleichkommt. In der öffentlichen Verwaltung bestehen – vor allem im Vergleich zum privaten Sektor – teils stark einschränkende Prozesse, Hierarchien, Strukturen und Vorgaben, die klassischer Weise nicht sonderlich innovationsfördernd sind. Daher gilt es gerade hier, durch ein integriertes Verständnis der Regularien sowie der Schaffung flacher Hierarchien, einer unterstützenden Kultur, innovative Freiräume für Fortschritt zu erkennen bzw. zu schaffen. Compliance muss sich in einem solchen Setting, neben der Integritätsbewahrung, vor allem als *Enabler* verstehen. Hierfür ist Compliance jedoch als Führungsaufgabe anzunehmen und es müsste in ein breites Management-Knowhow (z. B. Compliance- bzw. Integritätsmanagement) investiert werden, um nachhaltig erfolgreich für sich selbst und die Verwaltung handeln zu können. Zudem braucht es individuelle Anreize und Verbesserungen der organisationsstrukturellen/-kulturellen Rahmenbedingungen. Nur so könnten bspw. Personen in den Behörden u. a. ihr Engagement sowie ihre Kreativität zum Wohle einer robusten Demokratie und fortschrittlichen Verwaltung einbringen.

F&E-Compliance im tertiären Bildungsbereich: Hochschulen und Universitäten bewegen sich in einem komplexen sowie kompetitiven Umfeld, welches einem schnellen Wandel unterworfen ist. Agieren sie auch wirtschaftlich mit Forschungsdienstleistungen, ist es wichtig, Blickwinkel aus der Privatwirtschaft zu kennen sowie bspw. Methoden bzw. Techniken aus Controlling, Qualitäts- oder Projektmanagement aktiv zu nutzen. Eine hierauf ausgerichtete hochschulweite Strategie unterstützt die Angehörigen bspw. bei Ausgründungen, Drittmitteleinwerbung oder Patentvermarktung. Compliance kann in solchen Einrichtungen die Sicherung der Grundsätze guter wissenschaftlicher Praxis und die Integrität der damit verbundenen Personen sicherstellen und überwachen sowie auch ein Hinweisgebersystem inkl. Untersuchungsverfahren administrieren. Vor allem kann Compliance die einzelnen Risiken der jeweiligen Forschungsbereiche im Blick halten und bspw. passgenaue Präventions- bzw. Sensibilisierungsmaßnahmen implementieren. Somit werden sichere Arbeitsumgebungen geschaffen, in denen Mitarbeitende die einzuhaltenden Gesetze und relevanten Ansprechpersonen kennen. Eine solche Sicherheit ist umso zentraler, wenn es um Kooperationen mit externen Partner:innen aus Politik oder Wirtschaft geht (insb. mit Auslandsbezug). Denn effektiv kann nur geforscht werden, falls die eigenen Ressourcen bspw. nicht noch für die Einarbeitung in knifflige rechtliche Fragestellungen aufzuwenden sind. Als Zielkonflikt tut sich hierbei das Zusammenspiel der Freiheitsdefinition (in) der Wissenschaft und die Realisierung einer compliance-gerechten Umgebung auf. Bei genauerem Hinsehen ist dieser Konflikt hingegen nur scheinbar, denn die „Freiheit ist nicht frei von Regeln. Sowohl Art. 13 der Europäischen Charta der Grundrechte als auch Art. 10 der Europäischen Menschenrechtskonvention und Art. 5 Abs. 3 Grundgesetz garantieren die Wissenschaftsfreiheit. Diese wird jedoch nicht ohne Rücksicht auf Rechte Dritter oder Interessen der Allgemeinheit gewährt. […] Forschungsfreiheit verlangt wissenschaftliche Integrität und Transparenz – so wie sie in verschiedenen Kodizes festgelegt sind. […] Compliance erlässt keine weiteren Regularien, sondern erklärt die bereits bestehenden, aktualisiert sie und stellt sie transparent dar. Sie professionalisiert und strukturiert die Prozesse. Compliance schränkt nicht ein, sondern unterstützt die wissenschaftliche Kreativität. […] Sie gibt Sicherheit, da sie die Grenzen der Wissenschaftsfreiheit definiert und [verständlich] aufzeigt“ (Görg und Krapp 2020). Prinzipiell lässt sich festhalten, dass sich Hochschulen und Universitäten von „klassischen Verwaltungseinheiten zu modernen Wissenschaftsbetrieben mit unternehmerischen Akzenten [entwickeln], um im internationalen Wettbewerb um Studierende und Forschungsmittel bestehen oder sich neuen Forschungsfeldern öffnen [zu können]. Allerdings setzen ihnen die grundrechtlich gesicherte Wissenschaftsfreiheit, die gesetzlichen Vorgaben sowie der gesellschaftspolitische Auftrag beim Eingehen unternehmerischer Risiken enge Grenzen“ (Weber und Lejeune 2019, Einband).

F&E-Compliance in außeruniversitären Organisationen: Für Einrichtungen unter dem Einfluss der öffentlichen Verwaltung gelten – neben den allgemeingültigen gesetzlichen und ethischen Vorgaben – die Werte und Regeln des jeweiligen Zuwendungsgebers, die bspw. das Besserstellungsverbot oder das Wirtschaftlichkeits- und Sparsamkeitsprinzip als Leitlinie implizieren. Organisationen, die zwischen staatlicher Einrichtung und Wissenschafts- bzw. Wirtschaftsbetrieb stehen, wie bspw. eine außeruniversitäre Forschungseinrichtung, erfordern eine adäquate Compliance-Organisation, welche durch die Leitungsorgane aufzusetzen bzw. sicherzustellen ist. Denn einerseits muss bspw. auf die diversen Kapitalmarkt-Anforderungen sowie Risiken aus der Wirtschaftswelt (z. B. Geschäftspartnerausfall) angemessen reagiert werden, um Erträge zu generieren, und andererseits sind die teils restriktiven Vorgaben aus der Verwaltungswelt zwingend einzuhalten, damit öffentliche (Förder-)Gelder weiterhin bezogen werden können. Man sichert sich hier mit einem CMS also auch weitestgehend die eigenen bzw. organisationsspezifischen Ziele ab. Folglich sollten die Compliance-Strukturen sowie -Rahmenbedingungen in der Organisation so aufgesetzt sein, dass geltende Gesetze eingehalten, Marktgegebenheiten standgehalten, die Freiheiten der Wissenschaft respektiert sowie Ausbildung/Lehre und Forschung in exzellenter Weise ausgeführt werden können. Allerdings genügt es nicht, das Ganze nur in internen Richtlinien sowie Prozessen abzubilden; es ist zwingend, das gesamte Personal mitzunehmen bzw. zu sensibilisieren, damit fahrlässige Verstöße vermieden und mutwillige Missachtungen geahndet werden. Ferner sind Fehler nicht gemeinhin zu verteufeln oder Personen zu stigmatisieren, denn dies würde nur dazu führen, dass der innovative Geist einer jeden Organisation durch pathologisches Sicherheitsbestreben weithin ausgetrieben werden würde. (Vgl. Feld et al. 2022).

Im Zentrum all dieser verschiedenartigen Bereiche steht die Frage, wie man eine lebendige und vor allem auch sichere Innovationskultur inmitten bestehender bzw. stetig anwachsender gesetzlicher sowie klima-/umweltschutzbezogener Vorgaben setzen kann. Denn die Anpassung an die vielschichtigen Auswirkungen der mitunter äußerst rasanten gesellschaftlichen, wirtschaftlichen und wissenschaftlichen Veränderungen ist nicht leicht ausführbar. Ferner sind die Folgen möglicher Beeinträchtigungen nicht einfach abzusehen. Umso bedeutender ist ein ganzheitliches sowie integriertes CMS, welches *out of the box* agiert, also Silodenken abschafft und damit Schaden – ob nun finanziell, personell oder in der Reputation gelegen – vermeiden sowie Ressourcen sparen kann. Dabei muss Compliance stets erklärt werden, sodass der möglichen Empörung über neue Regelungen oder Schulungen immer deren rechtliche Notwendigkeit bzw. wirtschaftlicher Mehrwert entgegengestellt werden kann. Gemeinsam mit den Compliance-Beauftragten ist die Leitung in der Pflicht, für jede:n Mitarbeitende:n einen Orientierungsrahmen zu setzen, in dem sicher sowie produktiv zu agieren ist.

1.4 Compliance *kurzgefasst*

Zuerst sollte sich hierbei vergegenwärtigt werden, dass Compliance unzweifelhaft Chef:innen-Sache ist. Denn Compliance als solches stellt eine Pflicht dar und ist folglich ein Bestandteil der Leitungsfunktion; sie bedarf einer (Grund-)Kompetenz für zentrale Strategie- und Strukturentscheidungen. Ferner ist Compliance kein juristisches Randthema oder nicht abzuarbeiten durch einzelne Insellösungen, sondern muss ganzheitlich gedacht sowie implementiert sein (u. a. inkl. Festlegung von Zuständigkeiten). Sicher dürfen bzw. müssen einzelne Themen an die Abteilungen bzw. Ressorts delegiert werden, welche in dem jeweiligen Gebiet eine Expertise innehaben. Dennoch verbleibt die Gesamtverantwortung für den Erfolg bei der Leitung. Und diese Verantwortung umfasst auch das Aufsetzen einer verbindlichen (Organisations-)Strategie, wovon die Compliance-Ziele und -Maßnahmen abzuleiten sind. Gerade die Ziele[13] müssen eindeutig definiert sein (z. B. mithilfe der SMART-Methode[14]), denn sonst kann es logischer Weise nicht gelingen, ein effektives System zu erzeugen. Natürlich sollte man sich der verfügbaren Ressourcen wie Finanzmittel bewusst sein, welche zur Zielerreichung bereitstehen. Darüber hinaus muss die Führungsebene dafür Sorge tragen, die Mitarbeitenden einzubinden bzw. mitzunehmen, indem Regeln glaubwürdig und verständlich ausgearbeitet sowie mit wirklichkeitsnahen Vorgaben versehen sind.

Ein funktionierendes Compliance-Management-System (CMS) bietet erhebliche Vorteile (wobei diese Vorteile in gewissem Sinne auch – ansatzweise – die Zielvorstellungen ausdrücken) und sollte nicht als bürokratisches oder ressourcenverschlingendes Ungetüm angesehen werden, welches nur pro forma (z. B. in

[13] Ohne klare Festlegung von Compliance-Zielen kann ein CMS weder richtig aufgebaut noch gesteuert werden. Denn die Wirksamkeit ergibt sich aus der Zielerreichung. Daher sind jeweilige Zielkonflikte zwischen CPL-Zielen und dem Organisationszweck, also z. B. ethisches Verhalten vs. Erfolgsstreben (wie klassischerweise die Zahlung von Bestechungsgeld zum Erhalt von Aufträgen oder auch die fälschliche Nutzung bzw. Manipulation von Forschungsdaten zum Erhalt von Zitationen), unbedingt auszuräumen.

[14] Diese Methode soll dabei unterstützen, Ziele bzw. Vorhaben klarer sowie konkreter zu formulieren, sodass sie dadurch besser umzusetzen sind. Gemäß der Buchstaben müssen die Ziele also *Spezifisch*, *Messbar*, *Attraktiv*, *Realistisch* und *Terminiert* sein (welche nun zusammen das Wort SMART ergeben).

Form eines leblosen Kästchens im Organigramm) zu erschaffen ist. Allgemein könnte man die Vorteile durch eine gute Compliance wie folgt zusammenfassen:

- **Vermeidung von Sanktionen:** *Die Einhaltung des geltenden Rechts schützt die Organisation und ebenso auch die Mitarbeitenden vor erheblichen Strafen bzw. negativen rechtlichen oder finanziellen Konsequenzen.*
- **Schutz der Reputation:** *Rechtskonformes sowie verantwortungsbewusstes Handeln fördert ein positives Image und erhöht zugleich die Attraktivität für die (zukünftigen) Mitarbeitenden oder Kooperationspartner:innen.*
- **Stärkung der Leistungsfähigkeit:** Ein *faires Miteinander sowie konsequentes Ahnden von Fehlverhalten jeglicher Art kann das Vertrauen innerhalb und die Performance einer Organisation erhöhen.*
- **Nachhaltigkeit in der Entwicklung:** *Eine starke Fokussierung auf (hohe) ethische sowie ressourcenschonende Standards als Teil der Strategie sichert ebenso die eigene Zukunft in einem erheblichen Maße ab.*
- **Förderung der Wettbewerbsfähigkeit:** *Organisationen, die sich tatsächlich integer verhalten (≠ Greenwashing) und zukunftsorientiert ausrichten, verschaffen sich – mittel-/langfristig – Marktvorteile.*

Insgesamt stellt sich hier ein bunter Strauß an Vorzügen für eine Organisation dar, welche die Bemühungen rechtfertigen. Dabei lässt sich jedoch der Erfolg eines wirksamen CMS nicht unzweifelhaft beziffern, denn letztendlich kann kaum abschließend festgehalten werden, welche potenziellen Risiken/Schadensfälle ohne ein solches System tatsächlich eingetreten wären. Allerdings lässt sich später feststellen, ob die (SMART-formulierten) Ziele denn erreicht wurden.

Der Aufwand zur Einführung und zum Betreiben eines CMS hängt von der Größe der Organisation sowie Anzahl bzw. Komplexität der jeweiligen Risikofelder ab. In Vorbereitung auf die Implementierung eines solchen Systems – vor allem die Erstellung risikomitigierender Compliance-Programme – gilt es neben dem Aufsetzen eines Risikomanagements eine durchgriffsstarke Governance zu etablieren, damit die konzipierten Programme mit ihren einzelnen Elementen bzw. Maßnahmen wie geplant realisiert werden und wirksam sein können. Generell ist der Betrieb eines CMS mit den folgenden Bausteinen darstellbar, welche in ihrer Abfolge einen Regelkreis ergeben und turnusmäßig (z. B. alle sechs Monate) oder auch anlassbezogen (u. a. aufgrund eines eingetretenen Verstoßes bzw. Systemfehlers/-mangels) diszipliniert zu durchlaufen sind:

- **Risikoanalyse:** *Es werden die jeweiligen Risiken in einer Organisation durch jeweils zweckdienliche bzw. systematische Methoden (z. B. Fragebogen, Hinweisgabe) identifiziert und danach bewertet sowie priorisiert.*

- **Präventionsmaßnahmen:** *Es gilt für diese Risiken bzw. aufgetretenen Verstöße zuerst Transparenz herzustellen (u. a. Richtlinie) und dann jeweils (weitere) vorbeugende Aktivitäten einzubringen (z. B. Schulung).*
- **Abhilfemaßnahmen:** *Es sind – falls eine Prävention unmöglich erscheint oder gescheitert ist – Maßnahmen anzustoßen, welche das Problem usw. gänzlich eliminieren (z. B. Beendigung des Geschäftsverhältnisses).*
- **Hinweisverfahren:** *Es ist internen sowie externen Personen die Möglichkeit einzuräumen, etwaige Verstöße gegen gesetzliche oder selbstauferlegte Regeln bzw. Standards (ohne Furcht vor Repressalien) zu melden.*
- **Dokumentation & Bericht:** *Es sollten alle Risiken sowie Verstöße plus die durchgeführten Tätigkeiten zur klaren Nachvollziehbarkeit dokumentiert und der Leitung zur Absicherung regelmäßig berichtet werden.*
- **Wirksamkeitsanalyse:** *Es ist mithilfe integrierter Kontrollen (z. B. zur Prozesseinhaltung) bzw. Überwachung (z. B. zur Regeleinhaltung) die CMS-Effektivität bezüglich aller Risiken sicherzustellen.*

Dieser Kreislauf muss stets von vorne beginnen und kontinuierlich verbessert bzw. ausgestaltet werden, sodass die organisationsweite Compliance sich den stetig verändernden Anforderungen und Gegebenheiten anpassen kann, damit die Wirksamkeit des CMS auch wirklich jederzeit gegeben ist (Abb. 1.3). Andernfalls wird es kaum gelingen, das nötige Vertrauen etc. in Wissenschaft und Forschung zu generieren, damit bspw. Probanden freiwillig bereit sind an Studien teilzunehmen.

Die Elemente bzw. Maßnahmen (bspw. Prozessanpassung), welche also auf die Begrenzung eines oder mehrerer geclusterter bzw. verbundener Compliance-Risiken hinwirken, werden als sogenanntes Compliance-Programm bezeichnet. Diese gegebenen Risiken erfordern entsprechend die Festlegung von logischen Leitplanken – was zulässig und unzulässig ist – sowie notwendige Entscheidungswege, Genehmigungs- und Meldepflichten. Zudem sind effiziente Kontrollen, wie bspw. Berechtigungskonzept, Funktionstrennungs- bzw. 4-Augen-Prinzip einzusetzen. Ferner ist zu betonen, dass bei dem Design von Compliance-Programmen die Beteiligungs- bzw. Mitbestimmungsrechte des jeweiligen Betriebsrats zu beachten sind. Generell bietet es sich an, Compliance integrativ zu denken und daher frühzeitig relevante Fachabteilungen sowie Gremien einzubinden, sodass Dissense unmittelbar ausgeräumt werden (können).

Als weiterführende Literatur für einen umfassenderen Einstieg in die äußerst umfangreiche Welt der Compliance mit ihren diversen Spezialthemen empfehlen sich u. a. die Werke *Compliance im Unternehmen für Dummies* (Haag und Jantz 2024), *Die Kunst erfolgreicher Compliance* (Jüttner 2023), *Compliance und Integrity Management* (Makowicz 2022), *Compliance* (Moosmayer 2021) oder auch *Plötzlich Compliance Officer* (Kark 2021). Im Speziellen liefert *Compliance für*

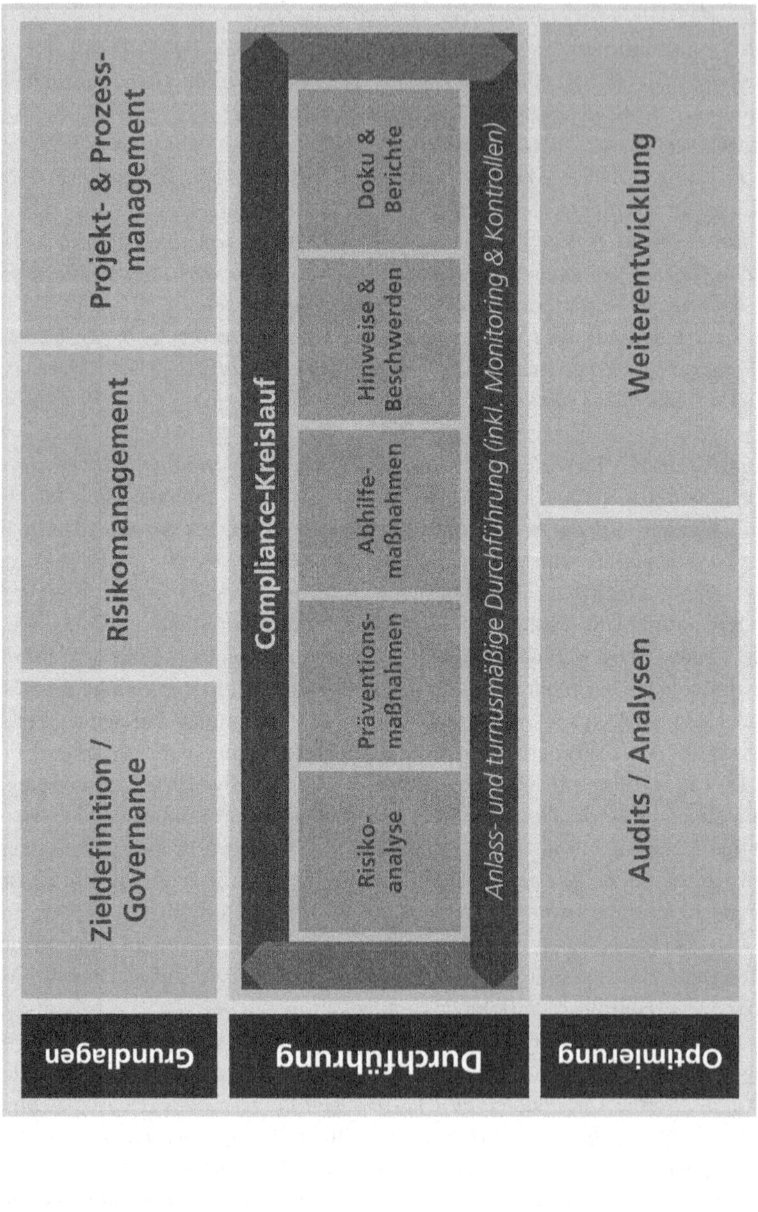

Abb. 1.3 Kreislauf einer Compliance-Vorgehensweise. (Eigene Darstellung)

die öffentliche Verwaltung (Stober und Ohrtmann 2022) einen umfassenden Einblick in die Besonderheiten für Behörden und öffentliche Unternehmen. Für die Letztgenannten gibt es außerdem noch *Compliance in der öffentlichen Wirtschaft* (Bungartz und Kahle 2023) sowie für den akademischen Bereich das Buch *Compliance in Hochschulen* (Weber und Lejeune 2019).

Literatur

Akram, Tayyaba; Lei, Shen; Haider, Muhammad Jamal; Hussain, Syed Talib (2020): The Impact of Organizational Justice on Employee Innovative Work Behavior. Mediating Role of Knowledge Sharing. In: *Journal of Innovation & Knowledge* 5 (2), S. 117–129.

Ambrose, Maureen L.; Rice, Darryl B.; Mayer, David M. (2021): Justice Climate and Workgroup Outcomes. The Role of Coworker Fair Behavior and Workgroup Structure. In: *Journal of Business Ethics* 172 (1), S. 79–99.

Bungartz, Oliver; Kahle, Christian (2023): Compliance in der öffentlichen Wirtschaft. München: C.H. Beck.

Carroll, Archie B. (1991): The Pyramid of Corporate Social Responsibility: Toward the Moral Management of Organizational Stakeholders. Business Horizons, 34, S. 39–48.

OLAF – Europäisches Amt für Betrugsbekämpfung (2020): Der OLAF-Bericht 2020. Online verfügbar unter https://anti-fraud.ec.europa.eu/about-us/reports/annual-olaf-reports_en?prefLang=de.

Feld, Lars P.; Necker, Sarah; Pfeil, Katahrina (2022): Compliance in außeruniversitären Forschungseinrichtungen. Albert-Ludwigs-Universität Freiburg (Freiburger Diskussionspapiere zur Ordnungsökonomik, 22/2). Online verfügbar unter https://www.eucken.de/app/uploads/Discussionpaper_2202.pdf.

Friedman, Milton (1970): A Friedman Doctrine. The Social Responsibility of Business Is to Increase Its Profits. In: *The New York Times*, 13.09.1970. Online verfügbar unter https://www.nytimes.com/1970/09/13/archives/a-friedman-doctrine-the-social-responsibility-of-business-is-to.html.

Görg, Angelika; Krapp, Claudia (2020): Gutes Compliance-Management ist präventiv. Durch enge Budgets wird Compliance an Unis immer wichtiger. Ein Gespräch mit der ersten Vizepräsidentin für Compliance an einer deutschen Hochschule. Compliance in der Wissenschaft. In: *Forschung & Lehre*, 14.07.2020. Online verfügbar unter https://www.forschung-und-lehre.de/management/gutes-compliance-management-ist-praeventiv-2942.

Haag, Oliver; Jantz, Maximilian (2024): Compliance im Unternehmen für Dummies. 2. Aufl. Weinheim: WILEY-VCH.

ISO (2024): ISO – Management System Standards. Online verfügbar unter https://www.iso.org/management-system-standards.html, zuletzt aktualisiert am 10.05.2024, zuletzt geprüft am 10.05.2024.

Jüttner, Markus (2023): Die Kunst erfolgreicher Compliance. Eine realistische Sicht auf wirksames Compliance-Management. Frankfurt am Main: Fachmedien Recht und Wirtschaft (Compliance Berater Schriftenreihe).

Jüttner, Markus; Schütz, Marcel (2023): Compliance zwischen Schein und Sein. Wie Organisationen viele und widersprüchliche Erwartungen managen (müssen). In: *Konfliktdynamik* 12 (4), S. 258–265.

Kark, Andreas (2021): Plötzlich Compliance Officer. Erste Hilfe für den Einstieg in das Compliance Management. München: C.H. Beck.

Kim, Woocheol; Park, Jiwon (2017): Examining Structural Relationships between Work Engagement, Organizational Procedural Justice, Knowledge Sharing, and Innovative Work Behavior for Sustainable Organizations. In: *Sustainability* 9 (2), S. 205. https://doi.org/10.3390/su9020205.

Makowicz, Bartosz (2022): Compliance und Integrity Management. Grundsätze und praktische Implementierung in allen Organisationsarten. 3. Aufl. Köln: Reguvis.

Meukow, Sally (2009): Korruption greift in der Forschung um sich. Wissenschaft: Bundesweit 60 Hinweise auf Fehlverhalten. In: *Hamburger Abendblatt*, 28.11.2009. Online verfügbar unter https://www.abendblatt.de/ratgeber/wissen/article107597059/Korruption-greift-in-der-Forschung-um-sich.html, zuletzt geprüft am 12.05.2024.

Moosmayer, Klaus (2021): Compliance. Praxisleitfaden für Unternehmen. 4. Auflage. München: C.H. Beck.

Roxin, Imme (2021): Vorteile und Nachteile eines Compliance-Management-Systems im Unternehmen – Bilanz und Ausblick. In: Thomas Rotsch (Hg.): Criminal Compliance – Status quo und Status futurus. Baden-Baden: Nomos (Schriften zu Compliance, Band 18), S. 351–366.

Stober, Rolf; Ohrtmann, Nicola (Hg.) (2022): Compliance für die öffentliche Verwaltung. Mit Erläuterungen für öffentliche Unternehmen. 2. Auflage. Stuttgart: Kohlhammer.

Weber, Beatrix (2020): Compliance ist eine universitäre Leitungsaufgabe. Führt Compliance Hochschulen weg von der akademischen Selbstverwaltung oder sichert sie die Wissenschaftsfreiheit? Notwendiges Übel oder eine Chance? Compliance in der Wissenschaft. In: *Forschung & Lehre*, 06.07.2020. Online verfügbar unter https://www.forschung-und-lehre.de/management/compliance-ist-eine-universitaere-leitungsaufgabe-2921/.

Weber, Beatrix; Lejeune, Stefanie (2019): Compliance in Hochschulen. Handbuch für Universitäten, Hochschulen und außeruniversitäre Forschungseinrichtungen. Berlin: Erich Schmidt Verlag. Online verfügbar unter https://www.esv.info/978-3-503-18739-3.

Yeoman, Ruth; Mueller Santos; Milena (2016): Fairness and Organizational Performance. Insights for Supply Chain Management. Saïd Business School. Oxford (Mutuality in Business, 3). Online verfügbar unter https://eom.org/content-hub-blog/fairness-and-organizational-performance.

2 Grundlagen der Compliance-Arbeit

Die Notwendigkeit zur Einrichtung von Compliance basiert auf den verschiedenen rechtlichen Vorgaben, welche sich in den Staaten dieser globalisierten Welt – auf dem Fundament deren individuellen Verständnisses von Gerechtigkeit und Wirtschaftssystem/-ordnung – jeweils unterschiedlich herausgebildet haben. Entsprechend divers sind die landesspezifischen Rechtsnormen. Allerdings eint sie dabei mittlerweile die Erkenntnis, dass Unternehmen gewisse Regeln einzuhalten haben, ohne die u. a. effektives sowie nachhaltiges Wirtschaften (meint hiermit ferner eine resilientere Ökonomie und Unternehmen etc.) unmöglich wäre. Auf dieser Grundlage wird Compliance als Werkzeug(-koffer) immer relevanter und auch verbindlicher, was sich in verschiedenen Gesetzeskommentaren oder Richtlinien ausdrückt.

In Deutschland wird u. a. als Begründung einer Compliance-Anwendung bzw. -Einrichtung das *Gesetz über Ordnungswidrigkeiten* angesehen. Denn darin ist festgehalten, dass die Organisationsleitung – sozusagen als deren originäre Aufgabe und Verantwortung – angemessene (Aufsichts-)Maßnahmen ergreifen muss, durch welche etwaige Zuwiderhandlungen gegen Pflichten, deren Verletzung mit Strafe oder Geldbuße bedroht ist, wesentlich erschwert bzw. verhindert werden (vgl. § 130 OWiG). Ist also die Compliance-Arbeit im grundlegenden Sinne vorsätzlich oder fahrlässig unterlassen worden und es erfolgt durch die Leitung oder Mitarbeitenden nun eine Pflichtverletzung, welcher durch solche Aufsichtsmaßnahmen hätte entgegengewirkt werden können, so liegt nach diesem Gesetz eine solche Ordnungswidrigkeit vor.[1]

[1] Einen recht allgemeinen und weithin aktuellen Einstieg in das Thema Wirtschaftsstrafrecht findet man bspw. jeweils in den einschlägigen Fachbüchern von Achenbach et al. (2023), Hellmann (2023) oder Wittig (2023).

I. Wiedemann, P. Pobuda, *Compliance in der Forschung*,
https://doi.org/10.1007/978-3-658-45728-0_2

Ebenso wird im *Deutschen Corporate Governance Kodex*, dessen Befolgung durch börsennotierte Unternehmen nach § 161 AktG erklärt werden muss (also inwieweit darin enthaltene Empfehlungen zur guten Unternehmensführung restlos beachtet bzw. umgesetzt wurden), auf Compliance entsprechend Bezug genommen. Danach hat die jeweilige Leitung für die organisationsweite Beachtung der (anwendbaren) gesetzlichen Vorgaben sowie internen Richtlinien angemessen Sorge zu tragen und ein auf die individuelle Risikolage der Organisation ausgerichtetes Compliance-Management-System (inkl. Kontrollsystem) zu betreiben (vgl. Grundsatz 5 DCGK). Spezifisch für öffentliche Unternehmen bzw. Beteiligungen des Bundes an Unternehmen in privater Rechtsform zeigt der *Public Corporate Governance Kodex* die Grundsätze guter Unternehmens- und aktiver Beteiligungsführung im Bereich des Bundes auf. Auch darin wird die Pflicht zum Integritäts- und Compliance-Management festgehalten (vgl. Punkt 7 PCGK).

Überdies gibt es eine Vielzahl von einzuhaltenden nationalen Gesetzen (z. B. aus den Bereichen *Arbeitsrecht* oder *Korruptionsprävention*) sowie internationalen Vorgaben (wie dem *UK-Bribery Act* und *US-Foreign Corrupt Practice Act*), welche mithilfe eines Compliance-Management-Systems ganzheitlich und systematisch Beachtung finden (können). Ferner existieren weitere Ansatzpunkte bzw. Argumente, weshalb Compliance in öffentlich-rechtlich sowie privatrechtlich organisierten Verwaltungseinheiten und in öffentlichen Unternehmen anzuwenden ist (siehe Stober 2022, § 1). Die Pflicht der Organisationsleitung zur Einrichtung sowie Überwachung angemessener Compliance-Strukturen bzw. -Maßnahmen wurde zudem auch bereits durch diverse Gerichtsurteile bestätigt.[2]

2.1 Was sollte der Methodenkasten enthalten?

Erfolgreiche Compliance-Arbeit erfordert Problemlösungskompetenz sowie verschiedene Methodenkenntnisse – darunter vor allem Projekt- und Prozessmanagement – damit man einem jeden Risiko auch das passende Compliance-Programm entgegenstellen kann. So gilt es individuelle Lösungen auf komplexe Herausforderungen im Kontext der jeweiligen Organisation zu entwickeln, damit systematisches Fehlverhalten aller Hierarchieebenen wirksam verhindert wird oder eben die ethischen sowie umweltbezogenen Ansprüche einer Entität tatsächlich eingehalten

---

[2] Siehe dazu bspw. dieses sehr eindeutig formulierte Urteil des Oberlandesgerichtes (OLG) Nürnberg vom 30.03.2022, 12 U 1520/19: „Aus der Legalitätspflicht folgt die Verpflichtung des Geschäftsführers zur Einrichtung eines Compliance-Management-Systems, also zu organisatorischen Vorkehrungen, die die Begehung von Rechtsverstößen durch die Gesellschaft oder deren Mitarbeiter verhindern."

werden. Denn es gibt leider nicht das *eine* Rezept für alle Anforderungen bzw. Gegebenheiten, durch welche u. a. Missstände angemessen adressiert sind. Zudem sollte klar sein, dass es sich bei einer Organisation im Sinne eines Unternehmens, Vereins etc. nicht um ein mechanisches Gebilde handelt, sondern um eine Gemeinschaft bzw. Zusammenkunft verschiedener individueller Persönlichkeiten mit recht vielfältigen Eigenschaften und Verhaltensweisen (deren Zusammensetzung sowie Zusammenwirken in jeder Organisation schlichtweg anders ist); diese Menschen und die bestehenden Strukturen etc. sind zu beachten sowie einzubeziehen in die jeweiligen Problemlösungen (vgl. Jüttner 2023, 22 ff.). Somit wird deutlich, dass man sich stets sorgfältig an die organisationsspezifischen Risiken oder auch systemisches Fehlverhalten herantasten sollte und potenzielle Nebenwirkungen geplanter bzw. implementierter Maßnahmen im Auge haben muss, denen in agiler Weise (z. B. durch konstruktives *Trial-and-Error* bzw. *Versuch und Irrtum*) zu begegnen ist (meint jedoch eben nicht, dass ohne Nachdenken fix Maßnahmen ausgerollt werden sollen!). Ferner verhilft eine (positive) Fehlerkultur in der Organisation zu mehr Transparenz bei aufgetretenen Fehlern sowie zu einer erheblich offeneren Problemreflektion und -lösung (u. a. sind Fehlversuche im Rahmen eines *Lessons Learned* gut aufzuarbeiten).

Die Herausforderung besteht also darin, einen vollständigen Überblick relevanter Compliance-(Meta-)Anforderungen (z. B. Vorgaben zur wirtschaftlichen und sparsamen Mittelverwendung) im Inland sowie ggf. (bei entsprechenden Aktivitäten) im Ausland (z. B. Exportkontrolle) zu er-/behalten und bewerten sowie zu priorisieren. Im Endeffekt benötigt man hierfür ein strukturiertes System zur Evaluation organisationsspezifischer Risiken und umzusetzender Vorgaben (u. a. mithilfe eines Rechtskatasters oder einer erweiterbaren Struktur wie der *DICO-Wabe;* siehe Abschn. 3.1). Aus diesem System heraus ergeben sich nun die spezifischen Anforderungen (bspw. Kosten für Hotelübernachtungen bei Dienstreisen nur bis zu einem Wert von X EUR), welche im Rahmen neuer Compliance-Programme oder auch durch Erweiterung bzw. Überarbeitung existierender Programme einzubringen sind. Für diese müssen dann organisationsspezifische Lösungsansätze bzw. Umsetzungsmaßnahmen (u. a. Dienstreise-Buchung über organisationseigenes IT-Tool, das Buchungen nur bis X EUR zulässt) konzipiert werden. Dabei sollte man sich bewusst werden, dass im täglichen Arbeitsgeschehen oft keine ausreichenden Ressourcen im Sinne von Finanzmitteln oder Zeit zur Verfügung stehen, weshalb pragmatische Ansätze zunächst sinnvoll sein können. Dies meint, dass man anstreben sollte, die Mindestanforderungen von Gesetzen etc. bzw. die zentralen Bestandteile einer Problemlösung zügig zu realisieren, damit erst einmal kein Schaden auftreten kann. Anschließend sollte dann zudem überprüft werden, ob nicht ungewollte Folgewirkungen entstanden sind, welche neue Probleme bzw. Missstände hervorrufen. Ferner ist durch Kontrollen sicherzustellen, dass die Maßnahmen auch jeweils funktionieren und in der Organisation angenommen werden. Im Laufe der Zeit ist kontinuierlich zu versuchen, die implementierten Lösungen überlegt weiterzuentwickeln (z. B. Prozesse durch IT-Anwendungen effizienter machen), indem u. a. neue Bestandteile im bestehenden System ergänzt werden, sodass die CMS-Wirksamkeit weiter (schrittweise) zunehmen kann.

Damit all dies auch wirklich gelingt, benötigt man ein strukturiertes Vorgehen, welches das Projektmanagement bereitzustellen im Stande ist. Bei sog. Projekten handelt es sich um eine einmalige, „zeitlich befristete, relativ innovative und risikobehaftete Aufgabe von erheblicher Komplexität, die aufgrund ihrer Schwierigkeit und Bedeutung meist ein gesondertes Management erfordert" (Voigt 2018). Projektmanagement umfasst also „alle planenden, überwachenden, koordinierenden und steuernden Maßnahmen […], die für die Um- oder Neugestaltung von Systemen oder Prozessen bzw. Problemlösungen erforderlich sind" (Kuster et al. 2022, S. 10). Als ein überaus passendes Hilfsmittel für die zuvor flüchtig umrissene Vorgehensweise bietet sich das Vorgehensmodell *Scrum* an, mit dem agiles Projektmanagement (recht intuitiv) stattfinden kann (Abb. 2.1).

Kurzgefasst ist *Scrum* (vgl. Schwaber und Sutherland 2020a) ein Rahmenwerk für die Teamarbeit, bei dem sich eine jeweils interdisziplinär aufgestellte Gruppe zum Zwecke einer effizienten und pragmatischen Aufgabenerledigung selbst organisiert, um bspw. flexibel sowie schnell auf veränderte Bedingungen zu reagieren. Im *Product Backlog* können dabei die spezifischen Anforderungen gesammelt und situativ-sinnvoll einem *Sprint* zugeordnet werden, mit dem Ziel ein verwertbares (Zwischen-)Ergebnis zu schaffen. Letztlich handelt es sich um ein inkrementelles (= in kleinen Schritten zur Zielvorstellung) sowie iteratives (= wiederholende Abläufe) Vorgehen. Im Rahmen der Compliance-Arbeit können in einem solchen Backlog alle Anforderungen bzw. Lösungsansätze als einzelne Elemente zur Erstellung oder Weiterentwicklung eines CMS gesammelt werden (wozu sich einfachheitshalber eine Excel-Datei anbietet), welche dann in priorisierter Weise der Umsetzung innerhalb eines Sprints zuzuführen sind. So kann in aller Übersichtlichkeit die Realisierung der einzelnen Elemente geplant sowie zielstrebig verfolgt werden.

Damit allerdings entsprechende Anforderungen bzw. Lösungen nun im Sinne eines wirksamen CMS implementiert werden können, muss häufig tief in bestehende Arbeits- bzw. Geschäftsabläufe eingegriffen werden. An dieser Stelle wird das Prozessmanagement relevant, welches sich u. a. für die Identifikation, Gestaltung, Realisierung, Kontrolle sowie Dokumentation und Optimierung von Prozessen verantwortlich zeichnet (darunter kann also eine Abteilung, Tätigkeit oder ein Methodenkasten verstanden werden). Denn in einer gut funktionierenden Organisation werden die einzelnen Abläufe bzw. Prozesse auf Basis gesamtstrategischer Ziele sowie an den Anforderungen der beteiligten Stakeholder ausgerichtet. Daher kann Compliance als *einer* dieser Stakeholder

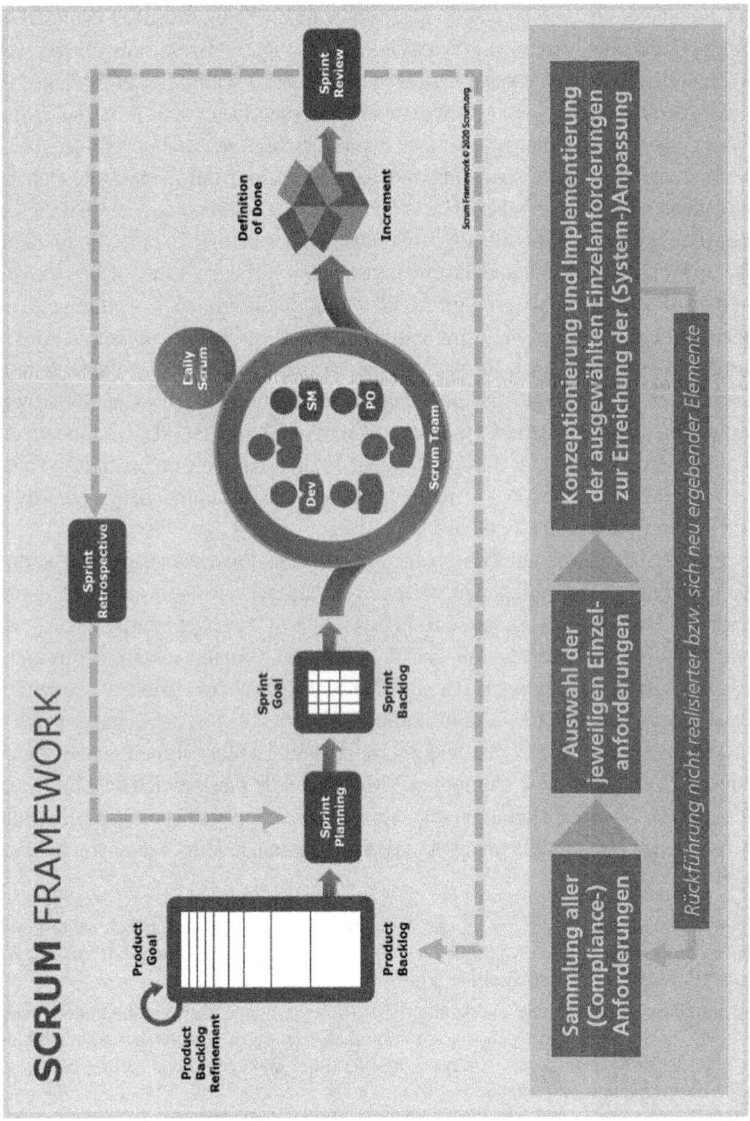

Abb. 2.1 Vorgehensmodell gemäß Scrum Framework. (Vgl. Schwaber und Sutherland 2020b)

nicht isoliert Änderungen anordnen, sondern muss sich mit den anderen Beteiligten konstruktiv verständigen. Gerade hier liegt viel Gestaltungs- und Optimierungspotenzial, wo sich Compliance als *Enabler* positionieren kann, indem bspw. kreative Lösungen zur Einhaltung bestehender Vorgaben effizient in die jeweiligen Prozesse eingebettet werden und im besten Fall zur Verbesserung der in dem Kontext stattfindenden Abläufe beitragen. Zur Strukturierung sowie Analyse von Prozessen bietet sich u. a. die *Turtle-Methode* an.[3] Hiermit wird man sehr einfach durch verschiedene Analyseschritte geleitet (welche durch die Körperteile der Schildkröte dargestellt sind), um alle bedeutenden Aspekte zu erkennen und festzuhalten. Ferner bietet es sich natürlich an, dass bei diesem Vorgehen die relevanten Expert:innen sowie Stakeholder partizipieren (z. B. in einem fokussierten Workshop), damit alle Informationsquellen vorliegen. Eine solche systematische Prozessdokumentation ermöglicht also (anschließend) sehr vielfältige Auswertungen und Erkenntnisse, wie bspw. zum prozessspezifischen Input/Output oder zu den erforderlichen/verwendeten Ressourcen, internen/externen Schnittstellen wie auch Verantwortlichen. Dabei geht es erst einmal darum, die Informationen stichpunktartig zu notieren, welche dann bei Bedarf mithilfe weiterer Ausführungen oder Methoden[4] detailliert bzw. näher untersucht werden können. Infolge dadurch geschaffener Transparenz sowie Nachvollziehbarkeit werden ebenso kausale Zusammenhänge oder mögliche Verbesserungspotenziale sichtbar (Abb. 2.2).

Neben solchem erweiterten Wissen im Projekt- und Prozessmanagement sollten Compliance-Mitarbeitende mit der zugehörigen Organisation sowie deren (Geschäfts-) Tätigkeit bzw. Umgebung vertraut sein. Ebenso sollte – bei Nicht-Jurist:innen – ein ausgeprägtes juristisches Verständnis und die Fähigkeit vorhanden sein, deren kleinteilige Arbeits- bzw. fallbezogene Herangehensweise nachzuvollziehen. Außerdem sind Verhandlungsgeschick sowie Konfliktfähigkeit hilfreich, also die Begabung, Menschen mit Argumenten überzeugen und auch notwendige Maßnahmen gegen Widerstände durchsetzen zu können. Compliance-Mitarbeitende müssen sich daher auch als Berater:innen der diversen Hierarchie- sowie Fachbereiche verstehen, da es einerseits oft an Compliance-Verständnis mangelt und die Compliance-Umsetzung von anderen

[3] Im *Organisationshandbuch für die Bundesverwaltung* (BVA 2024) finden sich weitere hilfreiche Informationen zur Turtle-Methode (Abschn. 2.3.4) sowie auch andere interessante Aspekte zum Thema Prozesse und ähnliche Themen.

[4] Als eine nützliche Methode bzw. Werkzeug für die tiefer gehende Auswertung könnte bspw. das Ishikawa-Diagramm (auch Fischgräten-Diagramm) herangezogen werden. Speziell kann hiermit eine Ursachen-Wirkungs-Analyse durchgeführt werden. Denn dieses auch als Ursache-Wirkungs-Diagramm bekannte Tool erlaubt sozusagen die Visualisierung eines Problemlösungsprozesses. Hierbei wird schrittweise nach den (denkbaren) Ursachen eines Problems gefahndet, indem die Hauptursachen so lange zerlegt werden, bis die Wurzel des Problems gefunden ist (siehe Abschn. 6.3.2 im zuvor genannten Handbuch).

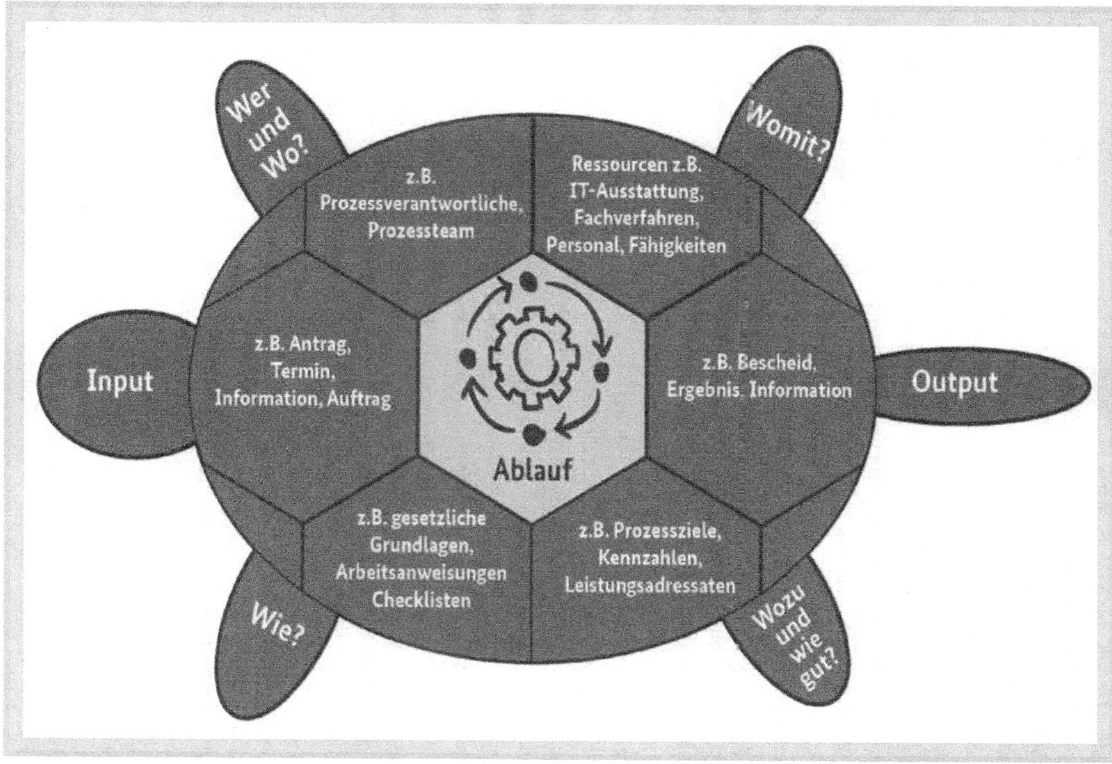

Abb. 2.2 Prozessanalyse mithilfe der Turtle-Methode. (BVA 2024)

Bereichen abhängig ist. Insgesamt ein mannigfaltiges Profil, das erforderlich ist, um die Compliance-Funktion in einer Organisation wirksam und darüber hinaus nachhaltig auszufüllen (vgl. Kark 2021, S. 7 ff.).

Zwangsläufig ist dieser Methodenkasten ebenso um die notwendigen Fähigkeiten sowie Werkzeuge zu ergänzen, damit erfolgreich IT-Systeme und -Tools bzw. maßgeschneiderte Softwarelösungen im jeweiligen (Geschäfts-)Bereich oder der Entität in ihrer Gesamtheit eingeführt werden können. Denn im Informationszeitalter sind bspw. Prozesse natürlich bestenfalls mit Hilfe von IT-Lösungen zu verwirklichen. Daher sollten grundlegende Kenntnisse darüber bestehen bzw. erworben werden, wie man u. a. entsprechende Anforderungen an die IT systematisch erfasst und jeweilige Handlungsoptionen ableitet. Auf diese Weise kann u. a. eine informierte Entscheidung darüber getroffen werden, ob ggf. am Markt existierende Produkte den Anforderungen genügen oder ob gänzlich angestrebt werden sollte, unter Zuhilfenahme verfügbarer Ressourcen (und/oder IT-Dienstleister:innen) eigene Anwendungen zu entwickeln. Auch gilt es die Implementierung neuer Software bzw. Systeme gut zu durchdenken. Denn nicht nur müssen solche neuen Produkte in die bestehende IT-Landschaft bzw. Organisation integriert, sondern es sollten ebenso die Menschen zielgruppenorientiert ausgebildet und stets mitgenommen werden.[5]

Schließlich wäre auch ein Wissen darüber förderlich, was Organisationen jenseits juristischer Begrifflichkeiten und betriebswirtschaftlichen Organigramme tatsächlich sind, wie sie funktionieren und wie in ihnen Entscheidungen getroffen oder vermieden werden etc. Dies ergibt sich dabei aus dem einfachen Grund, dass Compliance eben das Fehlverhalten *von*, *in* und *durch* Organisationen zum jeweiligen Gegenstand hat. Denn die Mitarbeitenden, Führungskräfte oder Forschende im Speziellen sind letztlich natürlich Organisationsmitglieder und treffen *compliante* oder eventuell auch *nicht-compliante* Entscheidungen in einem organisatorischen Kontext. So sind Organisationen nun mal mehr als die Summe ihrer Teile, es toben mitunter Machtkämpfe in ihnen, sie sind teilweise weniger rational als vielfach angenommen, und externe sowie interne Schauseiten existieren in ihnen ebenso wie die bekannten Hinterbühnen, dabei u. a. die Konstante *so machen wir es hier (schon immer)*. All dies halbwegs zu erfassen bzw. begreifen wäre zwangsläufig ebenfalls wegweisender Bestandteil eines guten Compliance Managements (vgl. Jüttner 2023, S. 112 ff.).

---

[5] Es gibt zum Thema *IT-Management* eine umfangreiche Auswahl spezialisierter Literatur, weshalb es für Anfänger:innen durchaus hilfreich sein kann, ebenso hierein mal einen (initialen) Blick zu werfen; siehe hierzu bspw. *IT-Projektmanagement für Dummies* (von Saucken 2024). Ferner gilt es zudem die vielen Compliance-Anforderungen in der IT (darunter vor allem in den Bereichen Informationssicherheit, Verfügbarkeit, Datenaufbewahrung sowie Datenschutz) zu beachten; siehe hierzu bspw. *IT-Compliance* (Rath und Sponholz 2021) oder *Leitfaden IT-Compliance – IDW Praxistipps IT* (Nestler und Modi 2024).

2.2 Welche Standards sind für CPL wesentlich?

Bisher wurde vielmehr auf die Individualität der Compliance-Anforderungen und somit ebenso auf die Einzigartigkeit eines jeweiligen Compliance-Management-Systems (CMS) hingewiesen. Nichtsdestotrotz muss es aber Standards geben, nach denen beurteilt werden kann, ob ein implementiertes CMS jeweils angemessen und wirksam ist. Es muss bspw. vor Gericht in irgendeiner einheitlichen bzw. nachvollziehbaren Weise festgestellt werden, inwieweit Leitungsorgane für etwaiges schuldhaftes Handeln zur Verantwortung zu ziehen sind (entweder mit Bußgeld oder Haftstrafe). Außerdem ist in der globalisierten Wirtschaft immer mehr gefordert, dass ein Nachweis (bspw. in Form einer Zertifizierung) für ein wirksames CMS vorgelegt wird. Denn in den letzten Jahren hat sich auch die Intensität erhöht und die Anforderungen an ein CMS haben sich erheblich verschoben, nämlich von einer abstrakten bzw. theoretischen Angemessenheit hin zur tatsächlichen Wirksamkeit eines solchen Systems. Nichtsdestotrotz sind die exakten Anforderungen an ein CMS gesetzlich nicht abschließend normiert. Ungeachtet dessen ist für die Implementierung eines wirksamen CMS eine Orientierung an Normen bzw. Standards unzweifelhaft sehr hilfreich, sodass die verschiedenen (empfohlenen bzw. erforderlichen) Elemente vollzählig und gebührend Beachtung finden. Nachfolgend werden zwei wichtige Rahmenwerke kurz vorgestellt. Hierbei handelt es sich einerseits um den IDW PS 980 (IDW 2022) und andererseits um die ISO 37301 (ISO 2021), welche beide nicht nur für Anfänger:innen in der Materie *Compliance* recht interessante Einsichten sowie ein besseres Verständnis des Themas ermöglichen.

Begonnen werden soll hier mit dem Prüfungsstandard 980 der Wirtschaftsprüfer:innen, welcher den Namen *Grundsätze ordnungsmäßiger Prüfung von Compliance Management Systemen* trägt und vom Institut der Wirtschaftsprüfer (IDW) in der neuesten Fassung 2022 publiziert wurde. Der IDW PS 980 wird in Deutschland seit vielen Jahren für die Prüfung eines CMS – u. a. aufgrund der bestehenden Normierungslücke – durch die Wirtschaftsprüfer:innen verwendet. Die erste Fassung dieses Prüfungsstandards wurde im Jahr 2011 veröffentlicht. Entsprechend war eine Überarbeitung notwendig, denn in diesen mehr als zehn Jahren sind die Rahmenbedingungen und folglich die Anforderungen an ein CMS, getrieben durch unzählige Unternehmensaffären wie im Falle der DAX-Konzerne Siemens (im Rahmen eines Korruptionsvorfalls) und Volkswagen (mit deren sog. Abgasskandal), wesentlich anspruchsvoller geworden. Nichts geändert hat sich hingegen an der Struktur des IDW PS 980, den sieben Grundelementen, die wie folgt lauten und als ein ziemlich praxistaugliches Gerüst zur Ausgestaltung eines CMS fungieren:

- *Compliance-Kultur* stellt die Grundlage für die Angemessenheit sowie Wirksamkeit dar und wird maßgeblich geprägt durch die Grundeinstellungen und Verhaltensweisen der Leitung;
- *Compliance-Ziele* sind vom (finalen) CMS zu erfüllen und sollen durch die Führungsebene u. a. in Einklang mit Strategie sowie Situation der Organisation detailliert festgelegt werden;
- *Compliance-Risiken*, welche Regelverstöße und so eine Verfehlung der Compliance-Ziele zur Folge haben können, werden unter Berücksichtigung der Compliance-Ziele identifiziert;
- *Compliance-Programm* beinhaltet jeweils die Regelungen usw., welche auf die Begrenzung der Risiken und dadurch auf die Vermeidung von Compliance-Verstößen ausgerichtet sind;
- *Compliance-Organisation* fixiert die Rollen und Verantwortlichkeiten (Aufgaben) sowie Aufbau- und Ablauforganisation[6] des CMS als integralen Bestandteil der Gesamtorganisation;
- *Compliance-Kommunikation* dient der Information der Mitarbeitenden über die Regelungen etc. und soll diese durch einen strukturierten Ansatz sensibilisieren sowie aus-/weiterbilden;
- *Compliance-Überwachung und Verbesserung* sollen Angemessenheit und Wirksamkeit des CMS garantieren sowie Schwachstellen bzw. Regelverstöße aufzeigen wie auch berichten.

Hiermit wird also geprüft, ob die nötigen Bestandteile vorhanden und hinreichend ausgestaltet sind, damit die Wirksamkeit eines CMS entsprechend attestiert werden kann (vgl. Tönnes 2022, S. 239 ff.).

Die ISO-Norm mit dem Namen *Compliance Management Systems* wurde ebenfalls überarbeitet und firmiert nun unter ISO 37301 (der Vorgänger ISO 19600 ist somit ersetzt). Diese Norm wurde 2021 veröffentlicht und kann erstmals zur Zertifizierung herangezogen werden, da die zuvor enthaltenen Empfehlungen aus der ISO 19600 in klare Anforderungen umgewandelt sind. Die ISO 37301 beschreibt ausführlich, wie ein wirksames CMS aufgebaut sein muss, sodass es internationalen Vorgaben genügt sowie die sieben Elemente des IDW PS 980 beachtet. Darin werden also Anforderungen bzw. Vorgaben an Aufbau sowie Umsetzung des Systems oder auch Überwachung der CMS-Wirksamkeit festgelegt. Ausgehend von den angestrebten Zielen (beinhaltet dabei u. a. Integrität, Konformität, Reputation, Werte)

---

[6] Der Begriff *Aufbauorganisation* umfasst die statische Organisationsstruktur einer Entität, während die *Ablauforganisation* die dynamischen Arbeitsprozesse etc. innerhalb einer solchen vorgegebenen Struktur meint.

sowie den auszuarbeitenden Grundsätzen (wie z. B. Good Governance, Transparenz, Nachhaltigkeit) wird eine Vorgehensweise bzw. ein Regelkreis (von *Planen* über *Durchführen* zu *Prüfen* und schließlich *Handeln*) aufgezeigt, durch welchen dem potenziellen Zustand der Non-Compliance systematisch begegnet werden sowie etwaige Verbesserungen am CMS erfolgen sollen/können. Beeinflusst wird dieses Setup bzw. diese Vorgehensweise dabei von dem jeweiligen Kontext, in welchem sich die entsprechende Organisation (u. a. hinsichtlich rechtlicher, sozialer, kultureller, finanzieller Gegebenheiten usw.) befindet. Die Anforderungen sind – in gewissem Umfang – je nach Unternehmensausprägung und CMS-Reifegrad adaptierbar. Somit lässt sich diese Norm prinzipiell auf alle Arten von Organisationen anwenden, unabhängig von ihrer Branche, Komplexität, Risikoexposition, Struktur oder auch ihrem Standort (vgl. Scherer 2022).

Der Aufbau der ISO 37301 richtet sich nach der in den ISO/IEC-Direktiven festgelegten Grundstruktur für zertifizierbare Managementsysteme. Neben dieser Norm gibt es weitere mit Compliance-Bezug, darunter bspw. die ISO 37002 *Whistleblowing Management Systems*. In der CMS-Norm wird u. a. ausführlich auf Compliance-Kultur, auf Compliance-Ziele und Planung zu deren Erreichung sowie auf die Entwicklung von Indikatoren plus Internes Audit eingegangen.

Abschließend ließe sich noch anbringen, dass diese ISO-Norm verstärkt auf die Einführung und Aufrechterhaltung eines CMS fokussiert ist, während der Prüfstandard in erster Linie die Überprüfung und Zertifizierung durch Wirtschaftsprüfungsgesellschaften im Blick hat. Ein implementiertes CMS orientiert an bzw. zertifiziert nach diesen vorgestellten Rahmenwerken kann gegenüber Kund:innen sowie Partner:innen vertrauensbildend wirken, allerdings kann mit diesen Rahmenwerken zwangsläufig keine gänzliche Sicherheit darüber erlangt werden, ob das CMS tatsächlich alle erheblichen Risiken mitigiert und ob wirklich alle möglichen Haftungsansprüche gegenüber einer Organisationsleitung abgewehrt sind. Denn bspw. stellt ein solches Zertifikat infolge einer erfolgreichen Prüfung nur eine Momentaufnahme dar. Ebenso sind Fehler der Prüfenden nicht auszuschließen – eine Haftung ihrerseits wird in aller Regel jedoch vollständig ausgeschlossen (vgl. Hastenrath 2022, S. 292 ff.).

2.3 Wofür braucht es eine starke Governance?

Zuerst einmal sollte deutlich sein, dass jede:r Mitarbeitende selbst für die Einhaltung von gesetzlichen und organisationsinternen Regelungen verantwortlich ist. Nichtsdestotrotz muss die Leitung ihrer Legalitätspflicht nachkommen, nämlich Strukturen sowie Maßnahmen zu schaffen, damit Fehlverhalten möglichst effektiv begrenzt werden kann. Anderenfalls müsste jede Person in der Organisation verpflichtet werden, sich für das jeweilige Aufgabengebiet und darüber hinaus alle relevanten Regeln sowie die daraus folgenden Handlungsanweisungen selbst zu erarbeiten – eine u. a. äußerst unfruchtbare und widersinnige Überlegung. Deshalb ist eine funktionierende Compliance-Organisation aufzubauen, welche klare Aufgaben, Kompetenzen sowie Verantwortlichkeiten (siehe AKV-Matrix[7]) der einzelnen beteiligten Fachbereiche, Abteilungen oder auch Beauftragten festlegt (inklusive Funktionstrennungen und Vertretungsregelungen). Es geht also nicht darum, etwaige Parallelstrukturen aufzusetzen, sondern logische sowie ressourcenschonende Ansätze zu verfolgen, sodass eine geeignete und angemessene Organisation ent- bzw. bestehen kann (bspw. sollten Anforderungen aus dem Arbeitsrecht in der Personalabteilung behandelt werden). Es gibt hierzu verschiedene Delegationsmöglichkeiten von der Organisationsleitung an andere Stellen, die zentrale Verantwortung für Compliance verbleibt jedoch stets bei ihr. Bezüglich der Übertragung von Compliance-Verantwortung unterscheidet man zwischen horizontaler und vertikaler Delegation. Ersteres liegt vor, wenn diese Verantwortung an ein spezifisches Mitglied der Unternehmensleitung delegiert wird, letzteres, wenn sie an nachgeordnete Bereiche oder falls einzelne (themenspezifische) Verantwortungsbereiche an spezielle Mitarbeitende (z. B. Datenschutzthemen an die entsprechenden Beauftragten) übergeben werden. Die Differenzen ergeben sich besonders aus der Organisationsgröße oder der jeweiligen Risikoexposition. Denn während kleine Unternehmen die Compliance-Verantwortung oft an *eine* Beauftragung übergeben und in mittelständischen Betrieben eher die Leitung einer Fachabteilung zusätzlich die Funktion des *Compliance Officer* übernimmt, gibt es in großen bzw. multinationalen Unternehmen meist eine eigenständige Compliance-Abteilung. Unabhängig von der Delegationsart und -weise muss die Leitung infolge ihrer Gesamtverantwortung entsprechend prüfen, ob die für Compliance zuständigen Beauftragten bzw. Einheiten (z. B. Datenschutzbeauftragte bzw. Rechtabteilung) ihre Aufgaben stets angemessen erfüllen. (Vgl. Haag und Jantz 2024, S. 70 ff.)

Damit all dies nun rechtssicher festgehalten bzw. organisatorisch verstetigt werden kann, bedarf es einer sog. (Corporate) Governance (CG). Hierunter versteht man den rechtlichen und faktischen Ordnungsrahmen für die Leitung sowie Überwachung einer Organisation (in Einklang mit der übergeordneten Unternehmens- bzw. Organisations-

[7] Die AKV-Matrix (oder AKV-Prinzip) bezeichnet eine Methode zur Analyse bzw. Darstellung von Rollen (z. B. Abteilung, Funktion oder Person) und deren *Aufgaben*, *Kompetenzen* sowie *Verantwortlichkeiten*. Unter Kompetenz versteht man dabei (neben hierfür benötigtem Wissen) vor allem die Befugnis oder Befähigung, Entscheidungen treffen zu können. Ferner ist zu beachten, dass die jeweiligen Kompetenzen und Verantwortlichkeiten passend sind, damit die zugewiesenen Aufgaben erfüllt werden können.

strategie). Wie dieser Rahmen ferner ausgestaltet ist, bestimmt vornehmlich die hiesige gesetzgebende Instanz – mit den strafrechtlichen und zivilrechtlichen Gesetzen – sowie die Shareholder bzw. wirtschaftlich Berechtigten. Vor allem beruht die CG – sozusagen also die Grundsätze der Unternehmensführung – auf den Elementen *Risikomanagement*, *Compliance*, *Internes Kontrollsystem* und der *Internen Revision*. Das erste Element dient dem Namen nach der Erfassung von organisationsspezifischen Risiken sowie deren Bewertung. Hierbei werden im organisationsweiten Risikomanagement alle relevanten Risiken behandelt und an die zuständigen Bereiche (sowie ggf. an die Organisationsleitung) zur weiteren Befassung kommuniziert (also bspw. Investitionsrisiken bei Infrastrukturprojekten an die Bauabteilung). Das zweite Element – nämlich die Compliance – nimmt die compliance-spezifischen Risiken auf und formuliert entsprechende Programme zu deren Mitigation (wie bereits in Abschn. 1.4 umrissen). Das dritte Element, genauer das Interne Kontrollsystem (IKS), sorgt für die Überwachung der Einhaltung dieser Programme und der damit verbundenen Maßnahmen sowie Prozesse. Mit einem solchen IKS sorgen die jeweils den Themenbereichen zugeordneten Fachabteilungen selbst für die Einhaltung der themenspezifischen Vorgaben (bspw. führt die Abteilungsleitung des Reisemanagements in ihrem Bereich systematische Prüfungen durch, ob u. a. Hotelabrechnungen laut den Vorgaben bearbeitet wurden). Diese Kontrollergebnisse sollten bestenfalls computergestützt aufbereitet und zentral erfasst sowie berichtet werden. Auf Basis der hieraus gewonnenen Erkenntnisse können wiederum Compliance-Optimierungsmaßnahmen entstehen. Als viertes Element übernimmt die Interne Revision (IR) als vom Tagesgeschäft unabhängige Einrichtung, welche objektive Prüfungs- und Beratungsaktivitäten durchführt, detaillierte Inspektionen, um u. a. Prozesse in der Organisation auf deren Ordnungsmäßigkeit, Wirtschaftlichkeit und Zweckmäßigkeit zu bewerten (z. B. Prüfung des Gesamtprozesses zur Reisekostenabrechnung im Kontext interner sowie externer Vorgaben). Dadurch können Effizienzpotenziale erkannt und Risiken gesenkt werden. Was nun in diesem Absatz einfach sowie kurz beschrieben wurde, wird auch als *Governance, Risk and Compliance Management System* (GRC-System) zur Steuerung der Unternehmensrisiken (in Übereinstimmung mit der übergeordneten Organisationsstrategie) bezeichnet, falls diese vier Elemente tatsächlich in einer integrierten Weise zusammenwirken.

Für ein besseres Verständnis dieser aufgezeigten Funktionen und Zusammenhänge kann das *Three Lines of Defense-Modell* grundsätzlich weiterhelfen. Die drei Verteidigungslinien beschreiben die jeweiligen Rollen (1) des operativen Managements, (2) der Risiko- und Compliance-Funktionen sowie (3) der internen Revision; im Zusammenspiel mit weiteren internen/externen Beteiligten (Abb. 2.3).

Eine wesentliche Aufgabe des Leitungsorgans einer Organisation ist es, wirksame Strukturen sowie Prozesse zu etablieren, welche die Erreichung der organisationsweiten Strategie befördern und unterdessen auch ein wirksames Risikomanagement

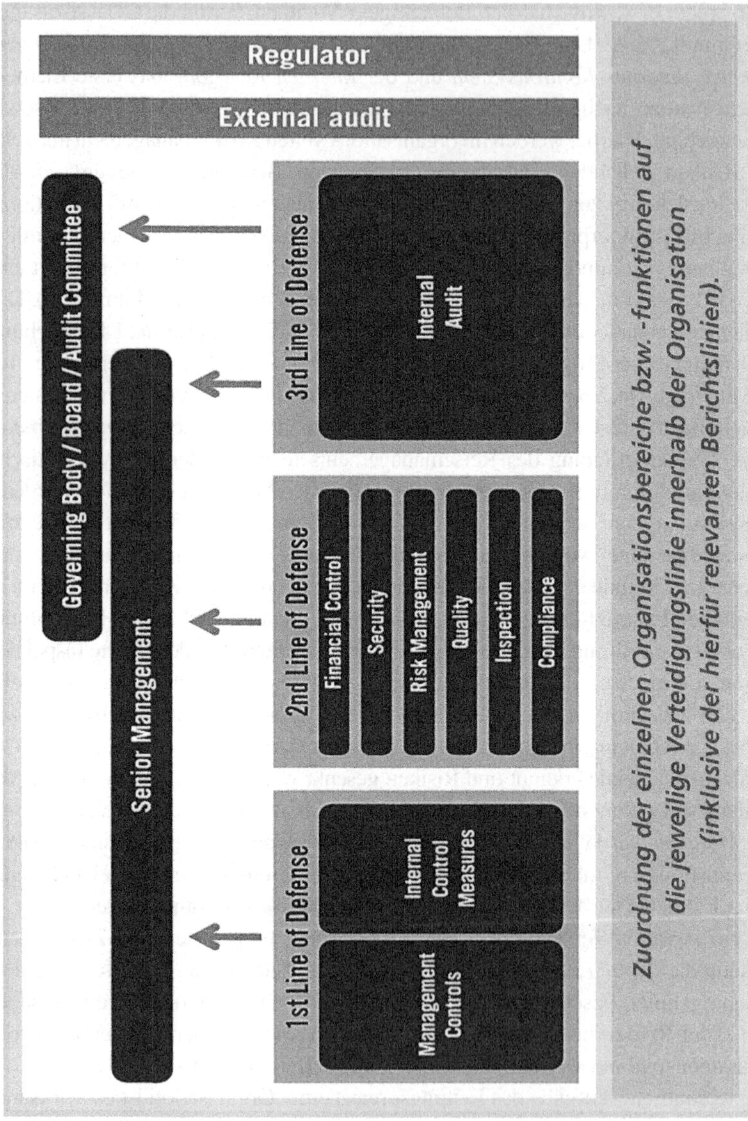

Abb. 2.3 Three Lines of Defense-Modell (Vorgänger). (IIA 2013)

unterstützen. Das Leitungsorgan, die nachgelagerten Managementinstanzen sowie die Innenrevision müssen kooperieren, damit ebenso eine unabhängige und objektive Prüfung sowie Beratung in rechtlich-relevanten Angelegenheiten möglich ist (ganz davon abgesehen, dass der letztliche Organisationszweck natürlich erfolgreich verfolgt werden muss). Ansonsten sind über eine solche intensive Zusammenarbeit u. a. eine gesteigerte Innovationsfähigkeit, Verbesserungen (bspw. Prozessoptimierung) sowie eine stärkere Resilienz erreichbar. Bei all diesen Aspekten soll das Modell eine Hilfestellung leisten und darüber hinaus zur Identifikation, Verständigung sowie Optimierung der Strukturen und Prozesse beitragen, damit eine starke Governance ent-/besteht.

Dieses *Three Lines-Modell* (wie das *Three Lines of Defense-Modell* nach einer neuen Überarbeitung nun genannt wird) ist für alle Organisationen anwendbar und u. a. optimierbar durch:

- Erstellung von verbindlichen Leitlinien, die an der Strategie und den Prinzipien der jeweiligen Organisation ausgerichtet sind und die individuelle Situation/Umgebung einbeziehen;
- Ausstattung des Risikomanagements mit ausreichenden Kompetenzen sowie Ressourcen, damit es wirklich tiefe Einblicke in die Organisation zur Risikoidentifizierung erhalten kann;
- Detaillierung und Fixierung der (gemäß Modell) zugewiesenen Rollen sowie Verantwortlichkeiten wie auch der Beziehungen zwischen den einzelnen Elementen bzw. Bereichen;
- Regelmäßige Überprüfung und Anpassung der Inhalte der zuvor genannten Punkte bzgl. der organisationsspezifischen Vorgaben bzw. Zielen sowie aufkommenden Bedürfnissen.

Wenn einzelne Compliance-Aufgaben bzw. -Tätigkeiten dezentralisiert (also von der zentralen Compliance-Abteilung bzw. den -Beauftragten abgezogen) und somit dem mittleren Management oder eben den operativen Einheiten in einer Organisation übertragen werden, so ist darauf zu achten, dass diese ausreichend geschult und angemessen ausgestattet sind. Zudem müssen schlanke und wirksame Kontrollen durch die zentrale Compliance-Funktion abgehalten bzw. angeordnet werden, damit einerseits die tatsächliche Ausübung der zugewiesenen Compliance-Aufgaben (also eine Gleichwertigkeit mit den operativen Tasks der Einheit) sichergestellt ist und andererseits eine Fehlerbehebung sowie u. a. ein organisationsinternes Best-Practice-Sharing möglich gemacht wird (Abb. 2.4).

Nach dem neuen Modell geht die Compliance-Funktion eher in der Organisation auf und die Verantwortung zur Regeleinhaltung wird dezentral verteilt sowie

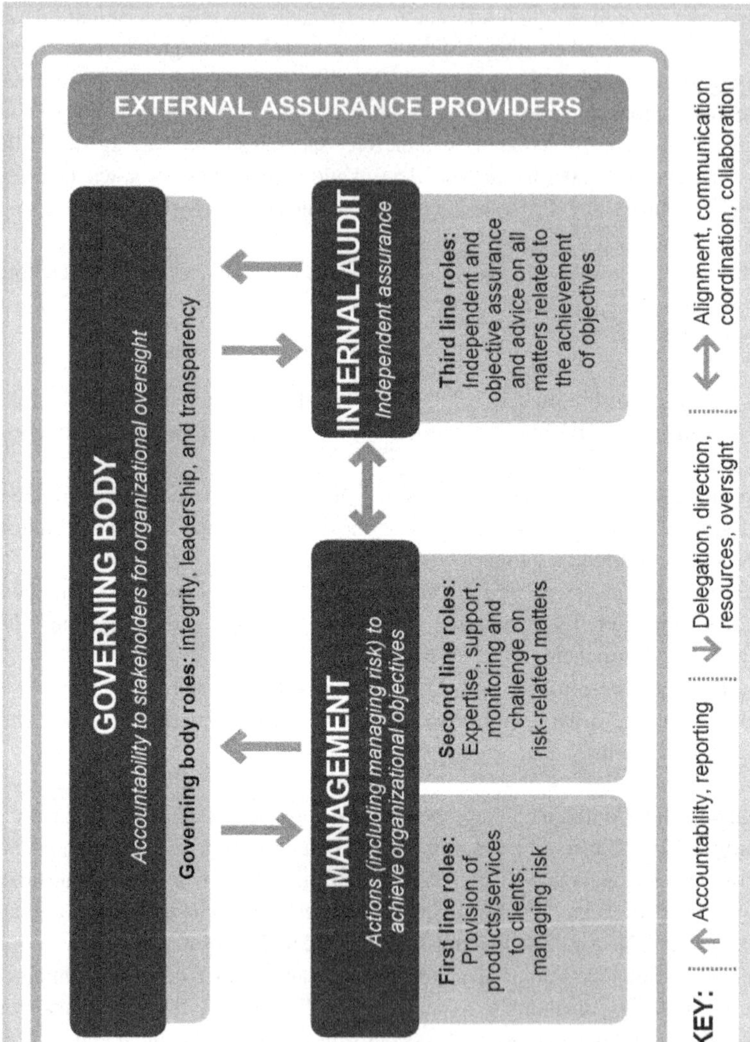

Abb. 2.4 Three Lines-Modell (sozusagen Nachfolger). (IIA 2020)

zentral kontrolliert. Allerdings ist es ratsam, solche Modelle nur als Hilfsmittel und nicht als Blaupause zu verwenden. Denn die (akademische) Disziplin *Management* ist oft modischen Anpassungen bzw. opportunistischen Feinjustierungen unterworfen. Dennoch vermitteln sie Orientierung und Denkanstöße.

Eine effektive sowie effiziente Implementierung von Compliance gelingt in der Praxis also nur, wenn alle relevanten Governance-Elemente ausgestaltet sind und die wechselwirksamen Prozesse zwischen ihnen festgelegt sowie Rollen- und Verantwortlichkeiten – zur Vermeidung von Doppelzuständigkeiten und Kontrolllücken – deutlich definiert bzw. umgesetzt wurden. Denn man darf folgendes nicht missachten: je breiter sowie unklarer Verantwortung verteilt wird, desto weniger wird sich der/die Einzelne eigener individueller Verantwortung bewusst sein.

2.4 Grundlagen *kurzgefasst*

Die Verpflichtung des Leitungsorgans einer Organisation im Allgemeinen, dafür Sorge zu tragen, dass bestehende Gesetze sowie Verordnungen in der Organisation eingehalten werden, begründet sich aus der Legalitätspflicht. Die Notwendigkeit im Speziellen, ein angemessenes und wirksames CMS zu errichten sowie nachhaltig aufrechtzuerhalten, ergibt sich durch einige Gesetze; insbesondere ist der § 130 OWiG hier zu nennen. Jedoch sind die Anforderungen an ein CMS nicht ganzheitlich normiert. Es finden sich aber in diversen Bestimmungen verschiedene (Sorgfalts-)Pflichten, deren nähere Ausgestaltung bspw. von der Organisationsgröße abhängig ist. Infolge gesellschaftlicher Entwicklungen oder anlässlich gerichtlicher Urteile wird die Stellung von Compliance zweifelsfrei nun immer prominenter herausgebildet.

Im Rahmen der Entwicklung und des Betriebes eines CMS müssen jeweils individuelle sowie komplexe Herausforderungen bzw. organisationsspezifische Problemstellungen bewältigt werden. Es sind also zuerst die aus den Gesetzen abgeleiteten Anforderungen aufzubereiten, um diese dann in sinnvoller Weise der Umsetzung zuzuführen. Das meint u. a. nichts Geringeres als die Entwicklung passender Compliance-Programme zur jeweiligen Risikomitigierung. Hierfür braucht es eine flexible, aber dennoch systematische Vorgehensweise, die bei der Menge an Anforderungen und Lösungsmaßnahmen nicht kollabiert. Diese Ansprüche werden durch das Vorgehensmodell *Scrum* aus dem agilen Projektmanagement erfüllt. Zudem bedarf es gebührender Prozessmanagement-Kenntnisse plus sozialer Kompetenz(en), damit die Compliance-Maßnahmen in Absprache mit den Stakeholdern wirksam in die Abläufe bzw. Prozesse der Organisation integriert werden können.

Um eine Orientierung für die notwendigen Bestandteile eines CMS und deren Ausgestaltung zu erhalten, lohnt es sich, entweder die Norm *ISO 37301* oder den

Prüfungsstandard *IDW PS 980* heranzuziehen. Beide Standards stellen detailliert die wesentliche CMS-Gestalt dar und können sowohl bei der ersten Konzeptionierung bzw. Implementierung als auch bei einer Gap-Analyse zum Herausstellen (ggf. vorhandener) systemischer Schwachstellen äußerst nützlich sein.

Nun kann das effektivste und effizienteste CMS konzipiert worden sein, was dennoch keinerlei Wirksamkeit erreichen wird, wenn nicht zuvor eine funktionsfähige Compliance-Organisation aufgebaut wurde, welche klare Aufgaben, Kompetenzen sowie Verantwortlichkeiten festlegt. Denn ohne eine solche organisationsinterne Governance-Struktur, die abgefasst und verbindlich gelebt wird, ist das Bewusstsein der individuellen Verantwortung unzureichend gegeben.

Als weiterführende Literatur für ein besseres Projektmanagement-Verständnis bietet sich (allgemein) das *Handbuch Projektmanagement* (Kuster et al. 2022) oder *Modernes Projektmanagement in der Praxis* (Timinger 2021) sowie (spezialisierter) *Agiles Projektmanagement im Berufsalltag* (Kusay-Merkle 2021) an. Des Weiteren kann *Prozessmanagement für Dummies* (Knuppertz 2024) nützliches Einstiegswissen in die Welt der Prozessbearbeitung bereitstellen. Zu all diesen Themenfeldern finden sich ferner viele anwendungsorientierte Informationen im *Organisationshandbuch für die Bundesverwaltung* (BVA 2024). Zudem empfiehlt sich u. a. ein Blick in die ISO 37301 zur Ausgestaltung sowie Aufrechterhaltung eines CMS; als Einführung dafür ist *Compliance-Managementsystem nach DIN ISO 37301:2021* (Scherer 2022) hilfreich.

Literatur

Achenbach, Hans; Ransiek, Andreas; Rönnau, Thomas; Abel, Nina (Hg.) (2023): Handbuch Wirtschaftsstrafrecht. 6. Aufl. Heidelberg: C.F. Müller.

BVA (2024): Organisationshandbuch. Bundesverwaltungsamt. Köln. Online verfügbar unter https://www.orghandbuch.de/.

Haag, Oliver; Jantz, Maximilian (2024): Compliance im Unternehmen für Dummies. 2. Aufl. Weinheim: WILEY-VCH.

Hastenrath, Katharina (2022): Compliance-Management-Systeme – Relevante Aspekte und Erkenntnisse für das Gesamtsystem. In: Karl-Christian Bay und Katharina Hastenrath (Hg.): Compliance-Management-Systeme. Praxiserprobte Elemente, Prozesse und Tools. 3. Auflage. München: C.H. Beck, S. 285–299.

Hellmann, Uwe (2023): Wirtschaftsstrafrecht. 6. Aufl. Stuttgart: Kohlhammer.

IDW (2022): IDW Prüfungsstandard: Grundsätze ordnungsmäßiger Prüfung von Compliance Management Systemen (IDW PS 980 n.F. 09/2022). 2. Auflage. Düsseldorf: IDW Verlag.

IIA (2013): The Three Lines of Defense in Effective Risk Management and Control. The Institute of Internal Auditors. Online verfügbar unter https://theiia.fi/wp-content/uploads/2017/01/pp-the-three-lines-of-defense-in-effective-risk-management-and-control.pdf, zuletzt geprüft am 01.08.2024.

IIA (2020): The IIA's Three Lines Model: An Update of the Three Lines of Defense. The Institute of Internal Auditors. Online verfügbar unter https://www.theiia.org/globalassets/documents/resources/the-iias-three-lines-model-an-update-of-the-three-lines-of-defense-july-2020/three-lines-model-updated-english.pdf, zuletzt geprüft am 01.08.2024.

ISO (2021): Compliance Management Systems – Requirements with Guidance for Use. International Organization for Standardization. Standard No. 37301:2021.

Jüttner, Markus (2023): Die Kunst erfolgreicher Compliance. Eine realistische Sicht auf wirksames Compliance-Management. Frankfurt am Main: Fachmedien Recht und Wirtschaft (Compliance Berater Schriftenreihe).

Kark, Andreas (2021): Plötzlich Compliance Officer. Erste Hilfe für den Einstieg in das Compliance Management. München: C.H. Beck.

Knuppertz, Thilo (2024): Prozessmanagement für Dummies. 3. Auflage. Weinheim: WILEY-VCH.

Kusay-Merkle, Ursula (2021): Agiles Projektmanagement im Berufsalltag. Für mittlere und kleine Projekte. 2. Auflage. Berlin: Springer Gabler.

Kuster, Jürg; Bachmann, Christian; Hubmann, Mike; Lippmann, Robert; Schneider, Patrick (2022): Handbuch Projektmanagement. Agil – Klassisch – Hybrid. 5. Auflage. Berlin: Springer Gabler.

Nestler, Diana; Modi, Julian (2024): Leitfaden IT-Compliance, 2. Auflage. Anforderungen, Chancen und Umsetzungsmöglichkeiten. 2. Aufl. Düsseldorf: IDW (IDW Praxistipps IT).

Rath, Michael; Sponholz, Rainer (2021): IT-Compliance. Erfolgreiches Management regulatorischer Anforderungen. 3. Aufl.: Erich Schmidt Verlag.

von Saucken, Anna-Maria (2024): IT-Projektmanagement für Dummies. Weinheim: WILEY-VCH.

Scherer, Josef (2022): Compliance-Managementsystem nach DIN ISO 37301:2021. Erfolgreich implementieren, integrieren, auditieren, zertifizieren. Berlin: Beuth.

Schwaber, Ken; Sutherland, Jeff (2020a): The Scrum Guide. The Definitive Guide to Scrum: The Rules of the Game. Online verfügbar unter https://scrumguides.org/docs/scrumguide/v2020/2020-Scrum-Guide-US.pdf.

Schwaber, Ken; Sutherland, Jeff (2020b): Scrum Framework. Online verfügbar unter https://www.scrum.org/resources/scrum-framework-poster, zuletzt geprüft am 05.08.2024.

Stober, Rolf (2022): Compliance für die öffentliche Verwaltung und für öffentliche Unternehmen – eine Notwendigkeit? In: Rolf Stober und Nicola Ohrtmann (Hg.): Compliance für die öffentliche Verwaltung. Mit Erläuterungen für öffentliche Unternehmen. 2. Auflage. Stuttgart: Kohlhammer, S. 3–29.

Timinger, Holger (2021): Modernes Projektmanagement in der Praxis. Mit System zum richtigen Vorgehensmodell. Berlin: WILEY-VCH.

Tönnes, Wolf Achim (2022): Prüfungsstandard IDW PS 980. In: Rolf Stober und Nicola Ohrtmann (Hg.): Compliance für die öffentliche Verwaltung. Mit Erläuterungen für öffentliche Unternehmen. 2. Auflage. Stuttgart: Kohlhammer, S. 239–242.

Voigt, Kai-Ingo (2018): Projekt. In: *Gabler Wirtschaftslexikon Online*, 19.02.2018. Online verfügbar unter https://wirtschaftslexikon.gabler.de/definition/projekt-42861/version-266202.

Wittig, Petra (2023): Wirtschaftsstrafrecht. 6., neu bearbeitete Auflage. München: C.H. Beck (beck-eBibliothek die Studienliteratur).

Management von diversen Risiken 3

Das Identifizieren sowie Bewerten von Risiken, also die Risikoanalyse (RA), stellt den ersten Bestandteil bzw. Prozess des zuvor umrissenen *Kreislaufs einer Compliance-Vorgehensweise* (siehe Abschn. 1.4) dar und ist als ein Teilgebiet des Risikomanagements (RM) zu verstehen. Das RM „umfasst alle organisatorischen Regelungen zur systematischen, regelmäßigen und unternehmensweiten Umsetzung des Risikomanagement-Prozesses sowie dessen Unterstützung durch geeignete Instrumente und Methoden mit den Zielen der langfristigen Existenzsicherung, der Eröffnung von Handlungsspielräumen, der Erreichung der geplanten Unternehmensziele und der Senkung der Risiko- und Kapitalkosten. Die Umsetzung des Risikomanagements ist Aufgabe der Unternehmensführung" (Vanini und Rieg 2021, S. 37). Oder anders beschrieben liefert das RM also die nötigen RA-Grundlagen (Strukturen, Methoden bzw. Werkzeuge usw.).

Im täglichen Sprachgebrauch versteht man unter dem Wort *Risiko* meist *ein zukünftiges, ungewisses Ereignis mit einer negativen Auswirkung im Falle des Eintritts*. Im erweiterten (akademischen) Sinne beschreibt *Risiko* „die aus einer nicht sicher vorhersehbaren Zukunft resultierende, durch ‚zufällige' Störungen verursachte Möglichkeit, von geplanten Zielen abzuweichen" (Gleißner 2022, S. 21). Dabei wird hiermit beides, die positive Devianz (gleichzusetzen mit *Chance*) sowie die negative Abweichung (entspricht einer *Gefahr*) als Risiko benannt. Allerdings gibt es – je nach Disziplin – unterschiedliche Definitionen (vgl. Neyer 2018, S. 13 ff.). Apropos Vielfalt, ebenso bei der Vorgehensweise zur Ermittlung von Risiken wird man eine größere Anzahl von Vorschlägen finden.

I. Wiedemann, P. Pobuda, *Compliance in der Forschung*,
https://doi.org/10.1007/978-3-658-45728-0_3

Das RM ist also verantwortlich dafür, einerseits Risiken (z. B. Entwicklung von Kreditzinsen) zu identifizieren und sie andererseits bspw. anhand der Parameter *Eintrittswahrscheinlichkeit* und *Schadenshöhe* zu bewerten, was zusammen als *Risikoanalyse* bezeichnet werden kann. Vereinfacht ausgedrückt wird zuerst durch eine *horizontale Risikoanalyse* (auch als *Relevanzanalyse* bezeichnet) festgestellt, welche Risiko-/Themenspektren für die eigene Entität relevant sind (wobei diesen Risikospektren dann gleich verantwortliche Personen zugeordnet werden). Danach wird mithilfe der *vertikalen Risikoanalyse* (federführend durch die verantwortliche Person) genau untersucht bzw. bewertet, wie das jeweilige Risiko tatsächlich ausgeprägt ist. Anschließend sind die Risiken zu steuern (hierunter versteht man im weitesten Sinne die Schaffung entsprechender risikomitigierender Maßnahmen, wobei das in erster Linie bei den verantwortlichen Bereichen bzw. Compliance-/Risiko-Verantwortlichen geschieht) und sie bezüglich ihres weiteren Verlaufs bzw. möglicher Veränderungen zu überwachen, was dann als *Risikobehandlung* benannt werden kann. Hierbei handelt es sich allerdings eher um eine schematische Darstellung, da in der Praxis eine solche Abgrenzung nicht immer vollumfänglich gegeben ist (Abb. 3.1).

Wird nun ein Plan- oder Erwartungswert nicht erfüllt (z. B. wenn bei kreditfinanzierten Immobilienprojekten die Zinsen steigen, obwohl von einem gleichbleibenden Zinsniveau ausgegangen wurde), kann dies einen geringfügigen oder sogar erheblichen Schaden für die Organisation nach sich ziehen (z. B. Insolvenz infolge hoher Kredittilgungsraten). Ein funktionierendes RM ermöglicht es somit, die individuellen Gefahren bzw. Schwachstellen rechtzeitig aufzudecken. Überdies lassen sich im RM – bei positivem Abweichen von der Erwartungshaltung – eben auch Chancen bzw. Potenziale erkennbar machen, welche die eigenen Aktionsräume erweitern (z. B. könnten die für potenzielle Schäden zurückgelegten Mittel bei nicht-realisiertem Risiko – hier sinkende Kreditzinsen – freigegeben werden, wodurch mehr Kapital für weitere Projekte zur Verfügung steht). Der übergeordnete Risikomanagement-Prozess umfasst also verschiedene Einzelprozesse bzw. Bestandteile, die nacheinander auszuführen sind.

Nicht nur in der Unternehmenswelt, sondern auch in Forschung bzw. Wissenschaft kommt dem RM eine hohe Bedeutung zu. Denn Fortschritt kann nur erreicht werden, wenn man bereit ist, (abschätzbare bzw. vertretbare) Risiken auf sich zu nehmen, um in neue (ungewisse) Sphären vorzudringen; also ohne Risikobereitschaft ist eben auch keine Ausnutzung von Chancen möglich. Damit dies jedoch in planbarer Weise geschehen kann, sollten u. a. bestandsgefährdende Entwicklungen früh erkannt sowie rechtzeitig Maßnahmen zu deren Verhinderung bzw. Vermeidung eingeleitet werden. Korrekt ausgeführt erbringt die RA als *ein* Teil der Compliance einen unschätzbaren Mehrwert.

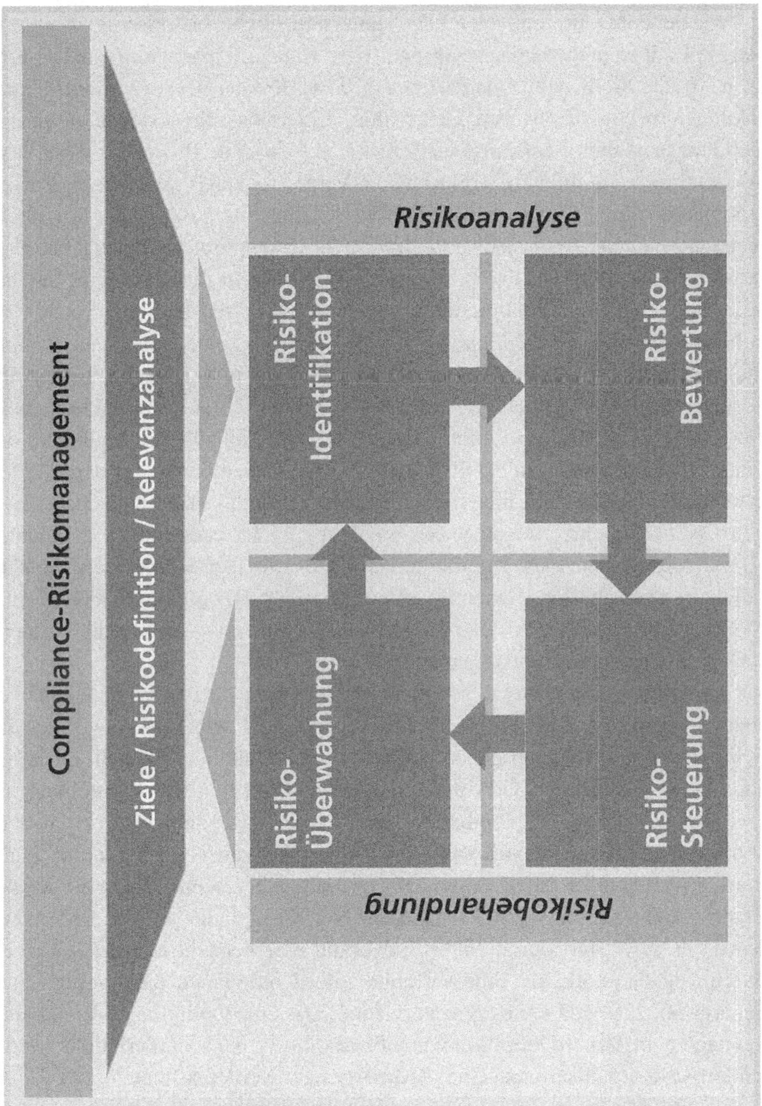

Abb. 3.1 Zentrale Elemente des Risikomanagements. (Eigene Darstellung)

3.1 Was versteht man nun unter CPL-Risiken?

Es gibt – wie bei der Definition von *Risiko* – unterschiedliche, historisch-gewachsene Ansätze, um Risiken in thematische Gruppen bzw. Kategorien einzuordnen. Die Einteilung in Kategorien wie *Finanzwirtschaftliche Risiken* (bspw. Wechselkursschwankungen bei ausländischen Geschäften, Liquiditätsschwierigkeiten infolge von Rechnungsausfällen), *Leistungswirtschaftliche Risiken* (z. B. Engpässe bei dringenden Materialbeschaffungen, Verlust eines Vertriebskanals), *Rechtliche Risiken* (bspw. Nichteinhaltung wie auch die inkorrekte Umsetzung gesetzlicher Vorgaben) oder auch *Unternehmensstrategische Risiken* (z. B. Absatzprobleme bei eigenen Produkten, Standortnachteile infolge politischer Instabilität) ist durchaus naheliegend, folgt allerdings keinen vordefinierten bzw. standardisierten Regeln. So besteht ebenso für die Kategorie *Compliance-spezifische Risiken* keine weithin anerkannte Zuordnung. Allgemein „können Compliance-Risiken überall entstehen, wo es entsprechende rechtliche Vorgaben einzuhalten gilt: Steuerrecht, Umweltrecht, Datenschutz oder Arbeitsrecht als Beispiele zeigen bereits die inhaltliche Bandbreite der Compliance-Themenfelder auf" (DICO 2020, S. 15). Erschwerend zu dem Fehlen definierter Kategorien kommt hinzu, dass einzelne Risiken – nach logischen Überlegungen – oftmals mehreren Kategorien zuteilbar sind. Deshalb muss jede Organisation für sich selbst eine klare Zuordnung erarbeiten, um u. a. Klarheit über spätere Zuständigkeiten zu schaffen. Generell verbirgt sich hierunter eine individuelle Aufgabenstellung, die jede Organisation eigenständig lösen muss, damit die Compliance-RM auch ein solides Fundament besitzt.

Überdies sollte sich jede Organisation auch erst einmal greifbar klarmachen, was sie genau unter einem *Compliance-Risiko* versteht und wie bzw. ob dieses im organisationsweiten RM integriert ist. So ließe sich darunter „die Gefahr eines bestehenden oder zukünftigen Gewinnrückgangs bzw. einer Verlustentstehung als Folge der Verletzung oder Nichteinhaltung von Gesetzen, Regelungen, Vorschriften, Vereinbarungen, vorgeschriebenen Praktiken und/oder ethischen Standards [subsumieren]" (Waschbusch 2018). Abstrakter formuliert bezeichnet solch ein Risiko die Gefahr, welche sich aus dem Zustand der Non-Compliance ergibt. Dieser Zustand wird charakterisiert durch Nicht-Einhaltung externer und interner Vorgaben bzw. durch Regelverstöße, die eine Verfehlung der Compliance-Ziele verursachen (vgl. Scherer 2022, S. 107 f.). Kurz sei erwähnt, dass eine Compliance-Risikoanalyse – je nach getroffener Definition von CPL-Risiko – ebenso außerhalb des bzw. abgesondert vom organisationsweiten RM aufgesetzt werden könnte.

Für den erfolgreichen Einsatz einer zweckorientierten – regelmäßig stattfindenden – RA ist es also wortwörtlich *wegweisend*, dass eine organisationsinterne Definition von Compliance-Risiken unmissverständlich – auf Basis der organisationsinternen *Compliance-Ziele* – determiniert wird. Folglich sollte man im Rahmen der

Initiierung bzw. Überarbeitung des Compliance-RM zunächst darüber nachdenken, welche Ziele hierbei zu verfolgen sind. Gemäß dem IDW PS 980 (Nr. A24) versteht man darunter die konkreten Absichten, welche „mit dem CMS erreicht werden sollen. [Deren Festlegung] erfolgt in Übereinstimmung mit den allgemeinen Unternehmenszielen sowie mit der Unternehmensstrategie und umfasst insb. eine Analyse und Gewichtung der für das Unternehmen bedeutsamen Regeln.“ An dieser Stelle muss also klar aufgeführt sowie durch die Leitung bestätigt werden, welchen Zweck und Qualität das CMS haben soll (die CMS-Ausrichtung ist von Organisation zu Organisation extrem verschieden). Grundsätzlich steht man hier vor der Ausgangsfrage, ob das CMS dazu beitragen soll, die gesetzlichen (Mindest-)Anforderungen einzuhalten und inwieweit Anforderungen beteiligter Akteur:innen (bspw. Kund:innen) oder darüber hinausgehende (freiwillige/höherwertige) ethische Standards anzustreben sind. Durch die Definition der Compliance-Ziele (als Ableitung der Organisationsstrategie) entscheidet sich, ob man wirklich alle möglichen Vorteile, die ein CMS zu erbringen im Stande ist (siehe Abschn. 1.4), ausschöpfen möchte bzw. kann (in Abhängigkeit der hierfür nötigen Ressourcen wie bspw. Personal oder IT). Wichtig ist zudem, dass diese Ziele unmissverständlich und konkret beschrieben sind, um deren Erreichung und die Wirksamkeit der getätigten Maßnahmen im CMS bestimmen zu können. Es genügt also nicht, das Ziel zu formulieren, *sich als Organisation gesetzeskonform zu verhalten*, denn dann könnte (unbemerkt von der Leitung) ein nutzloses und ressourcenverschwendendes System entstehen, das zwangsläufig zu Fehlentscheidungen sowie Fehlallokationen führt (vgl. Jüttner 2023, S. 154 ff.).

Im Zuge der Formulierung konkreter Compliance-Risiken hat sich in der Praxis bewährt, die denkbaren positiven sowie negativen Abweichungen zu den festgelegten Compliance-Zielen zu beschreiben. So werden die organisationsspezifischen Gefahren und Chancen erfasst, die gemäß *Schwere der Auswirkungen* und *Wahrscheinlichkeit des Eintritts* zu steuern sowie über das Compliance-RM abzuarbeiten sind. Für die Identifizierung von Compliance-relevanten Risiken sind mindestens all jene Rechtsgebiete relevant, denen die Organisation verpflichtet ist.

Einen Überblick zu möglichen Themen- bzw. Risikofeldern, die im Rahmen der Compliance-Arbeit für die jeweilige Organisation solch eine Relevanz innehaben könnten, ist mithilfe des *DICO Risikokataloges* (auch als *DICO Wabenmodell* bezeichnet) zu erhalten. Dieser hat sich bisher als Werkzeug zur individuellen Erfassung von Compliance-Risiken etabliert und kann daher als eine Hilfestellung – zur besseren Orientierung – verwendet werden (Abb. 3.2).

Eine auf diesem Fundament abgehaltene Relevanzanalyse stellt dabei lediglich eine (unter Zuhilfenahme recht einfach bzw. schnell verfügbarer Informationen) ungefähre Einschätzung dar, in welchen Themenfeldern sowie Geschäftsaktivitäten der Organisation es am ehesten zu Vorfällen im Compliance-Spektrum kommen kann bzw. wo Risiken vorhanden sein könnten.

Abb. 3.2 DICO Risikokatalog (Compliance-Risiken). (DICO 2024)

In diesem Kontext sollte man sich ebenso des eigenen *Risikoappetits* und der *Risikotragfähigkeit* bewusst werden. Darunter versteht man (im Wesentlichen) einerseits die Bereitschaft bzw. Kapazität entsprechende Risiken (bis zu einem gewissen Schadenswert) akzeptieren zu können (ohne gleich risikomitigierende Maßnahmen einbringen zu müssen) und andererseits das kalkulierte bzw. bewusste Eingehen vorhandener Risiken, um die eigenen Organisationsziele zu erreichen – was auch als Risikostrategie bezeichnet wird (vgl. Diederichs 2023, S. 24 ff.). In Forschungseinrichtungen ist eine solche Risikobereitschaft bedeutsam, um Innovationen tatsächlich hervorbringen zu können. Im Zusammenspiel bzw. unter dem Einfluss von Behörden ist allerdings ein geringer Risikoappetit zu spüren (u. a. infolge des Prinzips der Wirtschaftlichkeit bereitgestellter Steuermittel), weshalb ein passendes RM hier Spielräume aufzeigen kann.

Für ein besseres Verständnis ist es wichtig zu wissen, dass sich die Kernelemente eines Compliance-RM prinzipiell kaum vom RM der Organisation unterscheiden. Die Compliance und das RM gehören zusammen, können aber als separate Abteilungen sowie Prozesse bestehen. Abgeleitet von den Zielen, erstreckt sich ein Risikomanagement-Prozess also jeweils von der Risikoidentifizierung über die Risikobewertung bis hin zur Risikobehandlung und -überwachung.

3.2 Wodurch werden solche Risiken ermittelt?

Bevor nun die Risikoidentifikation als einer der beiden Teile der Risikoanalyse stattfinden kann, müssen die Compliance-Ziele deutlich festgelegt sein; also sollen bspw. durch Compliance nur existenzgefährdende Bedrohungen angegangen werden oder wird vielmehr die ganzheitliche Integrität der Mitarbeitenden zum Kern der Anstrengungen erklärt (vgl. Jüttner 2023, S. 154 ff.). Anschließend ist mithilfe einer Relevanzanalyse herauszustellen, welche Themenfelder bzw. Rechtsgebiete und Organisationsbereiche sowie Prozesse für die Compliance-Arbeit beachtenswert sind. Durch diese Analyse ist einerseits zu ermitteln, wo (abstrakte) Risiken eventuell anzutreffen sind, und andererseits festzulegen, ob bspw. nur Gefahren aus Verfehlungen gegen gesetzliche Anforderungen (u. a. *Korruptionsrisiko* im *Vertrieb*) zu untersuchen sind oder ob das Compliance-Aufgabengebiet breiter aufzustellen ist und bereits Indizien auf Bedingungen, die Verfehlungen bzw. Rechtsverstöße begünstigen können, in den Blick nimmt. Ein Beispiel für letzteres wäre ein starkes Vorgehen gegen Interessenkonflikte sowie unfaire hierarchische bzw. personengebundene Abhängigkeiten in der Wissenschaft. Sofern man diese nun als relevante Risiken identifiziert (was bei den beispielhaft angeführten Interessenkonflikten im Hochschulbetrieb naheliegend ist), sollten sie in entsprechender Weise ergründet werden.

Im nächsten Schritt sind die herausgestellten Themen bzw. vermuteten (abstrakten) Risiken gemäß ihrer Bedeutung etc. zu priorisieren sowie zu allokieren; sie sind also bspw. einer beauftragten Person (z. B. *Schutz personenbezogener Daten* an *Datenschutzbeauftragte*) oder Abteilung (z. B. *Einhaltung des Vergaberechts* an *Einkauf*) zuzuordnen, wo diese potenziellen Risiken aus einem Themenfeld näher zu bestimmen bzw. zu identifizieren sind (hier auch den Risikotrend im Blick haben) und wo dann die Verpflichtung zur Risikobehandlung liegt. Außerdem sind die einzelnen Schritte zu dokumentieren, damit ein Nachweis über deren Durchführung vorhanden ist, um u. a. bei Prüfungen bzw. angestrebter Zertifizierung passend Stellung nehmen zu können (vgl. Philippi 2022, S. 70 ff.).

Für die Identifikation möglicher Ursachen und Auslöser von potenziellen Compliance-Vorfällen (Compliance-Risiken) ist stets ein strukturiertes sowie methodisches Vorgehen zu wählen, das regelmäßig angewendet werden kann. Auch sollten die Informationsquellen vielfältig sein und diverse interne sowie externe Stakeholder (u. a. Mitarbeitende, Partnerorganisationen, Lieferanten etc.) involvieren. Weitere bedeutende Informationen sind bspw. aus den Berichten der Innenrevision zu entnehmen oder durch öffentlich-verfügbare Materialen wie etwa branchenspezifische Analysen und Studienergebnisse über gesellschaftliche Erwartungen zu sammeln.

Jedenfalls ist es erforderlich, die auf Basis der Relevanzanalyse grob herausgestellten abstrakten Risiken durch bspw. Fragebögen, Interviews oder Workshops[1] zu identifizieren (also genau herauszufinden, ob diese in der Organisation auch tatsächlich vorliegen). Dazu werden die Abteilungen bzw. Einheiten, wo das jeweilige Risiko zu verantworten wäre und/oder wo es vornehmlich zu liegen scheint, herangezogen. Entweder sind hier die Führungskräfte (*Top-down-Ansatz*) oder die Spezialist:innen in den operativen Einheiten (*Bottom-up-Vorgehen*) einzubeziehen bzw. zu befragen. Zur Absicherung oder bei sich herausstellenden gewichtigen Risiken könnten beide Verfahren genutzt werden (was als *Gegenstrommethode* benannt ist). Durch deren Input werden die ursprünglich abstrakten bzw. potenziellen Risiken näher betrachtet und im Falle möglichen Auftretens als tatsächliches Compliance-Risiko identifiziert sowie konkretisiert. Dies geschieht u. a. mithilfe zu erstellender (praxisnaher) Compliance-Risikoszenarien, welche die organisationsinternen Aktivitäten bzw. Prozesse in Verbindung mit den darin verorteten Risiken setzen. Im Kontext der Korruption wäre *das Zahlen von Rechnungen in Bar und das entsprechende Betreiben von Bargeldbeständen* eine Aktivität, welche das Risiko der *Vorteilsgewährung (Bestechung mit*

[1] Weitere Instrumente bzw. Methoden zur Risikoidentifizierung sind u. a. in *Risikomanagement und Risikocontrolling* (Diederichs 2023, S. 195 ff.), *Grundlagen des Risikomanagements* (Gleißner 2022, S. 127 ff.) oder auch in *Riskmanagement* (Vanini und Rieg 2021, S. 200 ff.) zu finden sowie näher beschrieben.

Bargeld) mit sich bringen kann. Die Ergebnisse dieser Befragungen etc. sollten strukturiert (z. B. in einer Risikokarte) notiert werden, sodass später eine *Risikoaggregation* (meint die Konsolidierung der Risiken und Abschätzung sich gegenseitig verstärkender Effekte) möglich wird. Ebenso sind für vorhandene Risiken – in Abhängigkeit von Komplexität sowie Umfang – die *Risikoverantwortlichen* (Risk Owner) zu benennen, die für den Fachbereich, in dem das Risiko verortet ist, eine Expertise mitbringen sollten (vgl. DICO 2020, S. 16 ff.) (Abb. 3.3).

Die zur Risikoidentifizierung erforderlichen Fragen bzw. Kriterien sind an praxisnahen Szenarien zu orientieren, um das Wesen des (initial) abstrakten Risikos besser darstellen zu können. Für eine hinreichende Durchführung sollten die Szenarien realistische interne sowie externe Entwicklungen und Ereignisse umfassen, die zu negativen oder auch positiven Abweichungen von Compliance-Zielen führen. Bspw. kann eine Veränderung der Stammdaten von Geschäftspartner:innen im Projektgeschäft (genauer die Änderung bei den Beteiligungsverhältnissen und so die Involvierung von Personen mit Wohnsitz in einem kritischen Land) zu einem erhöhten Korruptionsrisiko führen. Treten also derlei Abweichungen bzw. Hinweise auf, wird eine weitere Prüfung anhand tiefer gehender Kriterien durchgeführt und weitere Informationen eingeholt. Falls bspw. diese Partner:innen in den USA ansässig sind, wäre der Anwendungsbereich des FCPA einschlägig und darin enthaltene Anforderungen zu beachten. Ein solches Vorgehen, wie es hier dargestellt ist, muss an die Gegebenheiten der Organisation angepasst sein, damit die Compliance-Arbeit effektiv sowie auch effizient ablaufen kann (vgl. Kark 2021, S. 68 ff.).

Eine solche Konkretisierung der identifizierten Risiken ist naheliegender Weise mit einem risikobasierten Ansatz umzusetzen, d. h. Fragen bzw. Kriterien werden abhängig von der Bedeutsamkeit ausdifferenziert. Für Themenfelder mit hoher Relevanz, wie Korruptionsprävention, wird eine stärkere Ausgestaltung an Kriterien benötigt, um das Risiko so präzise wie möglich ermitteln zu können. Entscheidend für die Formulierung der jeweiligen Kriterien ist es, dass daraus später die risikominimierenden Präventions- bzw. Abhilfemaßnahmen abgeleitet werden können. Kurzum bemisst sich die Wirkkraft geeigneter Identifizierungskriterien nicht nach ihrer Anzahl, sondern nach der dadurch ermöglichten Gestaltung angemessener risikomitigierender Maßnahmen.

Ist das Risiko festgestellt, also entsprechend identifiziert und konkretisiert, bietet es sich an, die Dokumentation inkl. vorangegangener Ergebnisse sowie Entscheidungen anzufertigen. Primär geht es dabei nicht um eine absolute Richtigkeit oder überzogene Rechtfertigung der Risikoeinschätzung, sondern um die vorhandene Plausibilität, über welche Szenarien, Prozesse oder auch Beweggründe etc. die Erfassung stattfand. Schließlich sollte eine Compliance-RA regelmäßig auf ihre Aussagefähigkeit hin überprüft sowie ggf. aktualisiert werden.

Vorlage zum Identifizieren von Risiken / Szenarien

Einordnung	Risiko / Szenario X_1	Risiko / Szenario X_n
Identifiziertes Risiko / Szenario	*z. B. Verstoß gegen die Menschenrechte / Kinderarbeit in Lieferkette*	*z. B. Verstoß gegen den Datenschutz / fehlende Dokumentation zur Datenverarbeitung*
Risikoverantwortung (Risk Owner)	*z. B. Leitung Einkaufsabteilung*	*z. B. Leitung Rechtsabteilung*
Gesetzliche Grundlage	*z. B. Lieferkettensorgfaltspflichtengesetz (LkSG)*	*z. B. Datenschutz-Grundverordnung (DSGVO)*
Konkrete Gefahr / Chance	*z. B. Ausschluss von der Vergabe öffentlicher Aufträge*	*z. B. Bußgeld bis zu 10 Millionen Euro*
Bereiche / Prozesse / Unterprozesse	*z. B. organisationsweiter Beschaffungsprozess*	*z. B. Erhebung und Verarbeitung personenbezogener Daten*
Mögliche Gegenmaßnahmen	*z. B. strikte(re) Kontrolle der Lieferant:innen*	*z. B. verbindliche Trainings verständlich(er) gestalten*

Abb. 3.3 Muster der Compliance-Risikoidentifizierung. (Eigene Darstellung)

3.3 Wie sind CPL-Risiken dann zu beurteilen?

Recht schnell fällt auf, dass *Risikoidentifizierung* und *Risikobewertung* natürlich sehr schwierig voneinander abzugrenzen sind, vor allem wenn sich zwischen beiden Schritten auch noch die Priorisierung befindet, welche die bedeutendsten Risiken in einer Abteilung bzw. einem Fachbereich ausweisen soll. Während eine Risikopriorisierung allerdings eher beiläufig im Rahmen der Risikoidentifizierung, sozusagen als Nebenprodukt der zur Ermittlung der Risiken getätigten Befragungen oder auch Workshops etc. entsteht (also welche Risiken der weiteren Befassung zugeführt werden sollen), erfordert die Risikobewertung mehr Fokussierung. Die identifizierten Risiken werden also gemäß ihrer Bedeutung bzw. Gewichtung in eine Reihenfolge gebracht. Hierauf lassen sich dann die Entscheidungen begründen, *welcher Aufwand zu welchem Zeitpunkt – gemäß der in der Organisation bereitgestellten bzw. verfügbaren Ressourcen – aufzuwenden ist*, um dem jeweiligen Risiko entsprechend angemessen entgegenwirken zu können.

Generell sollte in diesem Kontext ein potenzieller Interessenkonflikt der risikoverantwortlichen Person(en) in dem/den jeweiligen Fachbereich(en) beachtet werden. Denn – aus rein menschlichen Beweggründen bzw. Motiven heraus – besteht die Gefahr, das eigene Risiko wohlwollender bzw. geringfügiger darzustellen, als es wirklich ist. So wird sich kaum jemand – gerade im Hinblick auf die Risiko-Berichterstattung an die Leitung – freiwillig ein schlechteres Standing geben wollen (da bspw. bei kritischer Risikolage in dem eigenen Bereich u. a. ein mögliches Eingestehen von Unzulänglichsten bzw. Versäumnissen geschehen könnte). Ferner kann die persönliche Beurteilung bereits realisierter risikomitigierender Maßnahmen verzerrt sein. Deshalb muss die Compliance auch solche Sachverhalte im Blick haben und im Rahmen der Kontrollen aktiv eingreifen bzw. schon zuvor gewisse Unterstützung bei der Bewertung leisten.

Die Bewertung der Risiken sollte strukturiert am sog. *Risikoappetit* der Leitung, also an den strategischen Vorgaben der Organisation im Allgemeinen sowie den Compliance-Zielen im Besonderen, ausgerichtet werden. Grundsätzlich ist die Beurteilung von Risiken geprägt durch eine *Schätzung der Eintrittswahrscheinlichkeit* und der *Antizipierung jeweiliger Auswirkungen* einer Non-Compliance – bestimmt aus der Abweichung zu den Compliance-Zielen. Jedoch erfolgt diese Einschätzung nicht unbedingt im quantitativen Sinne, besser durch qualitative Aussagen, da weder die Wahrscheinlichkeit für den Eintritt eines Compliance-Risikos noch dessen Schadenshöhe exakt beziffert werden kann. Somit wäre eine rein mathematische Berechnung kaum zielführend, weshalb hier eher auf qualitative Methoden zurückgegriffen werden sollte (u. a. im Gegensatz zur Finanzbranche, die nicht nur hoch reguliert ist, sondern wo infolge millionenfacher Transaktionen am Tag die Risikoidentifizierung weitestgehend maschinell erfolgen muss). Forschung und Wissenschaft ist in diesem Bereich keinen expliziten branchenbezogenen bzw. gesetzlichen Anforderungen unterworfen. Dieser Spielraum sollte u. a. als ein bedeutender Erfolgsfaktor verstanden werden, welchen es exakt auszutarieren gilt, um Innovationsfreiheit zu stärken. Je präziser die Ziele insgesamt formuliert und aufeinander abgestimmt sind, desto leichter lässt sich ein Schema für die Bewertung der Risiken erstellen sowie befüllen.

Zuerst bietet es sich an, die *Antizipierung bzw. Abschätzung der Folgen in Schadensklassen* durchzuführen. Die bereits gesammelten Informationen je Risiko (inkl. dessen Trend bzw. Entwicklungspotenzial) stellen die Voraussetzung für diese Bewertung dar und sollten hier dazu dienen, eine Einordnung in circa fünf Schadensklassen – von *unbedeutend, nebensächlich, bedeutend, schwerwiegend, bestandsgefährdend* – zu ermöglichen. Die Kriterien, wie bspw. die Höhe der im Raum stehenden Strafzahlungen oder des denkbaren Reputationsschadens, nach dem sich eine solche Einordnung richtet, sind zuvor – in Abgleich mit den organisationsinternen Compliance-Zielen – auszuarbeiten (Abb. 3.4).

Natürlich gibt es für diese Zwecke auch wesentlich kompliziertere Methoden, allerdings sollte es – jedenfalls für den Einstieg in die Compliance – erst einmal Genüge tun, das grundsätzliche Prinzip hinter einer RA zu verstehen. Ferner sollte beachtet werden, dass bei der Einordnung in solche Schadensklassen ebenso einzubeziehen ist, welche risikomitigierenden Maßnahmen bereits in der Organisation implementiert sind und somit dem jeweils betrachteten *Brutto-Risiko* entgegenstehen. Demgemäß wird dann der daraus resultierende Wert als *Netto-Risiko* bezeichnet. Eine durchaus sinnvolle Überlegung, welche bereits eine Brücke schlägt zu der sich später dann anschließenden Ausarbeitung von risikomitigierenden Compliance-Programmen (vgl. Philippi 2022, S. 78 ff.).

Danach muss die *Wahrscheinlichkeit für den Eintritt* eines jeweiligen Risikos ermittelt werden, was fast noch schwieriger ist, als eine mögliche Schadenshöhe abzuschätzen. Denn das Wesen eines Compliance-Verstoßes ist es, dass dieser einerseits eher in einem intransparenten bzw. obskuren Umfeld stattfindet und andererseits meistens recht individuell daherkommt. Sicherlich gibt es Ansätze, sich einer solchen Wahrscheinlichkeit zu nähern, aber – falls keine statistischen Daten in irgendeiner Art vorliegen sollten – dann wird stets nur ein ungefährer Wert (meint hier einen *educated guess*) erscheinen (Abb. 3.5).

Jedoch kann man sich hier ebenso wieder auf die bereits gesammelten Information sowie vor allem auf die spezifischen Risikoszenarien stützen, welche dabei helfen können, sich die möglichen Ursachen für den Eintritt eines Risikos plakativ vor Augen zu führen. Dabei sollten diese Abwägungen jeweils darauf beruhen, wie

Vorlage zur Beurteilung der Schadensklasse

Schadensklasse bzgl. Auswirkungen	Qualitativ*	Quantitativ**
Unbedeutend	*Risko / Szenario* X_1	*Risko / Szenario* X_6
Gering	*Risko / Szenario* X_2	*Risko / Szenario* X_7
Bedeutend	*Risko / Szenario* X_3	*Risko / Szenario* X_8
Kritisch	*Risko / Szenario* X_4	*Risko / Szenario* X_9
Existenzgefährdend	*Risko / Szenario* X_5	*Risko / Szenario* X_n

* Für die Zuordnung in S-Klassen anhand *qualitativer* Merkmale sind Kriterien (angepasst an Eigenschaften der Organisation) zu entwickeln (z. B. Risiko/Szenario *Hoher Reputationsschaden infolge negativer Berichterstattung* bei global agierendem Konzern erfordert das Kriterium *Dauer & Reichweite*, das bei kurzer und schlechter Presse auf lokaler Ebene einen geringen, auf globaler Ebene einen kritischen Schaden ergibt).

** Gemäß Organisationsgröße etc. sind monetäre Kriterien (Geldwerte) für die Zuordnung in die S-Klassen ins Verhältnis zu setzen (z. B. stellen Bußgelder bis 1 Mio. EUR bei KMUs einen kritischen Schaden dar).

Abb. 3.4 Abschätzung der Folgen in Schadensklassen. (Eigene Darstellung)

Vorlage zur Beurteilung der Eintrittswahrscheinlichkeit

Wahrscheinlichkeitsklasse bzgl. Eintritt	Qualitativ*	Quantitativ**
Unmöglich *0 - 4 %*	*Risko/Szenario* X_1	*Risko/Szenario* X_6
Unwahrscheinlich *5 - 25 %*	*Risko/Szenario* X_2	*Risko/Szenario* X_7
Denkbar *26 - 74 %*	*Risko/Szenario* X_3	*Risko/Szenario* X_8
Wahrscheinlich *75 - 95 %*	*Risko/Szenario* X_4	*Risko/Szenario* X_9
Sicher *96 - 100 %*	*Risko/Szenario* X_5	*Risko/Szenario* X_n

* Für die Zuordnung in die W-Klassen mit *qualitativen* Merkmalen sind jeweils Kriterien unter der Zuhilfenahme von Rahmenbedingungen etc., welche die Organisationsspezifika widerspiegeln, zu entwickeln (z. B. *Vorteilsannahme* in Entität, trotz klarer Regelungen und intensiver Schulung im Vertrieb, denkbar).

** Direkte numerische Zuordnung in die W-Klassen auf der Grundlage statistischer Auswertungen oder entsprechender Berechnungen infolge der in der Organisation stattgefundenen Verstöße/Vorgänge.

Abb. 3.5 Klassifizierung der Eintrittswahrscheinlichkeit. (Eigene Darstellung)

oft solch ein Szenario pro Jahr geschehen könnte bzw. ob es eigentlich überhaupt in der Organisation passieren kann (vgl. Kark 2024, S. 142 ff.).

Nachdem die Einzelrisiken nun mit einer Eintrittswahrscheinlichkeit und einer Schadenshöhe versehen wurden, müssten diese – zur Ableitung weiterer Handlungsbedarfe – in einer Übersicht zusammengeführt werden. Hierzu bietet sich eine *Risikomatrix* an, durch welche sich diese Risiken vergleichen sowie (systematisch) priorisieren lassen. Dabei wird die Eintrittswahrscheinlichkeit auf der y-Achse und das Schadensausmaß auf der x-Achse abgetragen. Zusätzlich lässt sich ebenso der Risikoappetit (auch als Risikotoleranz oder -schwelle bezeichnet) grafisch darstellen, indem eine entsprechende Kurve im Sinne eines Bogens oder diagonale Gerade durch das Diagramm gezogen wird. Tendenziell sollten Risiken, welche oberhalb dieser Linie in der Matrix eingetragen sind, bevorzugt angegangen werden. Infolge der unkomplizierten Einordnung anhand der beiden Parameter entstehen verschiedene Cluster von Risiken, für die dann vordefinierte bzw. einheitliche Maßnahmen zu veranlassen sind. Liegen jedoch sehr viele Risiken vor, bietet sich der Übersichtlichkeit halber auch die Auflistung in einer Tabelle an; zur schnell greifbaren Gefahrenlage hingegen eine solche Matrix (Abb. 3.6).

Lassen sich Schadensausmaß und Eintrittswahrscheinlichkeit in konkreten Zahlen ausdrücken, kann durch Multiplikation der beiden Parameter ein *Schadenserwartungswert* (meint mathematisch bewertetes Risiko) berechnet werden. Dieses Vorgehen ist in Compliance jedoch oft – wie bereits erwähnt – nicht möglich, da sich Compliance-Risiken in der Regel kaum exakt quantifizieren lassen. Dies liegt zum einen daran, dass die Höhe der Buß- bzw. Strafgelder bei Verstößen gegen rechtliche Vorgaben meist der Auslegung durch Gerichte unterliegt, weshalb ein genauer Betrag nicht verlässlich antizipiert werden kann (wobei die Entwicklungen dahin laufen, wie z. B. im LkSG, dass die Sanktionierung klarer kodifiziert wird). Schwieriger ist die Situation bei immateriellen Schäden, wie die Reputation beeinträchtigende Vorkommnisse, bei welchen das Ausmaß der möglichen Kosten schon gar nicht sinnvoll beziffert werden kann.

Generell birgt die gemeinsame Betrachtung von Eintrittswahrscheinlichkeit und Schadensausmaß die beträchtliche Gefahr, dass Risiken, welche erhebliche Auswirkungen haben, aber an sich kaum möglich sind, vernachlässigt werden. Im unwahrscheinlichen, aber durchaus denkbaren Fall des Eintretens solcher Risiken können die Folgen für das Unternehmen bzw. die Organisation gravierend sein. Dies zeigt sich eindrücklich im Flugzeugbau: Die Wahrscheinlichkeit eines Absturzes und der daraus folgende Totalverlust für die Airline ist äußert minimal. Tritt dies jedoch ein, weil dem nichtsdestotrotz vorhandenen Risiko keine ausreichende Beachtung geschenkt wurde, kann das Ergebnis für das Unternehmen existenzbedrohend sein (vgl. Jüttner 2023, S. 182 ff.). Dieses Beispiel zeigt, dass ein strikt an

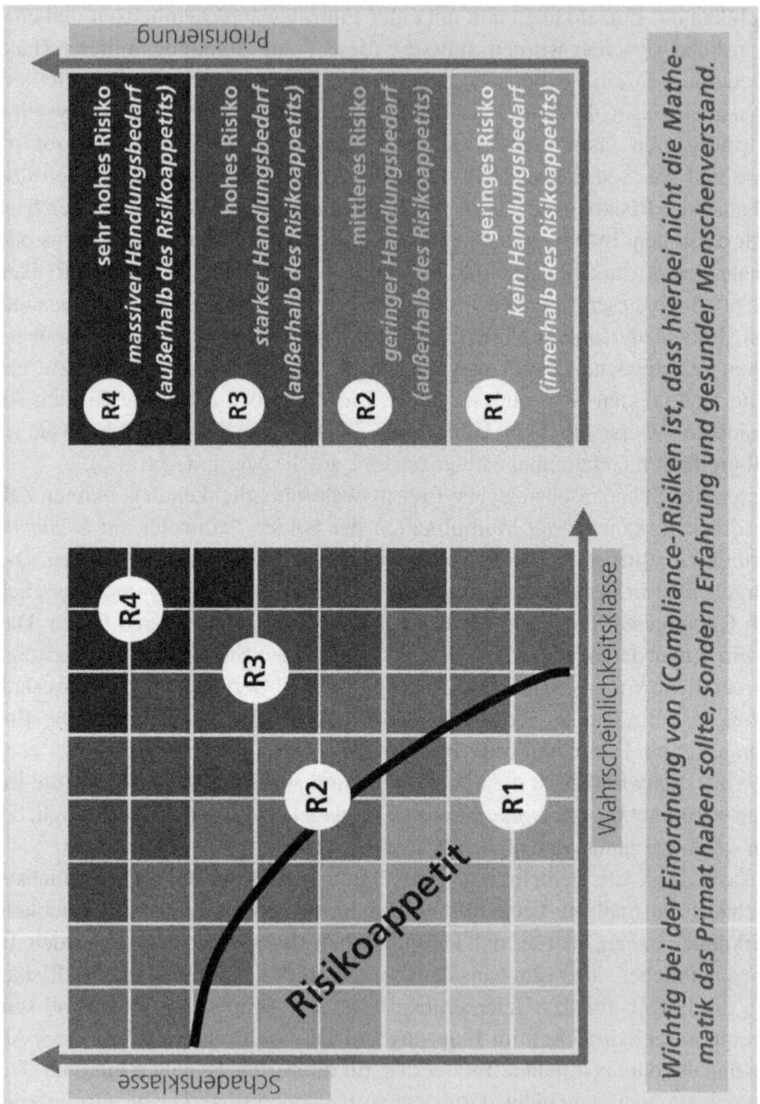

Abb. 3.6 Risikomatrix zur Kategorisierung der Risiken. (Eigene Darstellung)

Schwellenwerten orientiertes Vorgehen, u. a. eben auch in der Compliance, nicht zwangsläufig hilfreich ist, sondern dass bei solchen Beurteilungen stets der gesunde Menschenverstand zu Rate gezogen werden sollte. Trotz gewisser Limitierungen bietet die Risikomatrix oder ähnliche Methoden einen guten Ausgangspunkt, um das organisationspezifische *Risikoportfolio* übersichtlich darzustellen.

In der konkreten Umsetzung sind nun, je nach Bedeutung des Risikos (also wo es sich in einer solchen Matrix befindet), zweckorientierte Aktionen zu initiieren. Darunter bspw. eine regelmäßige Kontrolle von bis dato noch unkritischen Risiken, welche aber das Potenzial haben, sich zu verstärken. Insgesamt wird somit ein Bild der Gesamtrisikosituation erschaffen, woraus sich ebenso die Bearbeitungsreihenfolge bzw. Priorisierung ergibt. Des Weiteren sollte im Sinne einer *Risikoaggregation* geprüft werden, ob sich hier aufgeführte Risiken infolge von Wechselwirkungen gegenseitig verstärken bzw. ihre Eintrittswahrscheinlichkeit gegebenenfalls noch erhöhen könnten. (vgl. DICO 2020, S. 29 f.).

Jedoch hat sich in der Praxis gezeigt, dass ein modernerer Ansatz – sozusagen eine Evolution in der Risikoanalyse – notwendig ist, um all den Herausforderungen in der Compliance gerecht zu werden. Das zuvor umrissene Vorgehen mit der Hilfestellung über die Eintrittswahrscheinlichkeit und Schadenshöhe stellt an sich eine Heuristik dar, die wir auch im Alltag oft unbewusst anwenden (z. B. bei der Entscheidung für eine Versicherung), für Compliance-Risiken aber eben nur eingeschränkt nützlich ist. Denn im Kontext der Compliance ist wichtig zu verstehen, dass bereits beim Auftreten eines einzigen Compliance-Verstoßes ein existenzbedrohender Schaden entstehen kann (z. B. wenn ein Hersteller von als sehr ökologisch bzw. nachhaltig beworbenen Lebensmitteln, für die dessen Kund:innen darum bereit sind hohe Preise zu zahlen, durch Einsatz von Pestiziden auffällig wird). Compliance-Risiken ergeben sich zudem eher aus dem individuellen Verhalten einzelner Akteure, wie Geschäftspartner:innen oder dem eigenen Personal, und weniger aus rein abstrakten bzw. mathematisch-darstellbaren Situationen. Das Gewicht eines Compliance-Risikos orientiert sich an möglichen Szenarien von ethischem bzw. rechtlichem Fehlverhalten, welche identifiziert und in Bezug auf die (gebrochene) Regel bewertet werden müssen. Daher ist eine sinnvolle Steuerung solcher Risiken mit einer zum traditionellen RM ergänzenden Bewertungssystematik vorzunehmen. Denn ein traditionelles RM hat meist nur die finanzielle Performance und Stabilität der Organisation im Blick. Eine Anlehnung an Fallzahlen aus der Vergangenheit ist meist wenig hilfreich, da es eher darum geht, die generelle Einhaltung von Compliance-Zielen sicherzustellen (z. B. sollen Mitarbeitende stets interessenkonfliktfreie Entscheidungen treffen können; dies gelingt u. a. durch das Hinzuziehen eines neutralen Dritten, welcher in der jeweiligen Lage eine unabhängige Sicht einbringt). Denn Compliance sollte keine Feuerwehr sein, die bspw. mühevoll ein Elektroauto löscht, sondern eher der Ingenieur, welcher u. a. ein feuersicheres Design entwirft (Stichwort *Prävention*).

Bei der Erfassung eines Compliance-Risikos ist die Relevanz zum Geschäftsmodell (z. B. sind Kern-Wertschöpfungsprozesse betroffen), das eigene Einflussvermögen auf die Verursachenden (z. B. durch Bestimmungen im Vertrag mit eigenem Personal oder Geschäftspartner:in) und die Beziehung zum Verursachenden (z. B. Risiko durch „Vererbung", also Verbundensein mit Geschäftspartner:in innerhalb der Lieferkette) einzubeziehen. Für die Organisation liegt ein höheres Risiko vor, wenn Informationen zu Geschäftspartner:innen nicht vollständig sind (z. B. wenn diese Subunternehmen verschleiern, welche in einem Land mit stark korruptiven Strukturen ansässig sind). Ein Ziel von Organisationen muss es sein, ein Portfolio mit einem geringen Gesamtrisiko zu erreichen, indem u. a. eben Transparenz bei geschäftlichen Aktivitäten usw. geschaffen wird. Neben der Betrachtung von Geschäftspartner:innen sind auch andere Beziehungen relevant. Besteht bspw. auf Grund einer Geschäftstätigkeit nun Berührung mit politischen Amtsträger:innen (z. B. zum Einwerben öffentlicher Aufträge oder Fördergelder), so muss identifiziert werden, welche Personen bzw. Funktionen in der Organisation wie oft solche Kontakte haben. Dies muss bei der Risikoeinschätzung beachtet werden (z. B. potenzielle Vorteilsnahme bei Allokation von Forschungsgeldern). Zudem ist zu evaluieren, wie gut das im Prozess beteiligte Personal zu Anti-Korruption geschult ist und wie vollständig Maßnahmen eingesetzt sind (bspw. gibt es eindeutige Zuständigkeiten mit angemessener Aufgaben-, Kompetenz- und Verantwortungsbeschreibung, die diese umsetzen sowie kontrollieren).

Die Compliance-RA aus dem CMS ist nun also so zu strukturieren, dass (bestehende) risikobehaftete Verhaltensmuster in Bezug auf externe sowie interne Vorgaben, welche absichtlich oder unabsichtlich ablaufen können, in der Compliance identifiziert und aufgenommen werden. Das heißt, gemäß dem zuvor genannten Vorgehen sind die relevanten Themen, die über das CMS gesteuert werden sollen, zu priorisieren und in die Risikomatrix zu bringen. Sobald der organisatorische Rahmen, wer verantwortet die Compliance-RA und wer verantwortet das Risiko sowie die Maßnahmen im Prozess, festgelegt ist, werden die Analyse-, Bewertungs-, Maßnahmen- und Dokumentationsprozesse sowie die Methodik und Kriterien der Risikobewertung definiert. Die Aufgabe der Risiko-/Maßnahmenverantwortung(en) im Prozess (in der Regel sind das die Fachabteilungen) liegt dann im Umgang mit den Risiken. Sie wirken bei der Compliance-RA mit, indem sie wertvolle Informationen aus den Geschäftsprozessen der Organisation beitragen. Während, wie erwähnt, die Eintrittshöhe und das Schadensausmaß bei Compliance-Risiken meist nicht quantitativ beurteilbar ist, da es sich sehr oft um menschliches Fehlverhalten und/oder Schäden bezüglich der Reputation handelt, können mathematische Verfahren zum Einsatz kommen, wenn es um das Screening großer Datenmengen geht. Der Grad der Digitalisierung dieser Prozesse ist genau abzuwägen, wenn in komplexen Unternehmensstrukturen oder Geschäftsfeldern also jeweilige Effizienzsteigerungs-Potenziale gesucht werden sollen. Solche (äußerst) großen Mengen an Daten liegen u. a. im Rahmen des Geschäftspartner-Managements vor. Hier könnte *Künstliche Intelligenz* unterstützen, indem sie Muster erkennt, welche auf potenzielle Verstöße hinweisen, wie bspw. gegen Anforderungen aus dem Lieferkettensorgfaltspflichtengesetz, dabei z. B. speziell die Involvierung von Kindern im Produktionsprozess. Anschließend können daran dann geeignete *Due Diligence*-Maßnahmen, d. h. Maßnahmen im Umgang mit dem jeweiligen Geschäftspartner, entsprechend abgeleitet werden.

Für die Berichterstattung an die Organisationsleitung bzw. zu Dokumentationszwecken, welche als Nachweise über die erfolgten Compliance-Tätigkeiten erforderlich sind, sollten die priorisierten Risiken der einzelnen Abteilungen bzw. Bereiche aggregiert sowie verständlich dargestellt werden. Auch hier sind u. a. nur die bedeutendsten Risiken und die dazu geplanten bzw. eingeleiteten Verrichtungen aufzuführen, sodass dabei ein ganzheitliches sowie klares Bild der Risikolage (also Chancen und Gefahren) kommunizierbar ist, welche sich dabei nicht in missverständlichen Kleinigkeiten verlieren sollte.

Insgesamt handelt es sich bei der Bewertung von Risiken – wie auch bei der Compliance-RA in Gänze – also um einen doch sehr schwierigen Sachverhalt, der – wie nun auch bereits mehrfach betont – keine wirkliche Blaupause bzw. Vorlage kennt. Man muss sich eben zu Beginn ein strukturiertes Vorgehen (inklusive der zu verwendenden Bewertungskriterien) überlegen, welches nach und nach dann kontinuierlich verbessert bzw. an die individuellen Compliance-Ziele und die jeweiligen Risikogegebenheiten der Organisation sorgfältig anzupassen ist.

3.4 Risiko *kurzgefasst*

Grundsätzlich lässt sich festhalten, dass eine Compliance-Risikoanalyse keinem Selbstzweck aufgrund zweifelhafter Vorgaben dient, sondern dem Herausstellen existenzieller Schwachstellen (und möglichen Chancen) in einer Organisation – zu ihrem eigenen Wohle sowie dem der Stakeholder. Zudem wird mit einer solchen wiederkehrenden Analyse mindestens den involvierten Führungskräften sowie Fachverantwortlichen die Nützlichkeit von Compliance offenbart. Es findet also eine – in festen Intervallen oder aus erforderlichen Transparenzgründen heraus auch mal anlassbezogene – Sensibilisierung statt, was den Horizont erweitern kann, wenn das zugrunde liegende Risikomanagement durchdacht und mit den nötigen Berechtigungen aufgesetzt ist (Stichwort *Governance*). Es ist nämlich einerseits im Sinne von Effizienz sowie Effektivität zwingend sicherzustellen, dass eine solche Risikoanalyse tief in die jeweiligen Fachbereiche bzw. Führungsebenen hineinblicken kann und dass andererseits die Risiken auch wirklich in dem sinnvollsten Bereich zur weiteren Behandlung allokiert werden können.

Weder für den Compliance-Risikobegriff noch für die Compliance-Risikoanalyse gibt es allgemeingültige Definitionen (oder Vorgehensweisen). Jede Organisation muss sich daher selbst der Herausforderung stellen, den Umfang und die Qualität ihrer Compliance bzw. ihres CMS festzulegen (orientiert an den tatsächlichen Compliance-Risiken und den klaren Compliance-Zielen der Organisation).

Zusammenfassend lassen sich folgende Schritte zum Prozess bzw. Vorgehen bei der Risikoanalyse zum Identifizieren und Bewerten von Compliance-Risiken entsprechend – sozusagen als eine Möglichkeit – darstellen:

- **Zieldarstellung**: Festlegung des Anwendungsbereichs sowie konkreten Zwecks des CMS, also was genau durch die eigene Compliance-Arbeit erreicht bzw. vermieden werden soll;
- **Risikodefinition**: Bestimmung des Zustands der Non-Compliance bzw. Ausmaß der Abweichung von gegebenen Vorgaben, ab dem die Compliance-Ziele nicht mehr erreicht sind;
- **Relevanzanalyse**: Herausstellen der Compliance-Themenfelder bzw. Rechtsgebiete, die in der jeweiligen Organisation greifbare Gefahren oder auch Chancen herbeiführen könnten;
- **Risikoidentifikation**: Konkretisierung der als relevant eingestuften Compliance-Risiken mithilfe interner/externer Informationsquellen und die Zuteilung der Risiko-Verantwortung(en);
- **Risikobewertung**: Einschätzung bzw. Klassifizierung der organisationsspezifischen Compliance-Risiken hinsichtlich deren Bedeutung sowie Festlegung ihrer Bearbeitungspriorität.

Recht simpel formuliert gilt es also, durch ein solches Vorgehen die organisationsspezifischen Compliance-Risiken zu ermitteln und danach deren individuelle Eintrittswahrscheinlichkeit sowie die Auswirkungen einer Non-Compliance (Schadenshöhe) zu minimieren. Generell sind in der Compliance-Risikoanalyse, im Gegensatz zum eher ökonomischen bzw. kostenorientierten Ansatz eines unternehmerischen Risikomanagements, weitere Kriterien zur Beurteilung heranzuziehen. Eine wirklich fachgerecht durchgeführte Risikoanalyse ermöglicht es, die erforderlichen Compliance-Maßnahmen möglichst effektiv sowie effizient auf die bekanntgewordenen Compliance-Risiken abzustimmen und somit die

Handlungsspielräume neu auszuloten sowie Rote-Linien bzw. Leitplanken (rückversichert) zu verschieben. Infolge einer sich stetig verändernden Ausgangslage muss auch die Risikoanalyse kontinuierlich erfolgen. Daher ist außerdem von vornherein zu überlegen, ob und wie IT-Lösungen entlastend einzusetzen sind. Dies kann gerade bei der Risikoermittlung in Bezug auf Geschäftspartner:innen oder bei Organisationen mit einer großen Anzahl an Mitarbeitenden, also bei großen Datenmengen, überaus sinnvoll sein.

Bei einer Beurteilung von Compliance-Risiken ist immer die Zielstellung dieser organisationsinternen Übung im Hinterkopf zu behalten, nämlich dass hiermit das Fundament für die Risikobehandlung und somit den zielorientierten Umgang mit den Risiken gelegt werden soll. Aus einer solchen Bewertung muss entsprechend eine praktische Einschätzung folgen, ob überhaupt jeweilige Maßnahmen ergriffen werden müssen bzw. können oder ob man nicht doch eher andere Risiken in der Bearbeitungspriorität hochsetzen sollte. Denn nicht jedes ermittelte Risiko kann durch Maßnahmen der Organisation reduziert werden. Dies ist der Fall, wenn keine Einflussmöglichkeiten bestehen (wie infolge höherer Gewalt). Natürlich ist auch zu beachten, dass die risikomitigierenden Maßnahmen – nach betriebswirtschaftlichen Gesichtspunkten – der Organisation nicht mehr Kosten verursachen als sie im Endeffekt auch an Nutzen bewirken.

Die spezifischen Charakteristika eines Compliance-Risikos sind durch diverse innere und äußere Einflussfaktoren (insbesondere jedoch durch individuelles – regelbrechendes – Verhalten einzelner Personen oder kleinerer Gruppen von Menschen) sowie durch teilweise schwerwiegende Auswirkungen im Falle des tatsächlichen Eintretens geprägt. Die gegebenenfalls zu entrichtenden Bußgelder stellen oft nur einen (recht kleinen) Teil solcher potenziellen Folgen dar (und werden nicht selten einfach in die Kostenrechnung eines Unternehmens eingeplant, wenn bspw. die auferlegte Dokumentationspflicht nicht ausgeführt wird und dadurch eben ein gewisses Bußgeld anfällt, welches aber immer noch kostengünstiger ist als die rechtskonforme Umsetzung dieser Gesetzesanforderung). Wesentlich erheblicher können sich Schadensersatzansprüche geschädigter Kund:innen (z. B. infolge von *Greenwashing*) oder Mitbewerber:innen (u. a. wegen *Kartellverstößen*) plus die daraus resultierenden Reputationsschäden auswirken.

Ferner sei hier wiederum festzuhalten, dass es an dieser Stelle erneut kein *richtig* oder *falsch* gibt, sondern vielmehr ist das Risikobewusstsein wegweisend für das Schaffen eines notwendigen Freiraumes, in dem Innovationen in einem kompetitiven Umfeld vorangebracht werden können. Denn hier kann die Compliance mit ihren speziellen Fähigkeiten sowie Werkzeugen für die Leitung eine risikoumfassende (individualisierte) Konfiguration erarbeiten und so zu einem *Enabler* für den Organisationserfolg werden. Mit einem solchen integrierten sowie vernetzten System haben Führungskräfte eine Möglichkeit, ihre Strategie im Rahmen einer Risikopolitik verbindlich zu verankern und ziemlich flexibel auf zukünftige Veränderungen zu reagieren.

Als weiterführende Literatur zum außerordentlich umfangreichen Themengebiet des Risikomanagements gibt es im Allgemeinen u. a. die Werke *Risikomanagement und Risikocontrolling* (Diederichs 2023), *Grundlagen des Risikomanagements* (Gleißner 2022), *Risikomanagement im Unternehmen* (Hunziker 2022) oder auch *Risikomanagement* (Vanini und Rieg 2021) und zur Compliance im Speziellen bspw. das Buch *Compliance-Risikomanagement* (Kark 2024).

Literatur

DICO (2020): S09 – Compliance-Risikoanalyse (CRA). DICO – Deutsches Institut für Compliance. Online verfügbar unter https://www.dico-ev.de/ak-compliance-risikoanalyse/.

DICO (2024): DICO Risikokatalog 3.0 – Wabenmodell. DICO – Deutsches Institut für Compliance e. V. Online verfügbar unter https://www.dico-ev.de/ak-compliance-risikoanalyse/, zuletzt geprüft am 30.11.2024.

Diederichs, Marc (2023): Risikomanagement und Risikocontrolling. 5. Auflage. München: Vahlen.

Gleißner, Werner (2022): Grundlagen des Risikomanagements. Handbuch für ein Management unter Unsicherheit. 4. Auflage. München: Vahlen.

Hunziker, Stefan (2022): Risikomanagement im Unternehmen. Moderne Ansätze im Umgang mit Risiko und Ertrag. Wiesbaden: Springer Gabler.

Jüttner, Markus (2023): Die Kunst erfolgreicher Compliance. Eine realistische Sicht auf wirksames Compliance-Management. Frankfurt am Main: Fachmedien Recht und Wirtschaft (Compliance Berater Schriftenreihe).

Kark, Andreas (2021): Plötzlich Compliance Officer. Erste Hilfe für den Einstieg in das Compliance Management. München: C.H. Beck.

Kark, Andreas (2024): Compliance-Risikomanagement. Gefährdungslagen erkennen und steuern. 3. Aufl. München: C.H. Beck.

Neyer, Bastian (2018): Risikokultur. Entwicklung und Validierung eines Ansatzes zur Evaluation und Gestaltung in produzierenden Unternehmen. Hamburg: Verlag Dr. Kovač.

Philippi, Kai Timo (2022): Compliance-Risiken. In: Karl-Christian Bay und Katharina Hastenrath (Hg.): Compliance-Management-Systeme. Praxiserprobte Elemente, Prozesse und Tools. 3. Auflage. München: C.H. Beck, S. 59–96.

Scherer, Josef (2022): Compliance-Managementsystem nach DIN ISO 37301:2021. Erfolgreich implementieren, integrieren, auditieren, zertifizieren. Berlin: Beuth.

Vanini, Ute; Rieg, Robert (2021): Risikomanagement. Grundlagen – Instrumente – Unternehmenspraxis. 2. Auflage. Stuttgart: Schäffer-Poeschel.

Waschbusch, Gerd (2018): Compliancerisiken. In: *Gabler Wirtschaftslexikon Online*, 16.11.2018. Online verfügbar unter https://www.gabler-banklexikon.de/definition/compliancerisiken-99783#definition.

4 Risikomitigierende Maßnahmen

Im besten Falle besteht nach vollzogener Risikoanalyse ein umfassendes Bild von dem spezifischen Risikoportfolio bzw. den in der Organisation existierenden Compliance-Risiken, worunter jeweils die nicht unwahrscheinliche Möglichkeit verstanden wird, durch einen Verstoß in negativer Weise von den eigenen Compliance-Zielen abzuweichen. Diesen sehr individuellen Gefahren (auf die Chancen, also die positiven Abweichungen von diesen Zielen, wird hier nicht weiter eingegangen) gilt es in effizienter sowie effektiver Weise – durch ein Compliance-Programm – zu begegnen. In einem solchen Programm finden sich einerseits diverse risikomitigierende Maßnahmen zur Prävention (wie z. B. Richtlinien oder Schulungen) sowie andererseits schadensbegrenzende Maßnahmen zur Abhilfe wieder (also u. a. ein Leitfaden für die Krisenkommunikation) sowie darüber hinaus verbindliche Kontrollen, damit ein eingetretener Schaden bzw. Verstoß möglichst schnell erkannt werden kann. Augenscheinlich, aber dennoch erwähnenswert ist das Erfordernis, dass diese Maßnahmen eine individuelle Ausgestaltung aufweisen, damit jeder Problemstellung eine maßgeschneiderte Lösung bereitet werden kann. Dabei sind bspw. die Bagatellgrenze einer Vorschrift sowie die Aspekte der Wirtschaftlichkeit zu berücksichtigen, sodass eine Maßnahme nicht (gänzlich) am gewünschten Zweck vorbeizieht. In diesem Sinne sollte deshalb der Grundsatz „So wenig wie möglich, so viel wie nötig" (für die Ausgestaltung der Compliance-Programme) jeweils Anwendung finden, damit nämlich weder eine (innovationslähmende und kostenintensive) Überregulierung in die eigene Organisation einzieht noch eine überbordende Bürokratie, welche sich bereits an vielen Stellen negativ auswirkt, weiter verstärkt wird.

Gemeinhin soll ein CMS die vorhandenen Risiken in einer angemessenen Form steuern. Angemessen bedeutet, dass die eingeleiteten Maßnahmen theoretisch zum

I. Wiedemann, P. Pobuda, *Compliance in der Forschung*,
https://doi.org/10.1007/978-3-658-45728-0_4

Erreichen des jeweiligen Ziels zweckdienlich sind. Wirksamkeit geht einen ganzen Schritt weiter und erfordert, dass die durchgeführten Maßnahmen tatsächlich Verstöße gegen die bestehenden Vorgaben (bis zu einem vernünftigen Grad) verhindern können (was allerdings nur im Rückblick bewertet werden kann, denn erst nach Betrachtung eines längeren Zeitraums kann festgestellt werden, ob das CMS wirklich Verstöße verhindert). Damit das Letztgenannte überhaupt geschehen kann, bedarf es einer hohen Fachexpertise in dem Bereich, wo das Risiko verortet ist. Deshalb werden diese bewerteten und priorisierten Risiken im vorangegangen Prozess bereits den Risiko- bzw. Compliance-Verantwortlichen (u. a. einer thematisch passenden Fachabteilung) zugeteilt; also einem Kreis von Personen, die über genügend Knowhow verfügen, wodurch diese – mit Unterstützung der Compliance-Abteilung – wirksame Maßnahmen konzipieren sowie implementieren können. Was hier beschrieben wurde, bezeichnet man als *Matrix-Organisation*. Gemäß diesem Strukturprinzip wird die Compliance-Arbeit so organisiert, dass sie nicht in einer einzigen Abteilung stattfindet, sondern u. a. auf verschiedene Fachabteilungen oder Standorte verteilt wird.[1] Festzulegen ist daher, wo die Compliance-Verantwortungen liegen, also wer entweder die fach- oder systembezogenen Steuerungsaufgaben, jeweils orientiert am Compliance-Risiko, ausübt und wer welchen Umfang jeweils verantwortet.

Anzumerken ist, dass die Gesamtverantwortung für Compliance immer bei der Leitungsfunktion verbleibt und meist die Durchführungsverantwortung der Aufgaben delegiert wird. Die Leitung setzt den *Chief Compliance Officer* (CCO) für den CMS-Betrieb ein, welche/r mit einer organisationsweiten Compliance-Organisation dieser Aufgabe nachkommen muss/soll. Die Compliance-Organisation besteht meist aus einer zentralen Compliance-Abteilung und dezentralen -Personen, bspw. an den einzelnen Forschungsstandorten, welche für den CMS-Betrieb in ihrem Aufgabenbereich oder ihrem Standort zuständig sind. Sie sind mit einer unabhängigen Berichtslinie innerhalb der Compliance-Organisation ausgestattet (bzw. sollten es sein), um die Gesamtsteuerung der Compliance (Regeltreue) sicherstellen zu können. In der Compliance-Organisation selbst werden primär die stark risikobehafteten Themen für die Organisation, wie bspw. Anti-Korruption oder Geldwäscheprävention, gesteuert. Bei einem breiten Forschungsfeld oder einer komplexen Einrichtung werden bestimmte Themen, wie z. B. IT-Sicherheit oder Arbeitsschutz, in den Fachab-

[1] Abgesehen von einer solchen Matrixorganisation (= *Mehrliniensystem*, in dem Mitarbeitende mehreren Instanzen unterstellt sind) gibt es weitere Organisationsformen wie *Einliniensysteme* oder *Stabliniensysteme*. So ist vorher also genau zu überlegen, welche dieser Formen am besten zum jeweiligen Vorhaben etc. passt. In diesem Kontext sind ferner die Begriffe *Aufbau-* und *Ablauforganisation* zu wiederholen. Unter dem ersteren wird dabei die statische Organisationsstruktur einer Organisation verstanden, während zweiteres die dynamischen Arbeitsprozesse innerhalb dieser vorgegebenen Struktur beschreibt.

teilungen mit eigenen (und bestenfalls zertifizierten) Management-Systemen bereichsübergreifend gesteuert. Dabei ist es wichtig, die Compliance-relevanten Aspekte mit einer Schnittstelle, bspw. mittels entsprechendem Berichtswesen zur zentralen Compliance-Abteilung, zu versehen. Damit können identifizierte Risiken in die Risikoanalyse einfließen und direkte Rückschlüsse auf die Systemwirksamkeit stattfinden. Diese Fachabteilungen nehmen somit automatisch zu ihrer Fachverantwortung zusätzlich eine Compliance-Verantwortung wahr, mit der sie der Leitungsfunktion (wo die Gesamtverantwortung für Compliance liegt) gegenüber rechenschaftspflichtig sind. Dadurch können nicht nur Ressourcen geschont, sondern infolge der relevanten fachlichen Expertise gute Ergebnisse geliefert werden.

Wegen der Präsenz von Compliance-Risiken in den einzelnen Fachabteilungen kann die Compliance-Abteilung in der Organisation auch als Vernetzungsinitiator auftreten. Bei Diskussionen zu zukünftiger Regulatorik (z. B. Regulierung von *Künstlicher Intelligenz*) und deren Auswirkungen auf die ganze Entität, kann sie dazu beitragen, die diversen Einzelbetrachtungsweisen der Fachabteilungen zusammenzuführen, um abgestimmte Ergebnisse zu liefern und Synergien zu heben. Dies ermöglicht, frühzeitig Handlungsspielräume bzw. rechtliche Gefahren zu erkennen sowie zu antizipieren. Somit wäre das ein weiterer Punkt, durch welchen sich Compliance als *Enabler* für die Zwecke der Organisation positionieren und ebenso entsprechend wahrgenommen werden könnte.

Neben der Steuerung des CMS und den gewichtigen Compliance-Risiken der Wirtschaftskriminalität[2] ist es sinnvoll, auch Risikothemen wie Interessenkonflikte in der zentralen Compliance-Abteilung zu behandeln, da diesen in Forschung und Wissenschaft erhebliche Bedeutung zukommt. Das Aufgabenspektrum dieser Abteilung wird komplettiert mit dem Betrieb des Meldesystems (inkl. der Fallprüfung und Einleitung einer internen Untersuchung, die intern wie extern – durch Kanzleien durchgeführt – beauftragt werden kann). Denn dadurch lassen sich zeitnah direkte Rückschlüsse auf die CMS-Wirksamkeit ziehen sowie entdeckte Schwachstellen in die Compliance-Risikoanalyse unmittelbar einbringen. Auch das Richtlinienmanagement (also die Vorgaben, welche Richtlinienformate, -hierarchien sowie inhaltliche Strukturen in den Regelungen bestehen sollen) und das Vollmachtsmanagement sind typische Aufgaben einer zentralen Compliance-Abteilung, da diese

[2] Laut eines IW-Reports (Enste und Potthoff 2024) sind ca. 34 % aller deutschen Unternehmen mit Fällen von Wirtschaftskriminalität wie Betrug, Korruption, verbotenen Preisabsprachen, Steuerhinterziehung oder Schwarzarbeit konfrontiert. Der monetäre Schaden belief sich dabei auf rund 2 Mrd. € (entspricht ungefähr einem Drittel des in Polizeistatistiken aufgezeigten Gesamtschadens aller Straftaten). Global ist gemäß dieser Studie fast jedes zweite Unternehmen von Wirtschaftskriminalität betroffen.

Themen u. a. Vorgaben für wirksame Steuerungs-Strukturen des CMS darstellen. Damit der CMS-Betrieb dort auch verantwortungsvoll sowie wirksam gestaltet werden kann, ist ebenso u. a. das grundlegende Design und Implementieren von CMS-Elementen als Kernaufgabe anzusehen. Darunter fällt auch bspw. das Geschäftspartnermanagement, mit dem gleich mehrere Risiken (z. B. Exportkontrolle, LkSG, Wirtschaftlichkeit) bzgl. der diversen Geschäftspartner:innen erfasst und gelenkt werden, oder ein Compliance-Schulungssystem, das als organisationsweite Plattform für verbindliche E-Learnings und zielgruppenspezifische Inhalte genutzt werden kann.

Solche Präventions- und Abhilfemaßnahmen oder die dazugehörigen notwendigen Kontrollen zur Überprüfung der Regeleinhaltung (meint also die Wirksamkeit der Maßnahmen) sowie zu verhängende Sanktionen im Falle von (mutwilligem) Fehlverhalten sollen dabei weder ein enges Korsett schaffen, in dem vor lauter Regelwut kaum mehr dem eigentlichen Geschäfts- bzw. Organisationszweck nachgegangen werden kann, noch sollen sie Angst vor Fehlern oder gar ein Gefühl von Misstrauen in der Belegschaft schüren. Ganz im Gegenteil, all diese Elemente sind nämlich in so einer Weise zu realisieren, dass die Mitarbeitenden eine klare Vorstellung davon haben, wie sie sich *compliant* verhalten. Vielmehr noch kann mit einem CMS und demzufolge mit den einzelnen Compliance-Programmen erreicht werden, dass sich alle Angehörigen einer Organisation ethisch und rechtlich sicher (in ihrem jeweiligen Arbeitsbereich) bewegen können, ohne dabei selbst bspw. das Rechtskataster eines Landes oder Fachgebietes durchwälzen zu müssen. Denn mit einem weithin durchdachten System kann eben auch Forschung möglichst frei von Skandalen erfolgen und der Fokus der Mitarbeitenden gezielt auf den Fortschritt und die Innovation gerichtet sein.

4.1 Wie kann eine starke Prävention gelingen?

Gemeinhin ist die Prävention als ein vorbeugendes Mittel zu verstehen, das alle Aktivitäten umfasst, die mit der Absicht durchgeführt werden, Risiken zu vermeiden, zu verzögern oder weniger wahrscheinlich zu machen. Die Compliance-Maßnahmen zur Prävention dienen daher primär der (angemessenen) Verhinderung und dem frühzeitigen Eingreifen, damit sich die relevanten sowie spezifischen Risiken bzw. Risikoszenarien einer Organisation nicht realisieren. Für diesen Zweck steht eine recht große Bandbreite von unterschiedlichen Handlungsoptionen zur Verfügung, um also jeweils risikoangepasst bzw. -minimierend agieren zu können. Dies ist dem Umstand geschuldet, dass die Ursachen für Fehlverhalten sehr unterschiedlich sein können. Mal ist es mangelnde Kenntnis der einschlägigen Vorschriften, mal ist es die Gelegenheit, welche mutwillig ausgenutzt wird, mal sind es eingeschlichene Pfade bzw. Gewohnheiten und mal ist es ein absichtliches Überschreiten des *Surfens im Graubereich* oder auch ein sog. *kultureller Handlungstunnel* usw. (vgl. Jüttner 2023, S. 71 ff.). Dabei kann das CMS als eine Art *Toolbox* fungieren und verschiedene Elemente für Compliance-Maßnahmen sowie für das Management von Compliance-Themen in Gänze bereitstellen. Die zentrale Compliance-Abteilung gibt so den Rahmen, also die verpflichtend einzubringenden Elemente, welche durch die Risiko- bzw. Compliance-Verantwortlichen gemäß der gegebenen Risikolage und anderer zu beachtender Anforderungen ausgestaltet werden müssen, vor. Letztendlich werden solche Maßnahmen innerhalb eines Compliance-Programms (dessen Ziel es also ist, geeignete Vorkehrungen zu treffen, sodass nicht ganz unwahrscheinliche Verstöße in dem spezifischen Kontext erschwert oder auch rechtzeitig erkannt werden können) individuell zusammengestellt. Nachfolgend sind mögliche Elemente als Bausteine eines solchen Programmes in eher generischer Weise beschrieben.

Richtlinien: Einzeln betrachtet wird in einer Richtlinie jeweils das zugrunde liegende Risikoszenario umrissen sowie daran ansetzend die Leitplanken bzw. Regeln (in eher abstrakter Weise) festgehalten (z. B. *Angestellte einer Vergabestelle dürfen nicht mit Geschenken bedacht werden*); darin sind also Anforderungen definiert, welche die Gebote und Verbote für das Fachthema eindeutig und klar absteckt. Dabei sollten sie nicht mit Verfahrensanweisungen verwechselt werden, welche Schritt für Schritt ein gebotenes Vorgehen beschreiben (z. B. was ist bei angebotenen Geschenken zu tun); solche Anweisungen oder verbindlichen Orientierungshilfen sind als Anlage zu einer Richtlinie oder untergeordnete Praxisleitfäden (u. a. für unterschiedliche Zielgruppen) einzuordnen. Richtlinien sollen als *interne Gesetzestexte* verstanden werden, die sich die Organisation selbst gibt. Die anschließende Implementierung der Regeln, bspw. mithilfe einer Software, werden am besten von den passenden Spezialisten, in diesem Beispiel der IT, durchgeführt. Integriert betrachtet enthält eine Richtlinie zu einem Risikothema mehrere Anforderungen aus der Compliance mit den funktionalen Vorgaben des Fachbereichs, wie z. B. aus dem Projektgeschäft oder der Rechnungslegung (Rechnungswesen). Diese würde hierbei dann alle Anforderungen für einen *ordnungsgemäßen Zahlungsverkehr* beinhalten und als gemeinsamer Startpunkt für eine integere sowie funktionale Gestaltung der Prozesse in einer Fachabteilung dienen. Auf diese Weise würde man nicht nur zu einer gewissen Übersichtlichkeit in dem jeweiligen Bereich beitragen, sondern gleichzeitig auch das oftmals zu Unrecht erhobene Vorurteil entkräften, wonach Compliance für ein Übermaß an Bürokratie sowie Regelwut steht. Denn die Compliance-Regel bezieht sich lediglich auf die risiko-relevante Anforderung, nicht auf die Einhaltung eines vorgegebenen Ablaufs, welche durch regelmäßige Überprüfung sichergestellt wird. Deshalb bietet es sich an, die Einzelrichtlinien mindestens thematisch zu sortieren, sodass es überhaupt sinnvoll möglich ist, die Richtlinien eines Bereichs transparent vorliegen zu haben. Die strukturelle Ausgestaltung dieser Dokumente hängt natürlich von der Größe und Komplexität der Organisation ab. Bei jedem regulierenden Eingriff in die Organisation sollte man sich zudem u. a. der Funktionen, Abteilungen oder auch Gremien bewusst sein, welche in irgendeiner Weise den Ausgang eines Vorhabens, hier die Minimierung spezifischer Risiken, durch ihr jeweiliges Wirken (bewertet nach Interessen sowie Einflussmöglichkeiten) positiv oder negativ verändern könnten. Gemäß dieser Logik sind die Stakeholder[3] (wobei diese in der Organisation und ggf. auch außerhalb explizit zu identifizieren sind) zu priorisieren und deren Interessen bei der Planung sowie Implementierung der Compliance-Maßnahmen passend zu beachten. Denn bspw. kann es sich durchaus auszahlen, wenn der Betriebsrat frühzeitig einbezogen wird, da er die Interessen der Mitarbeitenden vertritt und ermöglichen kann, dass Regelungen fair sowie angemessen sind.

Prozesse: Eine hervorragende Möglichkeit, die aus den Risikoszenarien abgeleiteten Compliance-Anforderungen in einer Organisation zu realisieren bzw. sicherzustellen, kann durch die Fixierung bzw. Gestaltung von Vorgängen entstehen. Hierdurch soll das individuelle Arbeitsverhalten so gelenkt bzw. der Handlungsspielraum so definiert werden, damit eine korrekte Ausübung der Tätigkeit etc. stattfindet.[4] Bspw. würde zur Verhinderung versteckter Zahlungen (also u. a. für Bestechungen mithilfe schwarzer Kassen) ein IT-Tool durchaus präventiv wirken, welches entsprechend ermöglicht, dass Transaktionen nur noch digital getätigt bzw. verbucht werden können (womit Bargeldkassen aufzulösen sind). In dem zugrunde liegenden Prozess bzw. Workflow werden Freigabemechanismen eingebaut, wodurch u. a. Rechnungen erst nach Genehmigung durch weitere Personen, z. B. fachlich wie hierarchisch getrennt, beglichen werden können (im Sinne eines 4- oder 6-Augen-Prinzips). Generell sind durch die gezielte Einbringung bzw. Ausgestaltung von Prozessen, welche also die Möglichkeiten für individuelle Abweichungen von regelkonformem Verhalten begrenzen, unterschiedlichste Compliance-Anforderungen wirkungsvoll durchzusetzen. Hierunter sind dabei

---

[3] Der Begriff umfasst dabei sowohl Einzelpersonen wie auch Gruppen oder Organisationen; in Forschung und Wissenschaft versteht man hierunter bspw. Mitarbeitende und Gremien (intern) sowie Auftraggeber:innen, Kooperationspartner:innen, Kund:innen, Medien, Mitbewerber:innen, Lieferant:innen, Politik, Studierende, Wissenschaftscommunitys und die Zivilgesellschaft wie auch Zuwendungsgeber (extern).

[4] Ebenfalls in den anderen Disziplinen außerhalb der Compliance bzw. Rechtswissenschaften wird dieser Maßnahmenkomplex sehr erfolgreich angewendet; man benutzt dann nur meistens andere Begrifflichkeiten wie den der *Verhältnisprävention* (meint dabei z. B. den Zaun, welcher einen Diebstahl erschwert und auf fremdes Eigentum hinweist) gegenüber der sog. *Verhaltensprävention* (z. B. die Schulung über das Eigentumsrecht nach § 929 BGB); vgl. Jüttner (2023, S. 216 ff.) mit weiteren Nachweisen.

nicht nur Prozesse im digitalen Raum gemeint. Es können genauso gut – wenn auch nicht so wirklich effektiv – in analoger Weise detaillierte Abläufe verankert werden, welche ein spezifisches Risiko reduzieren können (z. B. das Signieren von Verträgen durch zwei verschiedenen Personen aus jeweils unterschiedlichen Fachbereichen und/oder Hierarchien). Jedenfalls – ob nun digital oder analog – müssen für die notwendige Transparenz der Prozesse und deren einwandfreie Befolgung in einer Organisation diese dokumentiert sowie kontinuierlich gepflegt werden, damit bspw. spätere Optimierungsaktivitäten und auch regelmäßige Kontrolltätigkeiten eine (revisionssichere) Grundlage besitzen.[5]

Anweisungen/Orientierungshilfen: Wenn keine ganzheitliche bzw. zweckdienliche Abbildung der Compliance-Anforderungen durch die Unterstützung von (digitalen) Prozessen erreichbar ist, welche die jeweiligen Schritte fest vorgeben bzw. die Personen ohne tiefere Kenntnisse durchleiten (z. B. mithilfe einer Computer-Software) und so das entsprechende Risiko in angemessener Weise behandeln können, dann sind hier nun zusätzliche Hilfsmittel auszuarbeiten. Solche unterstützenden Materialien zur regelkonformen Ausübung der individuellen Arbeitsleistung (sozusagen als praxisorientierte Ergänzung der übergeordneten abstrakten bzw. schlankgehaltenen Regelungen) können dabei u. a. in Form von Checklisten oder Leitfäden gestaltet werden. Bspw. sind Leitfäden eine gute Möglichkeit, um Best Practice-Beispiele oder auch minuziöse Arbeitsschrittfolgen darzustellen; FAQ-Listen haben ferner den Charme, aufgekommene Fragen im organisationsinternen Intranet zu sammeln, wodurch wertvolle Hilfestellungen zur Erläuterung für komplexere Themen sowie Risiken recht aufwandsarm geteilt werden. Je nach Ausprägung des Risikos sowie Komplexität der Materie wären solche Anweisungen oder verbindlichen Orientierungshilfen einerseits unterschiedlich anzuwenden und andererseits natürlich differenzierter auszuarbeiten. Dabei können Checklisten relativ einfach in einen Prozess eingebaut werden, während damit einhergehende Entscheidungen meist

---

[5] Besser vergegenwärtigen lässt sich dieser Prozessansatz vermutlich am Beispiel der Buchung von Dienst- bzw. Geschäftsreisen. Denn einmal könnten geltende Vorgaben durch Leitfäden etc. aufbereitet werden, mit deren Hilfe die Mitarbeitenden jeweils die Buchung der Dienstreise-Bestandteile (Flug, Hotel etc.) selbst (frei) durchführen. Eine Lösung innerhalb eines fixierten Prozesses hingegen könnte so aussehen, dass bspw. die Hotelbuchung über ein spezifisches Portal stattfinden muss, wo die Vorgaben aus der jeweiligen Richtlinie zu Dienstreisen (z. B. Höhe der Übernachtungskosten) bereits durch unterschiedliche Filter implementiert sind (z. B. pro Nacht nur 99 EUR mit Frühstück). Es kann also infolge eines solchen digitalen Prozesses nicht geschehen, dass von den bestehenden Regeln abgewichen wird. Somit entfällt eben die Erstellung von Anweisungen etc. wie u. a. Leitfäden und es bedarf keiner tiefer gehenden Schulungsmaßnahmen.

risikobasiert und im Einzelfall zu treffen sind (hierfür kann der Prozess lediglich die benötigten Akteure vorgeben). So können dann bspw. im Rahmen von (eher alltäglichen) Beschaffungen entsprechende Leitfäden bzw. Checklisten den Mitarbeitenden gereicht werden, anhand derer genau zu prüfen ist, ob das gewünschte Produkt (z. B. ein neuer Laborkittel) den Vorgaben der jeweiligen Organisation bzw. den Anforderungen an eine *nachhaltige Beschaffung* entspricht. Es gilt dabei einzeln zu prüfen, ob die benötigte Laborkleidung u. a. aus ökologisch nachhaltigen Stoffen hergestellt sowie unter Einhaltung der Menschenrechte produziert wurde; es muss hier also vor allem kontrolliert werden, ob die relevanten Prüfsiegel bei dem ins Auge gefassten Produkt vorliegen. Welche Prüfsiegel nun für welche Produktgruppe welche Aussagekraft bzw. Bedeutung innehaben, sollte eben in einer solchen Orientierungshilfe verständlich dargestellt sein. Andernfalls wäre es sonst schwierig bzw. zeitaufwendig, sich als einzelne Mitarbeitende im Detail damit zu beschäftigen, welche Merkmale eine nachhaltige Beschaffung im Sinne der Organisationsvorgaben auszeichnen. Mit einer anwendungsorientierten Checkliste oder anderer Hilfsmittel kann ferner den Mitarbeitenden die Sicherheit gegeben werden, dass sie – im Falle gewissenhafter Beachtung – regelkonform handeln. Zu betonen bleibt, dass es sich hierbei um ergänzende bzw. begleitende Materialien zu einer Richtlinie handelt, welche strukturiert und für die Mitarbeitenden verständlich formuliert ausgearbeitet sein sollten. Denn ein Leitfaden oder Ähnliches setzt die Compliance-Anforderungen in zielgruppenspezifische Anweisungen für die Praxis um und sollte daher keinen Regelungscharakter haben oder wie eine juristische Niederschrift ausgestaltet sein.

Geschäftspartner:innen: Um den Risiken, welche durch das Fehlverhalten Dritter hervorgerufen werden, die mit der eigenen Entität verbunden sind, entgegenwirken zu können, ist es wichtig, präventive Compliance-Maßnahmen aufzusetzen. Solche Personen, Gruppen oder Organisationen etc. sind im Kontext von Wissenschaft und Forschung bspw. folgende: Projektpartner:innen bei Vorhaben bzgl. Auftragsforschung, Lieferant:innen von Vorprodukten oder Zusammenschlüsse mit einem festen Ziel (meint u. a. themenbezogener Campus oder gemeinsam betriebene Zentren). Hiervon können große Chancen, aber eben auch erhebliche Risiken ausgehen. Deshalb ist die *Geschäftspartnerprüfung* (ebenso als *Business Partner Due Diligence* bekannt), welche nach einem risikobasierten Ansatz abzulaufen hat, ebenfalls für Forschungsorganisationen bedeutsam. Generell werden hierfür bestehende und zukünftige Geschäftspartner:innen auf der Basis von objektiven Kriterien (wie z. B. Geschäftsumsatz bzw. strategische Relevanz für Projekte, Organisationssitz bzw. Land der Geschäftstätigkeit, Stattfinden behördlicher Ermittlungsverfahren oder negativer Berichterstattung) beurteilt und in (drei) Risikoklassen eingeteilt. Infolge des geringen, mittleren oder hohen Risikos für die eigene Organisation sind, nach bereits bekannter Systematik, passende Maßnahmen abzuleiten, sodass mögliche Gefahren aus der Sphäre Dritter (wie z. B. ein Reputationsschaden) nicht an die eigene Organisation vererbt bzw. weitergereicht werden können. Da nun bei einem ausschlaggebenden Teil von Risikoszenarien die Geschäftspartner:innen eine Rolle spielen, sollte man sich u. a. Gedanken über die Art und Weise des organisationsweiten Managements dieser bedeutenden Stakeholder machen (darunter z. B. wo Verantwortungen für Prozesse liegen oder welche IT-Infrastruktur benötigt wird). Durch eine solche Analyse kann das potenzielle Risiko von Dritten mit Wirkung auf die eigene Organisation in geordneter Weise (inkl. Kontaktpflege) nachhaltig angegangen werden. Wie bereits mehrfach angerissen wurde und was ebenso hier gültig ist: eine bedeutende Voraussetzung guter Compliance-Arbeit ist die breite sowie tiefgreifende Vernetzung in der Organisation. Das Geschäftspartnermanagement betrachtet also grundsätzlich alle Drittparteien einer Organisation. Zu diesen zählen neben den bereits genannten u. a. auch Berater:innen und Vermittler:innen (wie Anwälte, Lizenz- und Genehmigungsgeber, Lobbyisten, Steuerberater), Kooperationspartner:innen (wie Arbeitsgruppenmitglieder, Bietergemeinschaften, Joint Ventures) sowie Endkund:innen. Es bietet sich an, für die Organisation eine eindeutige organisationsspezifische Definition festzulegen. Die nationale Gesetzgebung normiert dabei keine prinzipielle Pflicht zur Überprüfung der Geschäftspartner:innen bzw. Drittparteien, sondern formuliert spezifische Prüfpflichten in verschiedenen Gesetzen, wie bspw. im Außenwirtschaftsrecht oder Lieferkettensorgfaltspflichtengesetz. Zudem greift ebenso der internationale rechtliche Rahmen des FCPA und UKBA Haftungsrisiken für Handlungen von Geschäftspartner:innen auf, was eine extraterritoriale Wirkung für deutsche Unternehmen mit US- bzw. UK-Bezug möglich machen kann. Die Verankerung von Haftungsrisiken durch Drittparteien in den zahlreichen nationalen sowie internationalen Rahmenwerken erhöht daher nochmals die Notwendigkeit einer Geschäftspartner-Compliance als wesentliches Element eines effektiven CMS (falls die Organisation im Anwendungsbereich mehrerer dieser Gesetze liegt). Denn durch einheitliche Prozesse und Strukturen können u. a. Synergien gehoben, Transparenz erhöht und Kosten reduziert werden. Die Geschäftspartner-Compliance zielt also auf eine fokussierte (mehrteilige) Risikoermittlung zur Integritätsprüfung von Drittparteien ab. Dadurch soll das jeweilige Risiko in Bezug auf die Zurechnung des Handelns eines Dritten bewertet werden. Entsprechende Maßnahmen sind zur Vermeidung des Ausschlusses von öffentlichen Ausschreibungen, Haftungs-/Sanktionsreduzierung sowie Prävention der faktischen Zurechnung (Reputationsschaden etc.) abzuleiten. Die Ausgestaltung dabei ist Ermessensentscheidung der Organisation und in der Regel abhängig von den Ergebnissen der (organisationsspezifischen) regelmäßigen Compliance-Risikobewertung. Abhängig vom ermittelten Risiko der Drittpartei sind einfache oder erhöhte Sorgfaltspflichten vor und während der Vertragsbeziehung durchzuführen. Meint hier, dass sich die Begleitung durch angemessene Compliance-Maßnahmen über die gesamte Verbindung mit dem jeweiligen Unternehmen bzw. Organisation ziehen muss. Diese Maßnahmen sollten dabei auch einen regelmäßigen Überwachungszyklus, der anlassbezogene Risiken hervorbringen kann, umfassen. Als Instrumente zu diesem Zweck bieten sich ganz klar bspw. die Verfolgung relevanter Nachrichtenkanäle, Durchführung einer Auditierung beim Geschäftspartner vor Ort, regelmäßige Prüfung/Wiederholung der Sorgfaltspflichten bis hin zu einer Auflösung der Vertragsbeziehung als das letzte Mittel an. Letztlich sollte also bei einem jeden Compliance-Programm geprüft werden, ob in dem zu mitigierenden Risiko auch Geschäftspartner:innen eine Relevanz haben sowie anschließend Maßnahmen zur Vermeidung einer Schadensvererbung etc. umgesetzt werden.

Schulungen: Beim ersten Gedanken an eine Schulung wird eventuell gleich das Bild einer fachlichen Inhaltsvermittlung aufkommen, was im Sinne der Compliance erst einmal nicht falsch ist. Natürlich sollte das jeweilige Risikoszenario dargestellt und die rechtlichen Bezugspunkte darin aufgezeigt werden. Dennoch geht es in einer Compliance-Schulung um einiges mehr. Es handelt sich hierbei nämlich zuallererst um eine Maßnahme, die Sensibilisierung für das zugrunde liegende Compliance-Themenfeld bereiten soll. Vielmehr noch zielt eine solche Schulung darauf ab, das individuelle Verhalten der Mitarbeitenden zu prägen, indem neben der Schaffung eines Verständnisses vor allem die Motivation für die Einhaltung der entsprechenden Regelung erzeugt werden sollte (u. a. durch das Aufzeigen der Vorteile etc.). Deshalb verbirgt sich hinter einer Compliance-Schulung eben keine alleinstehende risikomitigierende Maßnahme, sondern eine begleitende bzw. forcierende Aktivität, welche das Compliance-Programm zum Leben erwecken soll und damit entsprechend auch die Wirksamkeit des Programms verstärkt. Bei der Ausgestaltung einer Compliance-Schulung ist für die Wirksamkeit besonders entscheidend, dass der Inhalt, also wie Aufmerksamkeit erzeugt oder Verfahrensweisen (detailliert) erklärt werden, auf die zu adressierende Zielgruppe (alle Mitarbeitende oder die Spezialist:innen im risikoexponierten Fachbereich) abgestimmt wird. Zusätzlich kann damit eine höhere Akzeptanz bei den betroffenen Personen erreicht werden.

Kommunikation: Den meisten Mitarbeitenden begegnet die Compliance einmal im Jahr in Gestalt einer Pflichtschulung zur Korruptionsprävention oder zum Verhaltenskodex (manchmal zusammen mit anderen kurz angerissenen Themen). Die Compliance-Kommunikation bietet darüber hinausgehende Potenziale, die je nach der Bedeutung des Risikofeldes entsprechend ausgestaltet werden sollten. Für eine tatsächlich wirksame Risikosenkung sowie beherzte Chancennutzung ist aktive Kommunikation wichtig, d. h. die jeweiligen Zielgruppen begegnen Compliance-Themen stetig in ihrem Arbeitsalltag (bspw. durch einen kurzen Hinweis zum jährlichen Anti-Korruptionstag) und verändern daraufhin intuitiv ihre Verhaltensmuster. Dazu ist die richtige Dosis sowie das passende Medium sorgfältig zu wählen und die Frequenz gut zu planen (sodass keine Übersättigung herbeigeführt, sondern der Fokus auf ein integres Verhalten aufrechterhalten wird). Neben etablierten Medien wie der Mitarbeiterzeitung, monatlicher Newsletter der Leitung oder Infoständen bei Veranstaltungen können für eine wirksame Kommunikation die Sozialen Medien in einer kreativen sowie informativen Weise eingesetzt werden. Der Erfolgsfaktor liegt hierbei also vor allem in einer sorgfältigen Auswahl der Medien, Themen sowie Häufigkeit und der zu adressierenden Zielgruppe. Insgesamt bietet es sich an, diese Kommunikationselemente sowie die Reihenfolge der zu bespielenden Themen oder Schwerpunkte in einem Konzept darzustellen, das den Nutzen der Maßnahmen, also das Ziel der Compliance-Kommunikation, wertschöpfend auf die Organisation ausgerichtet darstellt und damit ein angemessenes sowie wirksames CMS unterstützt.

Optimierung: Natürlich müssen all diese in einem Compliance-Programm enthaltenen Maßnahmen auf ihren Nutzen bzw. ihre Wirkung hin überprüft sowie ggf. angepasst bzw. überarbeitet werden. Es ist also kontinuierlich zu evaluieren, ob die als angemessen konzipierten Bausteine des jeweiligen themenbezogenen Compliance-Programms in ihrem Zusammenspiel tatsächlich eine Wirksamkeit entfalten. So sind bspw. Kontrollkonzepte zu erstellen, in denen ausführliche Prüfschritte definiert werden, welche bestenfalls im internen Kontrollsystem der Organisation zu verankern sind. Nahezu jedes Managementsystem, so auch das CMS, besteht aus Kreisläufen bzw. Regelkreisen, die stetig durchlaufen werden müssen. Denn aufgrund der sich permanent ändernden Rahmenbedingungen können implementierte Maßnahmen natürlich nicht dauerhaft wirksam sein, sondern müssen fortwährend an die neuen bzw. modifizierten Anforderungen angepasst werden.

Abschließend kann für die Compliance-Arbeit im Rahmen der Prävention festgehalten werden, dass es sich hierbei jeweils um eine sehr individuelle Aufgabenstellung handelt, welche nur erfolgreich zu lösen ist, wenn einerseits alle relevanten Anforderungen aus dem Risiko(-szenario) sowie die angestrebten Werte der Organisation umfassend eingearbeitet werden und andererseits zielgruppenorientiert gehandelt wird, damit die Adressat:innen auch alle Maßnahmen verinnerlichen, akzeptieren und befolgen. Denn mittels verlässlicher, verständlicher und verpflichtender Präventionsmaßnahmen kann finanzieller sowie reputationsbezogener Schaden von der Organisation abgewendet, eine ökologische Verantwortung aufrichtig wahrgenommen und wissenschaftliche Freiräume innovationsbefördernd herausgestellt, wie auch eine hohe Handlungssicherheit für die Mitarbeitenden im alltäglichen Arbeitsgeschehen generiert werden. So ist es abermals entscheidend, inwieweit die einzelnen Risiko-/Compliance-Verantwortlichen ihre Aufgaben wahrnehmen (meint neben Kompetenz sowie Kreativität auch die ihnen für die Compliance-Arbeit zugestandenen Ressourcen) und ob bei ihnen der Mehrwert von Compliance verstanden sowie angenommen wurde. Ferner sollten regulatorische Maßnahme zwangsläufig nicht mehr (wirtschaftlichen) Schaden verursachen, als damit verhindert werden würde (meint also auch die Sinnhaftigkeit zu wahren). Die Auseinandersetzung mit Compliance-Risiken sowie das jeweilige Begegnen dieser mit effizienten und effektiven Präventionsmaßnahmen hilft nicht nur der Organisationsleitung – ganz im Sinne des § 130 OwiG – sich der Haftung zu entziehen, sondern sollte vielmehr (weitgefasst) als Schutz von Personen sowie der Umwelt verstanden werden.

4.2 Was ist bei Schwachstellen näher zu tun?

Neben der Bereitstellung von präventiven Maßnahmen zur Vermeidung bzw. Verhinderung von Compliance-Verstößen soll ein Compliance-Management-System ebenso korrektive Maßnahmen zur Abhilfe[6] bei erkannten Schwachstellen einbringen bzw. leisten können, d. h. das CMS ist auch ein Reaktionssystem für Chancen sowie Gefahren zur konsequenten Abarbeitung geeigneter Steuerungsmaßnahmen (vgl. Scherer 2022, S. 114 ff.). Identifizierte Gefahren, d. h. Unsicherheiten zur Einhaltung der jeweiligen Compliance-Ziele, zeigen Schwachstellen auf, die mit einem wirkungsvollen und sozusagen *kontinuierlichen Verbesserungsprozess* (KVP)[7] behoben werden sollen. Man unterscheidet deshalb in der Ursachenanalyse zwischen *Systemmängeln* sowie *konkreten Verstößen*, für welche das CMS zwingend geeignete Antworten parat haben sollte.

Ein Systemmangel liegt dann vor, wenn erkannt wird, dass Fehlverhalten bzw. Verfehlungen durch die verwirklichten Maßnahmen nicht verhindert werden können oder dass zukünftige Verstöße bevorstehen könnten. Das letztere meint nicht nur bewusstes bzw. aktiv betriebenes Fehlverhalten einzelner Personen zur Umgehung von Regeln, sondern impliziert, dass wirksame Maßnahmen aus dem CMS nicht (mehr) zuverlässig abgeleitet werden können. Dabei ist der Systemmangel vom Restrisiko zu trennen, also einem verbleibenden Risiko, das trotz Realisierung umfassender Maßnahmen nicht ausgeschaltet werden kann.

---

[6] Abhilfemaßnahmen sollten erfolgen, sobald sich ein Risiko realisiert oder die Verwirklichung eines Risikos unmittelbar bevorsteht. Daher zielen solche Maßnahmen darauf ab, ein Fehlverhalten (sofort) zu beenden, einen Schaden zu reduzieren oder auch einen direkt bevorstehenden Verstoß zu verhindern.

[7] Unter KVP wird im Wesentlichen eine Denkweise verstanden, welche mit stetigen Verbesserungen in kleinen Schritten bspw. die Qualität von Dienstleistungen, Produkten oder auch Prozessen erhöhen will (siehe Kap. 6).

Eine durchaus geeignete Quelle, um einen Systemmangel zu erkennen, ist die Effektivitätsmessung des CMS, welche u. a. durch eine permanente Überwachungstätigkeit mittels Compliance-Risikoanalyse durchgeführt werden kann. Das zugrunde liegende Risikomanagement umfasst neben der Aufgabe, die Compliance-Risiken grundsätzlich im Blick zu behalten, ebenso Frühwarnindikatoren zur Systemeffektivität – indem z. B. eine Risikoexposition über einen gewissen Zeitraum hinweg beobachtet wird und ab einem bestimmten Punkt mitigierende Maßnahmen ergriffen werden. Wird ein relevantes Risiko über eine längere Zeit als hoch eingestuft, so ist mit dem Compliance-Ziel abzugleichen, ob die eingesetzten Maßnahmen noch ausreichend sind. Dies trifft bspw. zu, wenn über Prozess-Kontrollen eine dauerhafte Nichteinhaltung gegebener gesetzlicher Vorgaben oder auch interner Regelungen festgestellt wird; somit wäre das bspw. ein Indiz dafür, dass die Anforderungen an den entsprechenden Prozess nicht ausreichend berücksichtigt oder nicht deutlich kommuniziert wurden. Ein Systemmangel besteht kurzgefasst also immer dann, wenn u. a. über das Risikomanagement festgestellt werden kann, dass die Wirksamkeit einer implementierten Präventionsmaßnahme eher zu gering ausfällt.

Auch der Blick eines internen (z. B. Innenrevision) oder externen Prüfenden (z. B. Wirtschaftsprüfungsgesellschaft) auf das CMS insgesamt oder Erkenntnisse aus einzelnen Untersuchungen kann bzw. können wertvolle Anhaltspunkte zur Erkennung struktureller Mängel hervorbringen. Werden interne Überprüfungen durch eine unabhängige Stelle (wie eben durch die Innenrevision) in regelmäßigen Abständen durchgeführt, u. a. über ein sog. CMS-Audit, ist eine frühzeitige Reaktion im Sinne einer nachhaltigen Abhilfe möglich. Die jeweilige Beseitigung eines CMS-Systemmangels ist dabei leider oftmals mit einem größeren Aufwand verbunden (wie z. B. der Änderung eines IT-Prozesses, welche nahezu immer eine Auseinandersetzung mit verschiedensten Stakeholdern erfordert).

Eine weitere Methode zur Ermittlung von Systemmängeln ist die Analyse der eingehenden Hinweise bzw. Meldungen über ein Hinweisgeber- oder Ombudssystem. Dessen primäre Aufgabe ist es, einen konkret gemeldeten Fall (also ein geschehener individueller Verstoß gegen geltende Vorgaben) aufzuarbeiten sowie verhältnismäßige Abhilfemaßnahmen dafür einzuleiten (darunter auch abschreckende disziplinarische Maßnahmen wie eine Kündigung). Abgesehen davon besteht der zweite wichtige Aspekt darin, jeweils die Ursachen solcher Zustände einer Non-Compliance zu analysieren. Denn die Perspektive auf die Gründe von Fehlverhalten Einzelner oder Verantwortlichkeitsfehlern kann auf systemische Schwachstellen hinweisen (wie z. B. Regelungslücken, keine eindeutige sowie klare Kommunikation der Regelung oder eine unklare Funktionstrennung bzw. Funktionsbündelung). Aber ebenso die Beobachtung des Meldeverhaltens selbst ist lohnend und kann Erkenntnisse zu einem möglichen Systemmangel des CMS bzw.

zur Ausgestaltung konzipierter Systemelemente hervorbringen. Als Indikator kann hierfür die Anzahl der Meldungen (als Gradmesser für die Meldekultur) angesehen werden. Haben bspw. die eingehenden Hinweise eine abnehmende Tendenz oder sind die eigenen Meldezahlen im Verhältnis zu gleich großen Organisationen eher dürftig, kann dies als ein Zeichen für mangelndes Vertrauen in die Meldeprozesse oder eine schwache Compliance-Kommunikation gewertet werden.

Die Identifizierung eines Systemmangels aus der laufenden Compliance-Überwachung heraus ist bei Einsatz sinnvoller Kontrollpunkte möglich. Denn die Entwicklung wirkungsvoller Prüfungen im internen Kontrollsystem unterliegt genauso dem Planungs- und Zieldefinitionsprozess wie die eines jeden Managementsystems. Werden in der Konzeptionierung von Kontrollen und deren Messkennzahlen (wie sog. *Key Performance Indicators* – KPI) entsprechende Szenarien von potenziellen Systemmängeln einbezogen, lässt sich ein aussagekräftiges Frühwarnsystem installieren. Wird bspw. bei der Kontrolle von konkreten Vorgaben[8] (wie die verbindliche Anforderung: *Fahrtenbucheintragungen sind nach jeder Fahrt korrekt vorzunehmen und müssen den jeweiligen – dienstlichen/betrieblichen – Zweck der Fahrzeugnutzung klar aufzeigen*) festgestellt, dass Verfehlungen gehäuft vorkommen (z. B. *Fahrtenbücher werden lückenhaft bzw. unvollständig geführt*), dann ist davon auszugehen, dass das Compliance-Programm seine Aufgabe nicht wirksam erfüllt. Dieser Mangel ist dann bspw. durch eine zeitnahe Präzisierung bzw. Klarstellung des Regelwerks sowie engmaschiger Beobachtung der Regeleinhaltung zu beheben.

Wird ein Systemmangel ermittelt, ist also unmittelbar für angemessene Abhilfe zu sorgen, damit die Realisierung eines potenziellen Schadens möglichst gering gehalten werden oder auch damit sich die Leitung enthaften kann. Systemische Optimierungsmaßnahmen sollten deshalb konkret von der Ursachenanalyse ausgehend umgesetzt und nachvollziehbar dokumentiert werden. Kann das nicht unmittelbar gelingen, bspw. weil eben eine IT-Implementierung notwendig wäre, so ist es erforderlich, ein verbindliches Konzept zur Behebung des Mangels aufzustellen (inkl. korrektiver Aufgabenpakete zur Schließung der Lücke etc.). Ein solches Konzept über geplante Maßnahmen in Bezug auf das Abstellen von Verstößen

[8] Null-Toleranz-Prinzip (*Zero Tolerance*): Hierunter wird die konsequente Verfolgung von Regelverstößen sowie Straftaten – ebenfalls bei geringfügigeren Vorkommnissen bzw. Schäden – verstanden, was gerade auch im Hinblick auf die CMS-Wirksamkeit von Bedeutung ist. Denn mit einer solchen restriktiven Vorgehensweise kann möglichen Verstößen frühzeitig begegnet bzw. kann eine entsprechende Abschreckung/Prävention von schädlichem Verhalten (auch kulturell) unterstützt werden. Es soll hiermit im Bewusstsein der Organisation und deren Mitarbeitenden verankert werden, dass regelwidriges Verhalten nicht toleriert sowie geahndet wird. Darauf dürfen Faktoren wie Ansehen oder Position keinen Einfluss haben (meint also die Gleichbehandlung der Täter:innen in Bezug auf Verstöße).

und die Optimierung des CMS hilft zur Erfüllung der grundsätzlichen Erfolgspflicht, der eine betroffene Organisation unterliegt. Werden die darin formulierten Abhilfemaßnahmen transparent gestaltet, klar kommuniziert (unter Beachtung des Datenschutzes) und wirksam nachverfolgt (bspw. über eine Projektstruktur), wird zudem die Glaubwürdigkeit erhöht.

Die Informationen aus der Ursachenanalyse etc. fließen also stetig in die Entwicklung sowie Umsetzung von Abhilfemaßnahmen ein. So könnte man sich in diesem Zusammenhang dann auch fragen, inwiefern bspw. Schulungen vorhanden sind und genutzt wurden, um die jeweiligen Inhalte unmissverständlich darzulegen. Im Kontext des LkSG erläutert die Handreichung der BAFA dieses Verfahren sehr plakativ und praxisnah (vgl. BAFA 2022, S. 20 ff.). Das Verfahren sollte dabei generell eine Differenzierung beinhalten, denn eine Compliance-Verfehlung muss nicht zwangsläufig einen Systemmangel bedeuten oder gar implizieren, dass das CMS unwirksam ist. Im Rahmen der Analyse eines Vorfalls kann somit die Fragestellung helfen, ob eine konkrete Einbringung von Prävention in Prozesse, Produkte, Dienstleistungen, Methoden, Verfahren, Schulung sowie Training etc. den Verstoß verhindert hätte oder ob es sich um ein bewusstes Verhalten der betroffenen Person entgegen den implementierten Maßnahmen handelt.

Um das Risiko eines erneuten Verstoßes zu begrenzen, wäre es sinnvoll, ebenso die eingesetzten Abhilfemaßnahmen zu überprüfen, damit die Wirksamkeit der Abhilfe sichergestellt wird. Gradmesser dafür könnte die Überlegung sein, ob es trotz der überarbeiteten Prävention etwaige Schlupflöcher für Fehlverhalten gibt, welches die Compliance-Ziele negativ beeinflussen. Abhängig vom konkreten Fall kann es helfen, die Interessen der betroffenen Personen in die Umsetzung der Maßnahmen einzubinden oder Maßnahmen mit anderen Verfahren, u. a. dem Vergabeprozess oder dem Arbeitsschutz-Management, zu verknüpfen.

Von solchen Systemmängeln – wie bereits umrissen – ist die Erkenntnis einer einmaligen Non-Compliance abzugrenzen, d. h. des Eintretens einer konkreten Compliance-Verfehlung, die sich auf einen eingetretenen individuellen Verstoß bezieht. Diese werden dabei meist greifbar über das Meldesystem eingehen oder aus einer Prüfung ersichtlich. Auf die konkrete Verletzung der Vorgaben muss die Organisation unmittelbar reagieren, indem sie aufgeklärt und für den Einzelfall jeweilige Maßnahmen einleitet, aber ggf. auch CMS-Verbesserungen sicherstellt.

Im sog. *Fall-Management* ist es von entscheidender Bedeutung, dass die interne Untersuchung fachgerecht durchgeführt wird. Das zieht eine Verschriftlichung nach sich, welche durch Leitfäden zum Umgang mit Vorfällen sowie Hinweisen, durch eine Organisations-Richtlinie, durch eine Betriebsvereinbarung und auch regelmäßiger Dokumentation, bspw. im Compliance-Bericht, transparent erbracht wird. In der Bearbeitung werden dabei die folgenden Phasen durchlaufen:

1. *Prozess der Hinweisprüfung und Hinweisdokumentation* inkl. der notwendigen Anreicherung der erhaltenen Meldung durch weitere Informationen zum jeweiligen Sachverhalt,
2. *Prüfung auf Vorliegen eines Compliance-Risikos* inkl. der Erarbeitung etwaiger Verbesserungen im Rahmen der Früherkennung und des Compliance-Risikoanalyseprozesses,
3. *Prüfung einer Eskalation an die Organisationsleitung* inkl. der gewissenhaften Erarbeitung eines Vorschlags für die entsprechend vorzunehmenden Sofortmaßnahmen, sowie
4. *Prüfung auf Einleitung eines Ermittlungsverfahrens* inkl. nachfolgender Durchführung einer Ermittlung (zuvor Planung der Vorgehensweise bei interner und externer Ermittlung).

Aus einem solchen recht konsequenten Vorgehen – ungeachtet der eigentlichen Schadenshöhe (wobei begrenzte Ressourcen logischer Weise effizient einzusetzen sind) oder auch der hierarchischen Stellung der jeweiligen Person – ergeben sich darüber hinausgehende Pluspunkte. Denn „nimmt die Compliance-Organisation [eine] zentrale Rolle bei der Nachverfolgung der erkannten Defizite an (Remediation), stärkt sie zugleich ihre Schnittstellenfunktion [bzw. Vernetzung in der Organisation] und gewinnt auf diese Weise an Bedeutung im Organisationsgefüge. Weiterhin leistet eine gelungene Remediation einen wichtigen Wertbeitrag für eine nachhaltige Organisationsentwicklung, denn weder in der Öffentlichkeit noch bei den Verfolgungsbehörden wird Verständnis dafür bestehen, dass im Zuge interner Untersuchungen bereits erkannte Schwachstellen nicht auch nachweisbar geschlossen wurden“ (Moosmayer 2021, S. 99). Somit wird deutlich, dass es nicht nur darum gehen kann, bspw. in einem ambitionierten Projekt initial wirksame Präventionsmaßnahmen aufzusetzen, sondern in kontinuierlicher Weise ein System zu betreiben, das stetig an neue Erkenntnisse sowie Gegebenheiten angepasst werden muss. Die Wirksamkeit eines Compliance-Systems lebt quasi von seiner fortlaufenden Verbesserung bzw. Weiterentwicklung.[9]

[9] Bei internen Untersuchungen (oder auch *Internal Investigations*) handelt es sich um die organisationsinterne Aufarbeitung von Hinweisen auf Fehlverhalten oder Rechtsverstöße; siehe hierzu bspw. Wilkens (2020), DICO (2019) oder Moosmayer und Hartwig (2018). Darunter fallen neben Straftaten sowie Ordnungswidrigkeiten von Führungskräften oder Mitarbeitern der eigenen Organisation ebenso etwaige zivilrechtliche Verfehlungen und Compliance-Verstöße innerhalb der Organisationssphäre. Diese können durch die Organisation selbst durchgeführt werden oder aber mit bzw. durch die Unterstützung von externen Personen wie Rechtsanwält:innen, Unternehmensberater:innen oder Wirtschaftsprüfer:innen.

4.3 Wozu braucht es einen Verhaltenskodex?

Die im Compliance-Kontext herausgestellten Ziele, Risikoschwerpunkte und Standards werden im Verhaltenskodex der Organisation übersichtlich, und vor allem nachvollziehbar, aufgezeigt. Dieser kann dabei als ein organisationsweiter „Kristallisationspunkt für die elementarsten Compliance-Regeln [verstanden werden und ist] in seiner Eigenschaft als Regelungswerk […] vornehmlich ein Instrument zur Umsetzung und Durchsetzung (erwünschten) ethischen Verhaltens und damit ein Unternehmenskultur- oder Compliance-Kultur-Instrument, [welcher] folglich der Organisationsentwicklung und Kulturbildung dient" (Bode 2022, S. 21). In der organisationsinternen Normenhierarchie – welche als Pyramide vorstellbar ist – würde der Verhaltenskodex daher übergeordnet an der Spitze stehen und erst danach folgen die anderen bzw. weiteren sog. *organisationsinternen Regelungen*. Darunter versteht man neben dem Kodex auch die ihm direkt nachfolgenden Richtlinien, welche die diversen Compliance-Themen jeweils im Einzelnen behandeln und ggf. um Anweisungen oder verbindliche Orientierungshilfen usw. ergänzt werden (also wenn Vorgaben nicht in vollumfänglich Prozessen verankert werden konnten und zusätzliche Dokumente bzw. Unterlagen diese Aufgabe dann übernehmen müssen) (Abb. 4.1).[10]

Entsprechend sollten im Verhaltenskodex die spezifischen Ziele sowie die manifeste Beschreibung der vertretenen Werte und eine Selbstverpflichtung abgebildet sein, wodurch die Verhaltensweisen der jeweiligen Organisation (in Wissenschaft und Verwaltung) verbindlich festgelegt sind. Oder anders beschrieben, wird darin festgehalten, was die Organisation unter guter Unternehmensführung versteht und wie die eigene Freiheit sowie Verantwortung in Bezug auf wissenschaftliches Arbeiten prinzipiell ausgelegt bzw. verstanden wird. Ferner sollte klar werden, wie das spezifische Mindset bzw. die ethisch-moralische Ausrichtung gelagert ist, damit bspw. auch absehbar sein kann, wie die Organisation im Hinblick auf zukünftige Herausforderungen bzw. regulatorische Bestrebungen aufgestellt ist. Denn gerade Entwicklungen in Forschung und Wissenschaft sind der Regulatorik meist zeitlich vorauslaufend; oder wie sollte etwas geregelt werden können, das oder dessen Folgen noch überhaupt nicht ansatzweise vorstellbar ist oder sind? Daher bietet es sich ohnehin an, frühzeitig über diese Aspekte, nämlich die Verantwortung der Organisation gegenüber den Mitarbeitenden, der Umwelt und Ge-

[10] Dieser hier verfolgte Ansatz der Normenhierarchie wurde in Anlehnung an *Hierarchie interner Regelungsdokumente* (DICO 2022) erstellt und gemäß der darin angerissenen Strukturauffächerung angepasst bzw. erweitert.

Abb. 4.1 Organisationsinterne Hierarchie der Normen. (Eigene Darstellung)

sellschaft sowie über die Richtlinien für die eigene Arbeit und in der Zusammenarbeit mit Dritten wie Geschäftspartner:innen, Gedanken zu machen.

Ein solcher organisationsspezifischer Kodex ist auch unter der Bezeichnung *Ethics Code* oder vor allem als *Code of Conduct* (CoC) bekannt und zielt darauf ab, für die eigenen Führungskräfte sowie Mitarbeitenden verbindliche Standards[11] unmissverständlich aufzuzeigen, damit in einer gewissen präventiven Weise die Legalität bzw. Integrität der Organisation bewahrt werden kann. Ebenso im Außenraum soll damit signalisiert werden (u. a. gerichtet an Geschäftspartner:innen und andere Stakeholder wie die Zivilgesellschaft), dass die jeweilige Organisation über ein ethisches sowie ökologisches Gewissen verfügt. Um sich einen umfassenden Eindruck von der allgemeinen Form und inhaltlichen Tiefe zu verschaffen, kann man sich sehr unkompliziert – bspw. auf den Webseiten der DAX-Konzerne – einen solchen Kodex ansehen (da diese in der Regel veröffentlicht werden). Dabei fällt eben auch auf, dass diese Kodizes recht individuell daherkommen (u. a. aufgrund unterschiedlicher Werte oder Zielvorstellungen), aber dennoch in gewissem Maße ähnliche Aspekte beinhalten. So finden sich in jedem Exemplar meist Themen wie Arbeitsbedingungen bzw. -schutz, Korruptionsprävention, Maßnahmen gegen Diskriminierung, Umgang mit Interessenkonflikten oder Umweltschutz wieder. Gründe für diese Standardisierung sind bspw., dass sich die DAX-Konzerne innerhalb des deutschen bzw. europäischen Rechtsrahmens bewegen und meist gleichermaßen international ausgerichtet sind (Stichworte *FCPA* und *UKBA*) sowie die Anforderungen des DCGK für Kapitalgesellschaften zu einem solchen (nachhaltigen) Bekenntnis auffordern. Ferner ist darin manchmal die angedachte Sanktionierung bei Verstößen enthalten, was einem modernen Compliance-Ansatz, welcher weitestgehend durch Aufklärung und Motivation geprägt ist, somit eher entgegensteht. Natürlich sind disziplinarische Maßnahmen oder auch angemessene bzw. verhältnismäßige Konsequenzen in einigen Fällen unumgänglich, sie sollen jedoch nicht in plakativer Weise vorangestellt werden und kulturformend sein. Es sollte allerdings jeder Person im Kontext der Organisation bewusst/klar sein, dass (absichtliches bzw. mutwilliges) Fehlverhalten nicht toleriert sowie entsprechend auch jeweils geahndet wird.

Allgemein gestaltet sich der Aufbau eines Verhaltenskodex wie folgt: Der Einstieg sollte durch ein direktes Statement der Organisationsleitung im Sinne einer Selbstverpflichtung erfolgen, in dem die Mitglieder der Leitungsebene sich selbst zur Regeleinhaltung bekennen. Ferner könnte man zu Beginn – in ergänzender

[11] Verbindlich werden diese Standards bzw. diese teilweise recht umfangreichen Vorgaben allerdings erst dann, wenn ein jeweiliger Verhaltenskodex auch Bestandteil der arbeitsvertraglichen Regelungen ist. In der Regel wird der CoC bereits zum Arbeitsvertrag gereicht und muss meistens unterschrieben werden.

Weise – ebenso auf die Strategie der Organisation eingehen bzw. diese kurz umreißen, wenn es bspw. Anforderungen aus dem Markt, der Branche oder von Stakeholdern dafür gibt. In diesem Rahmen kann dann zudem der generelle Zweck bzw. Purpose (also z. B. inwieweit die Organisation einen positiven bzw. nachhaltigen Einfluss auf Gesellschaft sowie Umwelt hat) näher ausgeführt werden, sodass eine Verknüpfung der zentralen Inhalte des Verhaltenskodex mit den Zielen der Entität sichtbar wird. Anschließend gilt es die organisationsweite Verbindlichkeit des Kodex herauszustellen sowie die individuelle Compliance-Organisation vorzustellen. Im Hauptteil sind die organisationsrelevanten Risiken und risikomitigierenden Verhaltensweisen (unter näherer Ausführung der dafür verwendeten Grundsätze) überblicksweise aufzuzeigen. Abschließend sollte das Verfahren zur Aufnahme bzw. Bearbeitung von Beschwerden sowie Hinweisen kurz beschrieben werden. Ebenso wäre zum Schluss ein Bekenntnis, dass Verstöße nicht geduldet und daher jeweils geahndet werden, sinnvoll. Letztlich sollten Aufbau sowie Inhalt so gewählt sein, dass diese zur jeweiligen Organisation passen (weshalb eben auch ein vorgefertigter Verhaltenskodex eher weniger nützlich wäre).

Dabei ist ein Verhaltenskodex nicht als statisches Dokument anzusehen, sondern sollte (wie zuvor beim CMS aufgezeigt) kontinuierlich angepasst werden. Nur so sind die aktuelle Risikoexposition sowie die dafür geltenden Regeln und Verhaltensweisen – einerseits zur verbindlichen Orientierung der Mitarbeitenden für ein regelkonformes Arbeiten und andererseits als Vergewisserung der Partner:innen, dass sie mit einer gesetzestreuen Organisation zusammenarbeiten – immer angemessen einzusehen. Ein solches Dokument ist infolge geschäftlicher bzw. marktgetriebener Konventionen und Standards mittlerweile (für nahezu alle Firmen bzw. Organisationen) *fast schon* verpflichtend auszuarbeiten, um wettbewerbsfähig und attraktiv für den Markt zu sein. Auch wird inzwischen schon gesetzlich wie bspw. im LkSG eine Form der Eigenerklärung (die nicht mehr allzu weit von einem CoC entfernt ist) verlangt, aber auch geschäftliche Praktiken, wie bspw. die Einforderung eines solchen Kodex durch Geschäftspartner:innen infolge der Lieferkettenthematik, machen diesen obligatorisch. Wobei hier noch anzumerken ist, dass es je nach Größe sowie Komplexität der Organisation notwendig sein kann, zielgruppenspezifische Kodizes (in dem zuvor genannten Beispiel also einen Lieferantenkodex) aufzusetzen, damit die Standards jeweils übersichtlich und verständlich an die jeweiligen Stakeholder adressiert werden können. Ebenso ist die Einhaltung der mitunter darin enthaltenen selbstauferlegten Vorgaben bzw. aus eigenem Antrieb verfolgten Standards – wenn diese bspw. Bestandteil des Arbeitsvertrages oder auch von Dienstleistungsverträgen mit Geschäftspartner:innen werden – als durchaus verbindlich anzusehen.

Entgegen so mancher Beobachtungen bzw. Wahrnehmungen gilt es hervorzuheben, dass die Compliance natürlich nicht dadurch wirksam umgesetzt ist, dass ein

Verhaltenskodex erarbeitet und öffentlich sichtbar gemacht wird. Ein solcher Kodex sollte eher als ein weiteres Werkzeug angesehen werden, welcher u. a. eben die Grundsätze und das Mindset einer jeweiligen Organisation darstellt. Hiervon kann dann auch die Ausgestaltung der internen Richtlinien (zu den verbindlich eingeforderten Verhaltensweisen der Beschäftigten) beeinflusst werden, sodass eine einheitliche bzw. grundsätzliche Regelausgestaltung erkennbar wird. Außerdem sollten hier zwingend nur die Standards eingefügt werden, welche tatsächlich für die Organisation zutreffend sowie relevant sind. Denn mit propagierten Falschaussagen oder auch Unstimmigkeiten zur öffentlich-bekannten Realität wird man in nachhaltiger Weise die eigene Reputation schädigen, das Vertrauen der Mitarbeitenden enttäuschen und sich ebenso wohl Fragen zur Gesetzestreue gefallen lassen müssen, wodurch die Organisation an Glaubwürdigkeit verliert und Integrität einbüßt. Als Beispiel ließe sich hier die mögliche Behauptung (ohne Wertung) im Verhaltenskodex anführen, dass keine Tierversuche gemacht werden, obwohl die Organisation selbst oder ein unmittelbarer Kooperationspartner solche Methoden in ihrer Forschungsarbeit einsetzen. Umgekehrt kann der Verhaltenskodex entsprechend vielmehr auch als eine Chance wahrgenommen werden, sich durch eine authentische sowie geradlinige Darstellung u. a. von den Mitbewerber:innen bzw. Konkurrent:innen im positiven Sinne abzuheben.

4.4 Maßnahmen *kurzgefasst*

Einen Standard-Ansatz zur Implementierung von Compliance-Maßnahmen kann es infolge der organisationsspezifischen Risikoszenarien, welche mithilfe einer oft doch sehr umfangreichen Risikoanalyse zu ermitteln sind, zwangsläufig nicht geben. Aber auch aufgrund der individuellen Compliance-Ziele sowie der Größe und Komplexität einer Organisation, wonach u. a. Ausmaß sowie Intensität der Compliance auszurichten sind, bedarf es maßgeschneiderter Konzepte. Ferner sollte die Ausarbeitung solcher Konzepte bzw. Maßnahmenpakete (auf Grundlage der bereits zuvor priorisierten Risiken) den Risiko- bzw. Compliance-Verantwortlichen (also z. B. einer thematisch passenden Fachabteilung) jeweils zugeordnet werden. Denn gemäß der Logik im Kontext einer Matrix-Organisation sind die spezifischen Compliance-Themen für gewöhnlich bzw. bestenfalls genau dort zu bearbeiten, wo das dafür notwendige Knowhow unmittelbar zur Verfügung steht.[12]

[12] Eine nützliche Hilfestellung für die übersichtliche Zuordnung bzw. Zuweisung der Verantwortlichkeiten stellt die RACI-Matrix (auch als RACI-Diagramm bezeichnet) dar. Hiermit lässt sich klar darstellen, wer für welche Tätigkeiten zuständig bzw. wer einzubeziehen ist. Entsprechend werden in einer solchen Matrix den (Teil-)Aufgaben (auf y-Achse;

Eine angemessene Prävention im Sinne einer wirksamen Gefahrenvorbeugung erfordert unterschiedliche Maßnahmen, welche in einer zielorientierten Weise aufeinander abzustimmen sind. Prinzipiell sollte ein solches Compliance-Programm aus den folgenden Elementen bestehen:

- **Richtlinien**: Beschreibung des zugrunde liegenden Risiko(szenario) und daran anschließende Darstellung der Leitplanken sowie Regeln, damit sich daraus keine Gefahr ergeben kann;
- **Prozesse**: Lenkung des jeweiligen Arbeitsverhaltens bzw. Definition des individuellen Handlungsspielraums, sodass eine regelkonforme Ausübung der Tätigkeit sichergestellt ist;
- **Anweisungen**: Bereitstellung zielgruppenspezifischer Hilfsmittel bzw. regelbegleitender Materialien in Form von Checklisten oder Leitfäden zur praxisorientierten Integritätswahrung;
- **Geschäftspartnermanagement**: Erfassung sowie Bewertung der Kund:innen, Lieferant:innen etc. in systematischer Weise, womit eine potenzielle Risiko-/Schadensvererbung managebar wird;
- **Schulungen**: Durchführung von Sensibilisierungsmaßnahmen usw. zur Entwicklung von Motivation und Verständnis mit dem Ziel, das individuelle Mitarbeitenden-Verhalten zu prägen;
- **Kommunikation**: Propagierung der Compliance-Themen durch ausgewählte Medien(formate), sodass deren Ausgestaltung sowie Notwendigkeit auch im Alltagsgeschehen präsent sind;
- **Optimierung**: Begutachtung der einzelnen Compliance-Programme bzgl. Effektivität und Effizienz, woraus kontinuierliche Verbesserungsmaßnahmen abzuleiten und zu realisieren sind.

Compliance-Anforderungen ausschließlich in internen Richtlinien sowie Prozessen abzubilden, genügt dem Wirksamkeitsanspruch eines CMS nicht. Vielmehr kommt es darauf an, dass Compliance eben ganzheitliche Maßnahmen gestaltet und diese in den Arbeitsalltag der jeweiligen Mitarbeitenden bzw. Zielgruppen ein-

---

z. B. Überarbeitung der Richtlinie) jeweils die relevanten Personen in einem Team oder der Organisation (auf x-Achse; z. B. Juristischer Referent) gegenübergestellt. Diesen Konstellationen können so Buchstaben zugeordnet werden: nämlich *R für Responsible* (verantwortlich), *A für Accountable* (rechenschaftspflichtig), *C für Consulted* (konsultiert) sowie *I für Informed* (informiert). Bspw. ergäbe sich heraus der Umstand, dass bei der Aufgabe *Überarbeitung der Richtlinie* die Rolle *Juristischer Referent* (falls der Buchstabe C gesetzt ist) konsultiert bzw. einbezogen werden muss. Damit kann neben der Schaffung von Eindeutigkeit und Transparenz auch Arbeit besser koordiniert werden.

bezieht. So ist ein Prozess für die Organisation erst dann als wirklich *gut* anzusehen, wenn dieser neben Compliance-Anforderungen eben auch Effizienz sowie operative Risiken (z. B. Schnittstellen zwischen analogen und digitalen Prozessschritten) berücksichtigt. Compliance-Maßnahmen, wie bspw. Schulungen, sollten darauf ausgerichtet sein, dass Anforderungen aus den unterschiedlichen Rahmenwerken klar und eindeutig adressiert werden. Gelingt es einen guten Umgang mit Fehlern sowie eine vertrauensvolle Unternehmenskultur zu etablieren, können Innovationen in einem *sicheren* System wachsen.

Die Prävention im Rahmen der Compliance-Arbeit stellt also eine individuelle Aufgabenstellung dar, zu deren Lösung alle relevanten Anforderungen aus dem jeweiligen Risiko(szenario) einfließen und die organisationsweite Strategie sowie Werte entsprechend beachtet werden müssen. Zudem sollen die sich daraus begründenden Compliance-Programme nicht nur von oben oktroyiert sein, sondern im Zusammenspiel der einzelnen Elemente zum Leben erweckt werden, indem die Adressat:innen der Maßnahmen diese als Verhaltensmuster für sich annehmen.

Aber auch die korrektive Wirkung von Compliance-Maßnahmen ist sehr bedeutsam und sollte gut auf die jeweilige Organisation abgestimmt, geplant sowie umgesetzt sein. Die Abhilfemaßnahmen dienen nicht nur dem Abstellen von Fehlverhalten im Einzelfall, sondern sollten ebenso auf das Prägen einer wünschenswerten Unternehmenskultur abzielen, wie bspw. mit Hinweisen oder Fehlverhalten umgegangen wird. Eine passende transparente Kommunikation oder Sensibilisierung sowie auch die Vorbildfunktion der Organisationsleitung begleiten diesen Ansatz.[13] So sei hier zu betonen, dass bei Abhilfemaßnahmen – personen- bzw. hierarchieunabhängig – immer gleich, konsequent und neutral zu verfahren ist. Damit wird letztendlich Vertrauen sowie Glaubwürdigkeit auf verschiedenen Ebenen geschaffen. Darüber hinaus gilt es infolge der turnusmäßig stattfindenden Risikoanalyse oder aufgrund anderer Hinweise auf etwaige Systemmängel im CMS (z. B. über das Hinweisgebersystem) unmittelbar für Abhilfe zu sorgen, sodass der (bereits eingetretene) Schaden möglichst gering gehalten werden kann. Compliance-Maßnahmen sind somit im Wirkungskreis der präventiven sowie korrektiven Handlungsoptionen zu verstehen und kontinuierlich zu optimieren. Spätestens wenn also im Vergleich zum vereinbarten Compliance-Ziel gemessen, nun (zu) viele Verstöße auftreten (d. h. wird ein Risiko für die Organisation zu hoch bzw. steigt die Gefahr eines Schadens für die Organisation), sind die präventiven Maßnahmen im Gesamt-

---

[13] Gemäß ISO 37301:2021 (S. 17) soll die „oberste Leitung […] zu Verhalten ermutigen, das Compliance schafft und unterstützt. Sie muss Verhalten, welches Compliance beeinträchtigt, verhindern und darf ein solches nicht tolerieren." Auch hier wird also der Ansatz einer *Zero Tolerance* bei Verstößen entsprechend aufgeführt.

system nicht mehr ausreichend wirksam und die Abhilfemaßnahmen nehmen zu (Gefahr einer reaktiven Organisation). Allgemein sollten systemische Optimierungsmaßnahmen auf der Ursachenanalyse basieren sowie ausgewogen im Hinblick auf ein Gleichgewicht des Aufwands (bspw. kostenintensive Abhilfemaßnahmen) und Nutzens (bspw. nachhaltige Präventionsmaßnahmen) gestaltet werden.

Herauszustellen sei zudem, dass sich Compliance-Risiken meist mit geringer Geschwindigkeit verändern oder sich vorwiegend gemächlich anbahnen, was die Möglichkeit eröffnet, diese zu beobachten und ihnen (bei entsprechend guter Risikoanalyse) planbar entgegenwirken zu können (Prävention). Dies bietet der Organisationsleitung also die Chance, frühzeitig sowie zuverlässig einzugreifen, was über die aktive Steuerung des CMS und der spezifischen Themenfelder erreicht werden kann. Je größer sowie komplexer die Organisation, desto bedeutender ist auch die Systematisierung und Standardisierung der Steuerungsaufgaben/-prozesse. Ein bewährter Weg ist, dies über eine starke Governance-Funktion, ein sog. *Compliance Management,* zu bewerkstelligen. Den fortlaufenden Verbesserungsprozess (Optimierung) kann eine solche Funktion strukturell etablieren und mit dem Verfahren zu geeigneten Korrekturmaßnahmen (Abhilfe) kombinieren. Sie stärkt damit die Fähigkeit der Organisation einer wirksamen Compliance-Risiko-Steuerung und kann die Leitungsfunktion sowie die Mitarbeitenden vor Strafe effektiv schützen.

Der Umgang mit Compliance-Risiken innerhalb der Organisation durch die Belegschaft wird in internen Normen und Regelungen kodifiziert. Die oberste Ebene der Normenhierarchie wird durch den *Code of Conduct* bzw. Verhaltenskodex repräsentiert, denn in diesem Dokument sind alle im Compliance-Kontext relevanten Ziele, Risikoschwerpunkte sowie Standards der jeweiligen Organisation in übersichtlicher Weise dargestellt. Ein solcher Kodex beinhaltet eine Sammlung von Verhaltensweisen, welche für die Angehörigen einer Organisation gelten, und entfaltet noch dazu eine kulturprägende Wirkung, wenn entsprechende Wertevorstellungen aufgenommen werden. Ferner kann damit in den Außenraum, also an Stakeholder, kommuniziert werden, welche ethischen oder eventuell auch ökologischen Standards sich die Organisation gegeben hat und verbindlich gelten.

Als weiterführende Literatur zum Bereich der risikomitigierenden Maßnahmen ist es vermutlich eher wenig sinnvoll, entsprechende Werke zu benennen, da es sich eben um äußerst individuelle Resultate bzw. Tätigkeiten handelt, die jeweils im organisationsspezifischen Kontext zu betrachten sind. Nichtsdestotrotz lassen sich weitere Ratschläge natürlich auch in den bisher genannten (Standard-)Werken zur Compliance finden (siehe bspw. Abschn. 1.4). Es lohnt sich daher vermutlich mehr, einen gründlicheren Blick auf ähnlich gelagerte Forschungseinrichtungen, Unternehmen oder Verwaltungseinheiten zu werfen, um praxisorientierte Hinweise für die eigene Compliance-Arbeit im Rahmen der Prävention sowie Abhilfe zu erlangen. Zum letzteren Aspekt wäre da allerdings zusätzlich noch *Richtiges Verhalten in der Compliance-Krise* (Engelhoven 2023) anzuführen. Vertiefende Compliance-Inhalte mit dem Schwerpunkt auf Forschungseinrichtungen sind zu finden in den Aufsätzen *Welche Compliance benötigt Forschung?* (Schröder 2019), *Governance und Compliance in Wissenschaftsorganisationen* (Schön 2020), in dem Diskussionspapier *Compliance in außeruniversitären Forschungseinrichtungen* (Feld et al. 2022) oder im Buch *Compliance in Hochschulen* (Weber und Lejeune 2019). Zudem empfiehlt es sich organisationsübergreifende Arbeitsgruppen aufzusetzen, wodurch in gemeinschaftlicher Weise ein Ausgangspunkt für die danach zwangsläufig maßzuschneidernden Programme geschaffen werden kann. Bspw. könnten in einer solchen Arbeitsgruppe neue gesetzliche Anforderungen analysiert werden, um daraus dann grundsätzliche Leitplanken für die eigene Arbeit zu setzen.

Literatur

BAFA (2022): Angemessenheit. Handreichung zum Prinzip der Angemessenheit nach den Vorgaben des Lieferkettensorgfaltspflichtengesetzes. Bundesamt für Wirtschaft und Ausfuhrkontrolle. Eschborn. Online verfügbar unter https://www.bafa.de/SharedDocs/Downloads/DE/Lieferketten/handreichung_angemessenheit.pdf.

Bode, Aiko (2022): Compliance-Kultur. In: Karl-Christian Bay und Katharina Hastenrath (Hg.): Compliance-Management-Systeme. Praxiserprobte Elemente, Prozesse und Tools. 3. Auflage. München: C.H. Beck, S. 3–26.

DICO (2019): S04 – Interne Untersuchungen. DICO – Deutsches Institut für Compliance. Online verfügbar unter https://www.dico-ev.de/wp-content/uploads/2019/09/Standard_04_Interne-Untersuchungen_56S_2019_WEB.pdf.

DICO (2022): S14 – Regelungsmanagement als Bestandteil eines CMS. DICO – Deutsches Institut für Compliance. Online verfügbar unter https://www.dico-ev.de/wp-content/uploads/2022/02/STANDARD_14_Regelungsmanagement_2022_WEB.pdf.

Engelhoven, Philipp (Hg.) (2023): Richtiges Verhalten in der Compliance-Krise. Unter Mitarbeit von Jan Christian Eggers, Oliver Pragal, Oliver Stegmann und Melanie Weist. München: C.H. Beck.

Enste, Dominik H.; Potthoff, Jennifer (2024): Wirtschaftskriminalität. Entwicklungen, Täterprofile und Präventivmaßnahmen. Köln (IW-Report, 17/2024).

Feld, Lars P.; Necker, Sarah; Pfeil, Katahrina (2022): Compliance in außeruniversitären Forschungseinrichtungen. Albert-Ludwigs-Universität Freiburg (Freiburger Diskussionspapiere zur Ordnungsökonomik, 22/2). Online verfügbar unter https://www.eucken.de/app/uploads/Discussionpaper_2202.pdf.

Jüttner, Markus (2023): Die Kunst erfolgreicher Compliance. Eine realistische Sicht auf wirksames Compliance-Management. Frankfurt am Main: Fachmedien Recht und Wirtschaft (Compliance Berater Schriftenreihe).

Moosmayer, Klaus (2021): Compliance. Praxisleitfaden für Unternehmen. 4. Auflage. München: C.H. Beck.

Moosmayer, Klaus; Hartwig, Niels (2018): Interne Untersuchungen. Praxisleitfaden für Unternehmen. 2. Aufl. München: C.H. Beck.

Scherer, Josef (2022): Compliance-Managementsystem nach DIN ISO 37301:2021. Erfolgreich implementieren, integrieren, auditieren, zertifizieren. Berlin: Beuth.

Schön, Wolfgang (2020): Governance und Compliance in Wissenschaftsorganisationen. In: Stefan Grundmann, Hanno Merkt und Peter O. Mülbert (Hg.): Festschrift für Klaus J. Hopt zum 80. Geburtstag am 24. August 2020. Berlin: De Gruyter, S. 1127–1154.

Schröder, Thomas (2019): Welche Compliance benötigt Forschung? Dogmatische und rechtssoziologische Überlegungen zur Regelbefolgung in wissenschaftlichen Einrichtungen. In: *Wissenschaftsrecht* 52 (4), S. 243–275.

Weber, Beatrix; Lejeune, Stefanie (2019): Compliance in Hochschulen. Handbuch für Universitäten, Hochschulen und außeruniversitäre Forschungseinrichtungen. Berlin: Erich Schmidt Verlag. Online verfügbar unter https://www.esv.info/978-3-503-18739-3.

Wilkens, Robert (2020): Internal Investigations. Rechte und Pflichten bei der unternehmensinternen Aufklärung von Compliance-Verstößen. Baden-Baden: Nomos (Schriften zu Compliance, Band 17).

Möglichkeiten der Rückkopplung

5

Die Beschwerde- und Hinweisverfahren im Compliance-Kontext (auch *Whistleblowing*), so gesehen als integrierte Verfahren im Compliance-Management-System, sollen es Personen (neben eigenen Mitarbeitenden ebenso allen anderen Stakeholdern) erlauben, bspw. (anonym) auf relevante Risiken sowie Verletzungen von (unternehmerischen) Sorgfaltspflichten und (potenziellen) Verfehlungen, Straftaten oder eben Compliance-Verstößen hinzuweisen. Es handelt sich hierbei um (individuelle) Rückkopplungsmöglichkeiten für alle Stakeholder. Mit dadurch gemeldeten Informationen (blinden Flecken) sind u. a. Optimierungsprozesse initiierbar, können Kontrollen auf ihre Effektivität überprüft oder (interne/externe) Untersuchungen angestoßen werden. Gleich vorab ist jedoch zu betonen, dass dieses CMS-Element kein Denunziantentum fördern soll, sondern als Ergänzung zu den Compliance-Maßnahmen anzusehen ist, wodurch frühzeitig mögliche Missstände aufgespürt bzw. diesen sogar präventiv entgegengewirkt werden kann.

Das Lieferkettensorgfaltspflichtengesetz (LkSG) hat im Wesentlichen erstmals ein Beschwerdeverfahren mit verschiedenen Anforderungen für Organisationen, die in den Anwendungsbereich des Lieferkettengesetzes fallen, in Deutschland verbindlich vorgegeben. Es hat Parallelen zum *Hinweisgeberschutzgesetz* (HinSchG) bzw. greift Ansätze der EU-Richtlinie zum *Schutz von Hinweisgebern (Whistleblowern)* (2019/1937) auf. Die Einführung von unkompliziert zu nutzenden Meldekanälen in Organisationen, welche den Zielgruppen (aktiv) zugänglich gemacht werden müssen sowie Meldende in gewissem Umfang u. a. vor Repressalien schützen sollen, sind Ziel dieser Regelungen. Kernanforderung ist es, ein integrales Element in organisationseigene Managementsysteme zu implementieren, über das nützliche Hinweise auf Verbesserungen und Verstöße mitgeteilt werden können, damit Organisationen jeweils optimierende Systemanpassungen wie

I. Wiedemann, P. Pobuda, *Compliance in der Forschung*,
https://doi.org/10.1007/978-3-658-45728-0_5

Maßnahmen zur Abhilfe bzw. Prävention einleiten können. Es wird dabei explizit der unbedingte Schutz der hinweisgebenden bzw. meldenden Person vor (negativen) Auswirkungen rechtlich festgehalten.

Jedes Verfahren ist jedoch nur so gut, wie es auch tatsächlich genutzt wird. Dies meint, dass Organisationen neben der gesetzlichen Verpflichtung, die Verfahren einzuführen, ebenso engagiert an der unterstützenden Organisations-/Unternehmenskultur arbeiten müssen. Eine solche Kultur sollte dabei die Vorteile der Partizipation von diversen (mit der Entität verbundenen) Akteuren für ihre jeweilige Position verständlich aufzeigen sowie möglich machen. Hinsichtlich der eigenen Belegschaft bedeutet das, eine sog. *Speak-up-Kultur* zu fördern und diese als Erfolgsfaktor zu etablieren. Hiermit ist die Akzeptanz der Mitarbeitenden gemeint, wahrgenommenes sowie als unrichtig empfundenes Fehlverhalten (im Sinne der organisationsinternen Auslegung) anzusprechen. Bedenken und Vermeidung eines offen geführten Dialogs gehen oft mit einer hohen Sensibilität der Themen sowie der gefühlten Unsicherheit einher, negative Konsequenzen erwarten zu müssen. Die kulturprägenden Maßnahmen zur Aktivierung (zielführender) Teilhabe seitens der internen und externen Stakeholder sollten diese Aspekte berücksichtigen.

Nachhaltig eingerichtete Beschwerde- und Meldeverfahren im CMS bieten der Organisation also grundsätzlich die Möglichkeit, förderliches Feedback u. a. zur Wirksamkeit einzelner Compliance-Programme (sozusagen als ein internes Frühwarnsystem) zu erhalten. Gelingt es darüber hinaus noch mit den Führungskräften und Mitarbeitenden – glaubwürdig – eine einheitliche Einstellung zur Fehlerkultur sowie aktive Beteiligung am angestrebten Fortschritt einer Entität zu entwickeln, so wäre ein wesentlicher Schritt hin zu einer integeren Organisation mit all ihren starken Vorzügen erreicht.

5.1 Wie wird eine Speak-up-Kultur ermöglicht?

Das Ziel der *Speak-up-Kultur* ist es einen vertrauensvollen Rahmen für Personen zu schaffen, in dem sensible Themen offen angesprochen werden können; also eine Organisations- bzw. Unternehmenskultur, welche die Mitarbeitenden stark in Optimierungsprozesse einbezieht und eine offene, wertschätzende und vor allem konstruktive Feedback-Kommunikation zulässt (wobei ein Hinweisgebersystem solches Feedback auch außerhalb des eigentlichen Dienstweges ermöglicht). Ferner sollen natürlich Stakeholder wie Kund:innen oder Lieferant:innen neben der Chance zur (anonymen) Meldung ebenso die Gewissheit haben, dass ein solcher Hinweis über aufgefundene Missstände oder Rechtsverstöße konstruktiv behandelt wird. Selbsterklärend ist die *Speak-up-Kultur* also eine Voraussetzung für ein funktionierendes sowie zielführendes Beschwerde- und Hinweisverfahren, um im Verständnis einer Bottom-up-Unterstützung nicht nur das Risikomanagement zu verbessern, sondern generell Optimierungsbedarfe aufzuspüren.[1]

Für eine Organisation bedeutet das Einbeziehen der Interessen unterschiedlicher Zielgruppen, neben qualitativer Weiterentwicklung der Organisation, dass die Identifizierung der Mitarbeitenden mit ihrer Organisation bei steigender Gestaltungsbeteiligung zunimmt sowie Risiken durch Fehlverhalten signifikant sinken. Was sich bspw. damit erklären lässt, dass Personen in diesem Falle auch intrinsisch am Wohle der Organisation interessiert sind. Der Ansatz des *Empowerments* oder des *eigenverantwortlichen Arbeitens* greift diesen kulturprägenden Aspekt ebenfalls auf. Jedoch zeigen Erfahrungswerte (in eher großen Organisationen), dass die Festlegung der Ziele und Leitlinien von Organisationskultur allein noch keine Garantie für eine gute *Speak-up-Kultur* sind. Nicht nur sollte dies von vertrauensbildenden Maßnahmen begleitet werden, sondern man muss oft auch einen langen Atem haben. Vertrauen erfordert also einen stetigen und konsequenten Prozess, in dem vor allem Führungskräfte glaubwürdig sowie zuverlässig handeln und Transparenz vorleben müssen, um die Belegschaft zu motivieren sich zu beteiligen. So tragen diese Punkte ferner zu einer wesentlich stärkeren Mitarbeiterbindung (siehe *Retention-Management*) bei – inkl. den verschiedenen Vorteilen, welche sich heraus ergeben können.[2]

Zu einer förderlichen Speak-up-Kultur gehört auch, dass die Compliance ein Fehlverhalten klar sowie eindeutig beschreibt (siehe hierzu Kap. 6). Damit kann dann nämlich dem durchaus gegebenen Problem entgegengewirkt werden, dass solch eine Meldestelle – bei entsprechendem Frust der Mitarbeitenden oder infolge einer entstandenen Motzer-Kultur – lediglich zu einer Einrichtung verkommt, an welcher die Stakeholder aus sicherer Distanz unkonstruktives Feedback abladen. Ferner ist es häufig schwierig zu beurteilen, ob ein als fehlerhaft wahrgenommenes Verhalten tatsächlich fehlerhaft und damit meldewürdig ist. Die Teilhabe hat u. a. deshalb natürlich ihre Grenzen, weshalb es einerseits einer klaren Compliance-Regelung sowie eindeutigen Compliance-Kommunikation bedarf und andererseits eines angemessenen Managements, sodass den getätigten Hinweisen tatsächlich

---

[1] Siehe für wissenschaftliche Grundlagen u. a. Höly und Pohlmann (2024) oder Kölbel und Herold (2020) sowie für den Ansatz der *Psychological Safety* bzw. Schritte zu deren Etablierung Gallo (2023) oder Mrowiec (2022) für einen Überblick zu den Faktoren, welche internes Whistleblowing beeinflussen können.

[2] Darunter fallen neben *höherer Leistungsbereitschaft/Produktivität, geringerer Fehlzeiten, längerer Bindung wichtigem Knowhows* ebenso die *höhere Rate der Regeleinhaltung*; detaillierte Ausführungen hierzu finden sich u. a. bei Neumüller und Rudolph (2024), Schulte und Pinger (2021) oder Felfe (2020).

nachgegangen werden kann. Andernfalls würde sich schnell herumsprechen, dass die kommunizierten Ambitionen kaum der Realität standhalten.

Weiterhin ist es vorteilhaft, wenn diverse Kommunikationskanäle genutzt werden, die verschiedenartig gelagerte Hemmschwellen berücksichtigen, um Personen individuell zu erreichen bzw. abzuholen. Hervorzuheben ist dabei das persönliche (meist jährliche) Mitarbeitendengespräch als ein wichtiges Format, um fokussiert auf spezifische Probleme eingehen zu können. Aber nicht nur dort – sondern auch im Arbeitsalltag – gilt, dass im Umgang mit Herausforderungen stets eine wertschätzende Kommunikation, die durch aktives Zuhören geprägt ist, und eine Atmosphäre, in der konstruktive Kritik geäußert werden darf, zu pflegen ist. All das will jedoch gelernt sein und muss deshalb mithilfe expliziter Weiterbildungsmöglichkeiten unterstützt werden.

Zusätzlich wirken sich neutrale Vertrauenspersonen, wie Ombudspersonen, Mitglieder des Betriebsrates oder Expert:innen aus der Personalabteilung und allemal die Compliance-Beauftragten, positiv auf eine Kultur der breiten Partizipation aus, die über persönliche Gespräche oder auf schriftlichem Weg kontaktiert werden können. Die jüngste Gesetzgebung, bspw. das HinSchG, nimmt – um das nochmals zu betonen – diesen kulturprägenden Aspekt als Element *guter Unternehmensführung* auf, indem es eben die Leitungsfunktion verbindlich auffordert, ein System für Hinweisgebende zu implementieren und für deren Schutz vor Repressalien zu sorgen, was üblicherweise in einer Compliance-Abteilung oder auch der Innenrevision recht gut verortet ist.

Damit ein Hinweisgebersystem[3] als vertrauensbildend wahrgenommen wird, ist es zwangsläufig wichtig, die Funktionalität des Systems, die Prozesse nach Meldungseingang und die aus einer Meldung heraus erfolgten Konsequenzen[4] nach innen sowie ggf. nach außen transparent aufzuzeigen (stets unter Achtung des Datenschutzes usw.). Zudem darf es für (potenzielle) Hinweisgebende keine Hürden bezüglich des Zugangs bzw. der Erreichbarkeit geben (z. B. 24-Stunden-Zugang, Mehrsprachigkeit) und die Nutzung sollte unkompliziert über geläufige Kontaktknoten angebunden (z. B. öffentliche Webseite) sowie intuitiv (z. B. simple Handhabung mit selbsterklärender Technik) sein. Weiter muss ein Hinweis ano-

---

[3] Die ISO 37002 *Whistleblowing Management Systems* stellt eine Orientierungshilfe für Organisationen jeder Art, Größe und Komplexität dar, um ein rechtskonformes sowie wirksames Hinweisgebersystem einzurichten. Zudem wird darin auch ein Fokus auf die Bearbeitung der eingehenden Meldungen gelegt.

[4] Es geht darum, dass Hinweisgebende abschließend (grob) darüber informiert werden, welche Aktionen etc. aus der Meldung entsprungen sind (z. B. Konsequenzen für die Person, welche den Verstoß begangen hat).

nym bzw. gesichert mitgeteilt werden können, was das Vertrauen in den Schutz vor Repressalien sowie eventueller Rückverfolgung offenkundig stärkt und dadurch den Personen (ebenfalls zum Wohle der Organisation) die destruktive Angst nimmt, Hinweise zu geben. Kurzum lässt sich festhalten, dass eine vernünftige sowie zweckdienliche *Speak-up-Kultur* einen entscheidenden Baustein für die kontinuierliche Verbesserung eines jeden CMS darstellt.

5.2 Was trennt die Beschwerde vom Hinweis?

Betrachtet man die unterschiedliche Motivation hinter einer Beschwerde- und einer Hinweisabgabe, resultiert die Beschwerde oft aus einer Unzufriedenheit heraus (z. B. ein Produkt genügt nicht den individuellen Erwartungen oder Qualitätsansprüchen), während ein Hinweis zu einem möglichen Fehlverhalten eher Gerechtigkeits-/Sicherheitsmotiven entspringt (nämlich Schaden von der Entität und somit von sich selbst abzuwenden bzw. eine Ungerechtigkeit aufzudecken).

Wird ein klassisches Beschwerdemanagement im Unternehmen eingerichtet, geht es um den Umgang mit Kunden-Feedback und die stetige Optimierung der Vertriebsleistung bzw. der vertriebenen Produkte sowie Dienstleistungen. Geäußerte Kritik wird dabei systematisiert (z. B. mit einem klassischen CRM-System), anschließend ausgewertet bzw. geordnet aufgegriffen. Rückschlüsse auf die Effizienz von Prozessen oder eine Erhöhung des Kundennutzens von angebotenen Produkten oder Dienstleistungen werden geclustert und an die jeweiligen Fachabteilungen (zur Verbesserung etc.) weitergegeben. Dadurch lassen sich Kundeninteressen oder eben deren Erwartungen/Wünsche wirksam in die entsprechende Wertschöpfungskette integrieren.

Mit dem Management von Hinweisen sollen Bedenken diverser interner sowie externer Personen aufgegriffen und in den Verbesserungskreislauf eingebracht werden. Die jüngsten gesetzlichen Verpflichtungen hinsichtlich der Einrichtung von Hinweis- bzw. Beschwerdeverfahren stützen sich auf die Systematik sowie Ziele des Beschwerdemanagements im KVP, grenzen jedoch die Meldeinhalte deutlich voneinander ab. Das HinSchG bezieht sich stark auf die Meldung potenzieller strafrechtlicher Verletzungen, während das LkSG zudem ebenso Schwachstellen im Verfahren von Unternehmen zur Einhaltung von Menschenrechten, also zu deren gesellschaftlicher Verantwortung, adressieren möchte. Beide rechtlichen Bestimmungen verweisen auf eine vertrauliche Behandlung von Meldungen sowie den Schutz der Hinweisgebenden (vor etwaiger Vergeltung), was klassisches Beschwerdemanagement grundsätzlich nicht explizit vorsieht.

Beiden Systemen ist jedoch gleich, dass sie das Risiko von Prozessfehlern oder Fehlerverhalten zu senken helfen sollen. Kommt das Feedback an der richtigen Stelle an, sind geordnete Ableitungen zur Verbesserung zeitnah sowie effektiv möglich. Der planvolle Umgang mit Anliegen beteiligter Akteure benötigt Strategien, wie auf Kritik und Hinweise reagiert werden soll, und bedarf einer klaren Struktur, in welchen Abteilungen notwendige Informationen eintreffen sollen. Also ist ein zentraler Punkt auch die Verteilung von Verantwortlichkeiten, d. h. bei welcher Situation muss wer in welcher Form agieren, damit Kritik positiv aufgearbeitet werden kann – mit dem Ziel, Qualität zu sichern und die Kundenzufriedenheit in Bezug auf die Erwartungshaltung herzustellen. Das Hinweismanagement des CMS bedient sich also der Methode der Qualitätssicherung aus dem Beschwerdemanagement, wo das Feedback durch den Hinweisgebenden in die kontinuierliche CMS-Verbesserung einfließt und Prozesse effizient sowie effektiv gestaltet. Die angestrebte Kundenzufriedenheit ist im Compliance-Kontext mit der Pflege einer guten Unternehmensreputation vergleichbar. Denn wenn die Erwartungen (der Stakeholder) erfüllt werden können, führt dies zur Zufriedenheit aller Beteiligten. Somit kann die Compliance u. a. zur Attraktivität der jeweiligen Organisation als Arbeitgeber:in beitragen sowie als ein Bindungsinstrument für Kund:innen, Partner:innen, Lieferant:innen und Mitarbeitende fungieren.

Ein wirkungsvolles Compliance Management verlangt daher zunehmend ein organisationskluges und integriertes Vorgehen der Organisation in Gänze, um die Funktionen der neuen Bestimmungen angemessen im Blick zu halten. Das LkSG fordert in § 8 Abs. 1, dass betroffene Organisationen jeweils ein Beschwerdeverfahren einrichten, welches Vertraulichkeits- und weitere Grundsätze sicherstellt. Dessen Wirksamkeit ist zu kontrollieren sowie eine Verfahrensordnung dafür zu veröffentlichen. Mittelbar bzw. indirekt sind von dieser Anforderungen auch kleinere Unternehmen betroffen, die als Lieferant:in für Verpflichtete des LkSG auftreten. Denn oft wird nicht risikobasiert vorgegangen, weshalb Lieferant:innen – egal ob große oder kleine Unternehmen – die gleichen Anforderungen einhalten sollen (z. B. spezielle Zertifizierungen etc.).

Für die Erfüllung solcher gesetzlichen Anforderungen und der Erwartungshaltung an Organisationen, mit ihren Verfahren bspw. die Menschenrechte einzuhalten, ist also eine effiziente und wirksame Integration des Beschwerdeprozederes in bestehende Strukturen erforderlich. Es bietet sich an, das Beschwerdeverfahren des LkSG mit der aus dem HinSchG geforderten zentralen Meldestelle sowie deren Prozessen zu verzahnen und Synergien daraus zu nutzen, was in der gängigen Literatur sinnvollerweise empfohlen wird. Die Vorgaben des HinSchG geben vor allem für die Hinweisbearbeitung detaillierte Anforderungen vor, die im Beschwerdeverfahren nach LkSG nicht explizit aufgenommen sind. Beide rechtliche

Rahmenwerke beziehen hingegen die Unabhängigkeit und Weisungsfreiheit der mit dem Verfahren betrauten Personen, die Zugänglichkeit und Vertraulichkeit sowie den Schutz des Hinweisgebenden vor negativen Konsequenzen mit ein, was eine Weiterentwicklung der *Speak-up-Kultur* in Organisationen erstmals gesetzlich unterstützt. Die Verstärkung der Transparenz zu Schwachstellen der Risikoerkennung und die Wirksamkeitsüberwachung des Verfahrens nimmt das LkSG in § 8 Abs. 2 sowie Abs. 5 zusätzlich in den Fokus.

Bei der Umsetzung und Gestaltung der Hinweismelde- und Beschwerdeverfahren innerhalb des CMS ist es besonders relevant, dass Flexibilität und Anpassungsfähigkeit erhalten bleiben sowie feste, formal vorgehaltene Organisationsstrukturen eher vermieden werden. Das heißt, dass die Organisation einen sinnvollen Mix der Melde- und Bearbeitungsprozesse innerhalb des gesetzlichen Rahmens zu Rückmeldungen aus der Belegschaft sowie von externen Personen finden muss. Eine effiziente und effektive Compliance orientiert sich dabei an den Compliance-Zielen, den Rahmenbedingungen wie bspw. den zur Verfügung stehenden Ressourcen, dem identifizierten bzw. bewerteten Compliance-Risiko sowie der bestmöglichen Aufnahme von Erkenntnissen zu Schwachstellen und deren Überführung in den KVP des CMS. Dieser kontinuierlich auf Verbesserung ausgerichtete Prozess kann u. a. dazu beitragen, eine möglichst umfassende Einhaltung der Menschenrechte im eigenen Geschäftsbereich sowie in der fremden Wertschöpfungskette (im Bereich des eigenen Handlungsspielraums) zu unterstützen und somit die Nachhaltigkeitsanforderungen an die Organisationsführung in transparenter Weise sicherzustellen.

Letztlich ist es im Rahmen der statistischen Auswertung von Beschwerden und Hinweisen daher relevant, diese beiden Begriffe mit den dahinter stehenden Bedeutungen nicht zu verwechseln. Ferner gibt es natürlich noch viele weitere Kategorien, mit denen gearbeitet werden kann/wird.[5] Andernfalls wird es schwierig, die Fälle in der geforderten Berichterstattung klar festzuhalten.

5.3 Welche digitalen Hilfsmittel nützen hierbei?

Der allgemeine (und folgend recht vereinfacht dargestellte) Prozess im Rahmen der Beschwerde- und Hinweisverfahren besteht im Wesentlichen aus fünf Handlungsschritten. Zuerst, also im ersten Schritt, muss die (zukünftige) meldende

[5] Siehe hierzu bspw. Stubben und Welch (2020), worin neben weiteren Kategorisierungen generell auch Erkenntnisse über Verwendung sowie Wirksamkeit interner Whistleblowing-Systeme aufgeführt werden.

Person natürlich erst einmal Kenntnis über den Vorfall erlangt haben und sollte ferner auch bereits – entweder innerhalb der Compliance-Schulungen oder über andere Informationswege – die wichtigsten Informationen bzgl. des Meldeverfahrens mitbekommen haben. Im zweiten Schritt müsste nun – abgesehen von der Bereitschaft zur Meldung – auch ein entsprechender Meldekanal (E-Mail, Telefon, Whistleblowing-System etc.) zur Verfügung stehen, welcher für die meldende Person situationsbezogen als passend angesehen wird. Dabei sollten diese Kanäle zuverlässig funktionieren und das Vertrauen in die tatsächliche Bearbeitung so überragend ausgeprägt sein, dass nicht doch noch ein letztendlich schädigender Hinweis in die Öffentlichkeit gelangt, bspw. an die Medien übermittelt wird. Wird der interne Meldekanal genutzt, folgt im dritten Schritt die (zuvor definierte) Untersuchung. Diese Untersuchung wird ihrer Natur nach entweder durch die aufklärende Stelle in der Organisation bearbeitet (zentral in Compliance bzw. dezentral verteilt über das fest verpflichtete Fachpersonal) oder bei gravierenden Fällen direkt den Ermittlungsbehörden übermittelt. Stellt sich eine Meldung als valider Verstoß heraus, so sollte im vierten Schritt eine Entscheidung – also disziplinarischer oder juristischer Art – getroffen und kommuniziert werden, wobei ebenso die meldende Person so weit wie möglich über durchgeführte Maßnahmen zu informieren ist. Anschließend wäre dann im Sinne eines Follow-Up zu überprüfen, ob etwaige Schwachstellen im System angegangen bzw. Lehren aus der Meldung gezogen werden müssen. Zudem gilt es alle relevanten, in diesem Vorgang gesammelten Unterlagen zu dokumentieren sowie mögliche gesetzliche Aufbewahrungs- bzw. Löschfristen entsprechend zu beachten. Insgesamt eine gewiss ressourcenverschlingende Tätigkeit, insbesondere dann wenn dieser hier recht flüchtig umrissene Prozess etwa manuell bzw. ohne ein modernes digitales Hinweisgebersystem erfolgt (Abb. 5.1).

Für die Bereiche Corporate Compliance (*Legal Tech*) und Nachhaltigkeit (*ESG Tech*) existieren am Markt zahlreiche Software-Lösungen, welche Themen wie Hinweisgebersystem, Meldekanäle und Beschwerdemanagement (weithin) abdecken. Organisationen weltweit nutzen solche Produkte, um bspw. Vertrauen zu schaffen, indem diese zuverlässig und sicher komplexe regulatorische Anforderungen erfüllen, Risiken minimieren sowie transparent über Geschäftserfolg bzw. dessen Effekte auf Gesellschaft und Klima berichten. Das Ziel von IT-Lösungsanbietern ist es dabei u. a. das Compliance Management ihrer Kund:innen mit zweckdienlichen Tools effizient zu unterstützen (sodass ebenso bürokratischer Aufwand weitestgehend minimiert wird). Gleichermaßen soll möglicher Missbrauch stark erschwert werden, bspw. indem der Zugang zu den abgegebenen Meldungen begrenzt bzw. geschützt ist, um dem Zweck gerecht zu werden.

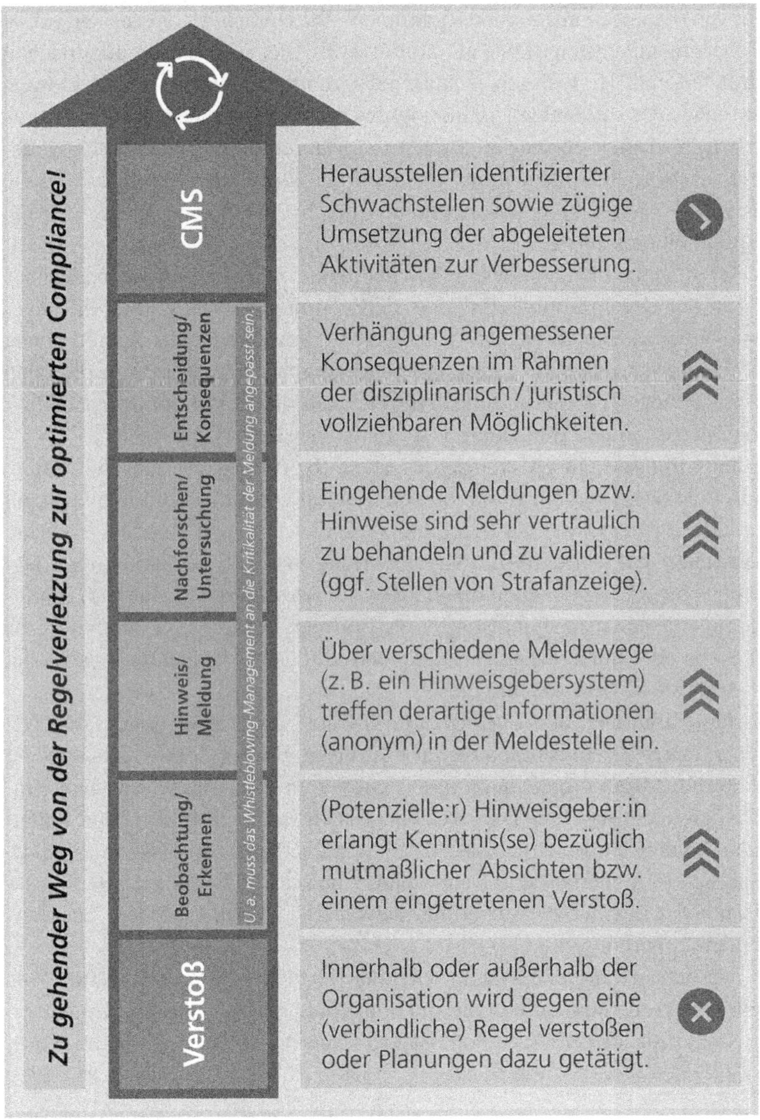

Abb. 5.1 Prozessschritte für die Meldungsbearbeitung. (Eigene Darstellung)

Die käuflich erwerbbaren IT-Lösungen für Compliance-Verantwortliche sind vielfältig (anpassbar) und reichen vom digitalen Hinweisgebersystem bis zum Management von organisationsinternen Richtlinien.[6] Wesentlich ist, dass das gewählte digitale System mindestens DSGVO-konform arbeitet und die regulatorischen Anforderungen zum Hinweisgeberschutz auf Grundlage der EU-Whistleblower-Richtlinie sowie des nationalen Umsetzungsgesetzes integriert. Einige dieser Tools ermöglichen zusätzlich ebenso eine integrierte Durchführung des Beschwerdeverfahrens nach LkSG. Gemeinhin erlauben sie auch eine lückenlose sowie revisionssichere Ablage bzw. Dokumentation der Informationen entlang des gesamten (Bearbeitungs-)Prozesses.

Mit einer digitalen Lösung ist es für Mitarbeitende einfach möglich, unethisches Verhalten in der Organisation auf sichere und vertrauliche Weise jederzeit ungestört sowie unbeobachtet von jedem beliebigen Ort aus anzuzeigen. Somit können mögliche Hemmschwellen für Hinweisgebende durch den Einsatz von digitalen IT-Tools zusätzlich abgebaut und idealerweise auch die rechtskonforme Bearbeitung, Dokumentation und Einhaltung von Fristen gewährleistet werden.

Allerdings umfasst ein Hinweisgebersystem eben nicht nur eine IT-Lösung, sondern besteht aus mehreren Bestandteilen. Zentral hierfür ist natürlich auch ein klar definierter Prozess, welcher beschreibt, wie die einzelnen Handlungsschritte jeweils aussehen und wer dafür die Verantwortung in der Organisation trägt. Darunter fällt bspw. die ggf. einzuleitende bzw. durchzuführende (interne) Untersuchung, die eine behutsame und sorgfältige Prüfung der Hinweise durch die aufklärende Stelle oder Innenrevision ermöglichen soll. Daher sind diese Aspekte bei der Tool-Auswahl zu berücksichtigen.

Wenn Organisationen den Zugang zum IT-Tool zudem über einen QR-Code bzw. Link anbieten sowie deutlich darauf hinweisen, private Geräte zu nutzen, ist der Austausch für Rückfragen, auch in gesichert anonymer Weise, mit dem Hinweisgebenden leicht möglich. Dies wirkt zusätzlich vertrauensbildend und fördert die *Speak-up-Kultur* in der Organisation. Hohe Sicherheitsansprüche an die Software bezüglich IT-Sicherheit und Datenschutz, die mit regelmäßigen externen Sicherheitsaudits, wie einer Zertifizierung, gewährleistet sind, befördern eine vertrauensbildende Wirkung.

Grundsätzlich sind digitale Systeme (in aller Regel) ressourcenschonend sowie kosteneffizient. Außerdem sollten sie unkompliziert zu bedienen und immer erreichbar sein. Mit diesen Vorteilen ist der Einsatz solcher Tools im CMS

---

[6] Siehe hierzu *Governance, Risk & Compliance Model* und GRC-Tools. Prinzipiell sollen damit nämlich die vielen Prozesse sowie Verflechtungen dieser drei Ebenen in einer Organisation (erheblich) einfacher handhabbar werden.

offensichtlich unschlagbar im Vergleich zu analogen Systemen, Prozessen sowie Workarounds und im Hinblick auf die wachsende Komplexität von Meldeverfahren sowie der (mittlerweile) hohen gesetzlichen Anforderungen zu favorisieren.[7] Wobei abschließend noch zu erwähnen sei, dass – falls u. a. das jeweilige Vertrauensverhältnis positiv ausgeprägt ist – die meisten Meldungen direkt an Vorgesetzte gerichtet werden (vgl. Graaf 2019, S. 220); bestenfalls sollten diese dann relevante Inhalte an die Compliance weiterleiten.

5.4 Rückkopplungen *kurzgefasst*

Das Hinweisverfahren bedient sich der qualitätssichernden Methodik aus dem Beschwerdemanagement und kann somit nach innen sowie außen vertrauensbildend wirken. Beiden Verfahren ist gemeinsam, dass Feedback durch Betroffene, Mitarbeitende oder sonstige Akteure (mit Bezug zur jeweiligen Organisation) in einem strukturierten Prozess abgegeben werden kann und Erkenntnisse daraus zu einer stetigen Verbesserung des entsprechenden Systems beitragen.

Während das klassische Beschwerdemanagement stärker auf die Kundenzufriedenheit bzw. oft auf Weiterentwicklung im Allgemeinen ausgerichtet ist, bezieht das Verfahren zum Hinweismanagement nach HinSchG sowie LkSG den Schutz der hinweisgebenden Person vor Repressalien zusätzlich ein. Das Hinweismanagement ist durch die EU-Whistleblowing-Richtlinie im Jahr 2021 reguliert worden und stellt hohe Anforderungen an den Umgang mit Informationen, persönlichen Daten sowie einzuleitenden Maßnahmen hinsichtlich der gemeldeten Verstöße. Das deutsche LkSG regelt erstmals gesetzlich die Einrichtung und das Betreiben eines Beschwerdeverfahrens bezüglich bestimmter Rechtsfelder und verbindet Anforderungen an den Schutz der meldenden Person. Diese Neuerung ist Anlass sowie Chance, die bestehenden Beschwerde- und Hinweissysteme zu überprüfen sowie weiterzuentwickeln. Allen Verfahren liegt dabei stets der KVP zugrunde, welcher durch entsprechende Analyse bzw. Aufarbeitung des jeweiligen Feedbacks der Akteure die beständige Optimierung von Organisationsstrukturen und -prozessen etc. bewirken soll.

Hinweisgebende bzw. Whistleblower könnten weitestgehend – wenn denn keine niederen bzw. ethisch fragwürdigen Beweggründe der getätigten Meldung zugrunde liegen – ebenso als *Helden des Alltags* bezeichnet werden, die mit ihrem

[7] Nähere Informationen zu den unterschiedlichsten Systemen bzw. Software-Lösungen sind natürlich im Internet jeweils bei den diversen Anbietern oder Produkten zu finden, bspw. *BKMS*, *Integrity Line*, *LegalTegrity*.

(entschiedenen sowie durchaus mutigen) Eingreifen bspw. Fairness oder Nachhaltigkeit innerhalb einer Entität erreichen oder aber auch die Funktions-/Leistungsfähigkeit einer Organisation sicherstellen wollen. Ferner hat ebenso der Gesetzgeber den Nutzen solcher Alltagshelden erkannt und schützt sie eben entsprechend durch die einschlägigen Bestimmungen.

Sinnvoll eingesetzte (den Anforderungen entsprechende) Software-Lösungen bzw. die Digitalisierung der Managementsysteme in Gänze erlauben eine ressourcenschonende und kosteneffiziente Umsetzung der Feedback-Prozesse und wickeln die steigende Komplexität von Anforderungen qualitätsgesichert ab. Etablierte IT-Tools arbeiten (weithin) nach hohen IT-Sicherheits- sowie Datenschutzstandards und lassen sich oft leicht in bestehende ERP-Systeme integrieren.

Gelingt es Prozesse transparent sowie flexibel zu gestalten, diese verständlich zu kommunizieren (z. B. durch *einen* Leitfaden für Anwender:innen und Fall-Bearbeitende plus die Offenlegung der Fallzahlen sowie anonymisierten Ergebnisse der daraus folgenden Untersuchungen) und ist eine leichte Zugänglichkeit zu diversen Meldekanälen gegeben, trägt dies wesentlich zur Vertrauensbildung bei und erhöht letztlich die Meldementalität sowie -qualität. Zudem wird die Organisation befähigt, zügig auf Missstände zu reagieren, drohende Reputationsschäden abzuwenden und bestehende Abläufe schneller verbessern zu können. Gedeiht die Implementierung der Meldeverfahren in der Organisation ganzheitlich in Bezug auf alle (relevanten) Compliance-Themen, kommt diesem Element eine hohe Stellung hinsichtlich CMS-Wirksamkeit zu. Ferner erfüllt es eine effektive Präventivfunktion betreffend der Risiken aus identifizierten Compliance-Themen, indem Verletzungen, Verstöße oder Straftaten frühzeitig (also bevor z. B. die Medien darüber berichten) begegnet werden kann. Insgesamt stellt ein (rechtschaffendes) Hinweisgebersystem, das früher nicht selten als Übel wahrgenommen wurde, eine Chance dar. Denn neben der abschreckenden sowie generell präventiven Wirkung repräsentiert es eine faire, transparente Organisations-/Unternehmenskultur, aber eben kein übertriebenes Kontrollverlangen oder Denunziantentum (inkl. Schuldzuweisungen wie u. a. dem Scapegoating). Es fördert – auch wenn es lange dauert, bis sich das nötige Vertrauen in das System einstellt – die Gerechtigkeit und kann zudem mit dem Beschwerdeverfahren eine gewinnbringende Symbiose bilden.

Als weiterführende Literatur zum Bereich Beschwerde- und Hinweisgebersysteme – neben den bereits genannten (allgemeinen) Fachbüchern zur Compliance – bietet sich hier ein Blick in *HinSchG – Hinweisgeberschutzgesetz: Kommentar* (Fischer et al. 2023), *Das neue Whistleblowing-Recht* (Reufels 2023), *Aufklärung von Compliance-Verstößen* (Rudkowski 2023), *Beschwerdemanagement: Un-*

zufriedene Kunden als profitable Zielgruppe (Stauss und Seidel 2022) an oder ggf. eine tiefer gehende Lektüre der zuvor angeführten deutschen sowie europäischen Bestimmungen zum *Hinweisgeberschutz* und den *Lieferkettensorgfaltspflichten.*

Literatur

Felfe, Jörg (2020): Mitarbeiterbindung. 2. Aufl. Göttingen: Hogrefe.

Fischer, Hans-Jörg; Pellmann, Moritz; Schoch, Nicholas P. (Hg.) (2023): Hinweisgeberschutzgesetz. Kommentar. Frankfurt am Main: Fachmedien Recht und Wirtschaft.

Gallo, Amy (2023): What Is Psychological Safety? Harvard Business Review, 15.02.2023. Online verfügbar unter https://hbr.org/2023/02/what-is-psychological-safety.

de Graaf, Gjalt (2019): What Works: The Role of Confidential Integrity Advisors and Effective Whistleblowing. In: *International Public Management Journal* 22 (2), S. 213–231.

Höly, Kristina; Pohlmann, Markus (2024): Wegsehen und Schweigen. Kollektive Unterlassungen in Organisationen. Universität Heidelberg (Ruperto Carola, 23). Online verfügbar unter https://heiup.uni-heidelberg.de/journals/rupertocarola/article/view/24948.

Kölbel, Ralf; Herold, Nico (2020): Grundfragen zur Einrichtung unternehmenseigener Hinweisgebersysteme. Der Forschungsstand zu deren Funktionen und Funktionalität. In: *Zeitschrift für Unternehmens- und Gesellschaftsrecht* 49 (6), S. 961–998.

Mrowiec, Dawid (2022): Factors influencing internal whistleblowing. A systematic review of the literature. In: *Journal of Economics and Management* 44, S. 142–186.

Neumüller, Kathrin; Rudolph, Thomas (2024): Mitarbeitende inspirieren. Inspiration fördern und im Unternehmen wirkungsvoll vorantreiben. Wiesbaden: Springer Gabler.

Reufels, Martin (2023): Das neue Whistleblowing-Recht. Das Hinweisgeberschutzgesetz in der betrieblichen undbehördlichen Praxis. Baden-Baden: Nomos.

Rudkowski, Lena (2023): Aufklärung Von Compliance-Verstößen. Whistleblowing, Arbeitnehmerüberwachung, Auskunftspflichten. 3. Auflage. Wiesbaden: Springer Gabler. Online verfügbar unter https://ebookcentral.proquest.com/lib/kxp/detail.action?docID=7150600.

Schulte, Susanne; Pinger, Gina (2021): Mitarbeiterbindung im öffentlichen Dienst. Leitfaden zum Retention-Management. Wiesbaden: Kommunal- und Schul-Verlag.

Stauss, Bernd; Seidel, Wolfgang (2022): Beschwerdemanagement. Unzufriedene Kunden als profitable Zielgruppe. 6. Aufl. München: Hanser.

Stubben, Stephen; Welch, Kyle (2020): Evidence on the Use and Efficacy of Internal Whistleblowing Systems. In: *Journal of Accounting Research* 58 (2), S. 473–518.

6 Sicherstellung der Wirksamkeit

Organisationsinterne Regelungen, welche die jeweilige Leitung der Organisation zu verantworten hat, sollen sicherstellen, dass gesetzliche Bestimmungen inklusive der Sorgfaltspflichten eingehalten werden. Denn es gilt nicht nur empfindlichen Strafen aus der Nichteinhaltung dieser zugrunde liegenden Gesetze zu vermeiden, sondern u. a. die Reputation zu schützen sowie die breite Teilnahme(-möglichkeit) am Wirtschaftsgeschehen aufrechtzuerhalten. Demzufolge müssen zwangsläufig alle Bereiche, wie Prozesse oder technische Systeme, in einer Organisation kontinuierlich und auch systematisch auf die Einhaltung der (anzuwendenden) regulatorischen Vorgaben überprüft werden. Somit fällt einerseits die Etablierung eines wirksamen Systems unter die Sorgfaltspflicht der Leitungsorgane und ist daher essenzieller Bestandteil einer angemessenen Organisationsführung (vgl. Scherer 2022, S. 159). Andererseits sind auch klare und zielgerichtete Kontrollen zu implementieren, sodass eine Wirksamkeitsprüfung überhaupt erst möglich ist.

Fragt man sich, was zur Beurteilung der CMS-Wirksamkeit notwendig ist, so liegt die Antwort in der *Nachweisbarkeit der Zielerreichung.*[1] Denn „Management-Systeme brauchen Ziele. Ohne diese ist sowohl eine Weiterentwicklung als [eben] auch deren Wirksamkeit dem Zufall überlassen" (Böckelmann 2022, S. 29). Hierbei gilt „wo möglich und sinnvoll, sollten Ziele messbar vereinbart und überprüft wer-

[1] Zur Verdeutlichung sollte nochmal darauf hingewiesen werden, dass unter Zielerreichung im Sinne einer wirksamen Compliance nicht zu verstehen ist, eine Strafe möglichst gering zu halten, sondern Fehlverhalten tatsächlich zu verhindern. Denn bei der erstgenannten Ansicht wäre die Compliance lediglich auf dem Papier anzutreffen (was allerhöchstens zur Enthaftung der Organisationsleitung beitragen würde), böte jedoch nahezu keinen Schutz vor den eigentlichen (bestandsgefährdenden) Risiken der Entität. Entsprechend wären all die möglichen Vorteile einer integren Organisation gewiss nicht erreichbar.

I. Wiedemann, P. Pobuda, *Compliance in der Forschung*,
https://doi.org/10.1007/978-3-658-45728-0_6

den, auch wenn dies gerade bei ethischen, oft sehr generell formulierten Zielen, im Einzelfall schwierig sein kann" (ebd., S. 54). Ferner handelt es sich „bei der Bewertung der Effektivität jeweils um eine Einzelbewertung anhand des individuellen Compliance-Risikoprofils des zu bewertenden Unternehmens [bzw. der Organisation] (und nicht nur um eine ‚Checkliste')" (Schulz 2022, S. 276).[2] Das hört sich erst einmal bürokratisch bzw. aufwendig an, ist aber bei guter Planung von Strukturen, Prozessen, z. B. mithilfe von Audits, Überwachungs-/Kontrollmaßnahmen, weitestgehend effizient möglich. Eine wichtige Voraussetzung – für die effektive Aufgabenbewältigung zum jeweiligen Zeitpunkt – ist das Vorhandensein benötigter Ressourcen wie Personal oder IT-Unterstützung, deren Einsatz überlegt sein sollte, damit die Aufgaben als weithin transparent, durchdacht sowie bewältigbar wahrgenommen und gewiss auch umsetzbar sind. Daneben ist eine adäquate Kompetenzausstattung der beteiligten Personen in der Compliance-Organisation sowie eine Sensibilisierung von Führungskräften und Mitarbeitenden für die Themen ein zwingendes Erfordernis, um ein wirksames CMS betreiben zu können.

Die erfolgreiche Ausgestaltung der Compliance-Elemente bzw. -Programme zur Bekämpfung der (möglichen) Auslöser von Fehlverhalten zuzüglich beständiger Überwachung sowie Verbesserung sind also entscheidend, um die Compliance in einen effektiven Prozess bzw. ein wirksames System zu bringen. Damit ergibt sich eine zentrale Problemstellung: wie nämlich lässt sich der Erfolg der Compliance-Arbeit messen (vgl. Rorie und van Rooij 2022)? Zur Feststellung des Nicht-Eintretens von Risiken gilt es somit u. a. herauszufinden, ob die jeweilige Organisation und die dazugehörigen Personen sich an alle relevanten Vorgaben gehalten haben oder ob gegen diese verstoßen wurde. Freilich eine schwierige Aufgabe, denn bspw. umfasst die Wirtschaftskriminalität meist Heimlichkeitsdelikte,[3] die (wenn überhaupt) nur mit erheblichen Bemühungen zu entdecken sind. Ähnlich verhält es sich u. a. in der Wissenschaftswelt mit ihren verschiedenen Arten von Interessenkonflikten. Folglich bedarf es eines reichhaltigen Werkzeugkoffers, in dem neben quantitativen (z. B. diverse KPIs) auch qualitative Methoden (z. B. Interviews, Umfragen) enthalten sind, um bspw. einerseits die Wirksamkeit beurteilen sowie andererseits Lücken schließen

---

[2] Die Einordnung der Compliance-Wirksamkeit gemäß den *Principles of Federal Prosecution Of Business Organizations* (9-28.800) im *Justice Manual* des US Department of Justice (DOJ) ist wie folgt: „The critical factors in evaluating any program are whether the program is adequately designed for maximum effectiveness in preventing and detecting wrongdoing by employees and whether corporate management is enforcing the program or is tacitly encouraging or permitting employees to engage in misconduct".

[3] Darunter fällt u. a. die Korruption, welche nämlich weitestgehend im Verborgenen stattfindet, da beide – also Geber und Nehmer – natürlich nicht daran interessiert sein können, dass ihr rechtswidriges Gebaren bekannt wird.

zu können. Denn „nur wenn das Ziel messbar ist, kann dessen Erreichung kontrolliert bzw. nachvollzogen werden. Nur so lassen sich bei eventuellen Abweichungen Maßnahmen ergreifen, welche die Zielerreichung unterstützen. […] [Dementsprechend] existiert bereits eine große Bandbreite genutzter KPIs. […] [Aber solche] Compliance KPIs werden aktuell nur von einer Minderheit der […] Organisationen definiert. Künftig jedoch müssen, die nach der CSRD verpflichteten Unternehmen, […] Datenpunkte zum Thema Compliance berichten. Dafür müssen zwingend ebenfalls quantitative Informationen erhoben werden. Es liegt [deshalb natürlich] nahe hieraus auch entsprechende KPIs zu Steuerungszwecken der Compliance-Organisation abzuleiten“ (Deloitte 2023, S. 7).

Auf die stetige Überwachung sowie Verbesserung zur Wirksamkeitserreichung wird nachfolgend speziell eingegangen, da die Umsetzung der dazugehörigen Tätigkeiten je nach Art, Größe und Umfang der (Compliance-)Organisation verschieden möglich ist sowie angepasst werden sollte. Es hängt also davon ab, ob eine Entität ein internes Kontrollsystem (IKS) einsetzt, welches in größeren Organisationen eher üblich ist. In diesem Fall ist die Schnittstelle bzw. Integration zu den Compliance-Überwachungsmaßnahmen genau auszutarieren und detailliert zu beschreiben (es empfiehlt sich daher eine RACI-Matrix; siehe dazu Abschn. 4.4). Ist jedoch kein IKS etabliert, so müssen die permanenten Compliance-Kontrollen ferner die operativen Risiken aus den Arbeitsabläufen zur Erfüllung der Sorgfaltspflichten einbeziehen (z. B. Sicherstellung und Einhaltung aller Beschaffungsvorgaben für den Einkauf von Rohstoffen). In Geschäftsprozessen werden dabei Informationen gesammelt und weiterverarbeitet, die stets neutral zu verifizieren sind oder auf die Erledigung regulatorischer Anforderungen bzw. Compliance-Risiken reagieren. Für die effektive Ausgestaltung prozessorientierter Überwachungsmechanismen lohnt es sich zweifelsfrei in beiden Fällen, also mit oder ohne IKS, diese an den Grundsätzen des Mehraugen-, Rotations-, Transparenz-, Informations-, Dokumentations- und Trennungsprinzips auszurichten. Diese Prinzipien gewährleisten, dass Entscheidungsprozesse neutral bzw. sachlich ablaufen sowie jeweilige Informationen valide – in diesem Sinne *compliant* – erhoben und dokumentiert werden (können). Abschließend ist an dieser Stelle kurz zu resümieren, dass die Compliance-Kontrollen auf die Sicherstellung von Vorgaben sowie auf deren Einhaltung ausgerichtet sind. Das IKS schaut darauf, ob bei einem jeweiligen Prozess die spezifischen Prozessanforderungen, darunter bspw. die Vollständigkeit aller anzuwendenden Compliance-Vorgaben, und der finanzielle Rahmen (z. B. Effizienz) eingehalten sind sowie die Fehleranfälligkeit (= operatives Risiko) minimal ist.

Weiterhin führt die Durchführung einer Compliance-Risikoanalyse nach jedem Durchlauf eines Regelkreises (vgl. Abschn. 1.4) – unter Einbeziehung der Erkenntnisse – zu einer Verbesserung der Prozess- und Ergebnisqualität, wenn gleichzeitig die Ziele berücksichtigt sowie nachjustiert werden. So wäre ggf. bei zahlreichen Vorkommnissen bzw. Verstößen der Risikoappetit anzupassen, damit das Compliance-Programm restriktiver ausgestaltet werden könnte. Die Zielerreichung wird dadurch in den Wirksamkeitsmechanismus einbezogen und kann mit einer präzisen Formulierung wie nach der *SMART*-Methode (vgl. ebenfalls Abschn. 1.4) wesentlich zur Effektivität der implementierten Maßnahmen beitragen. Bei konsequenter Anwendung dieser Vorgehensweise lassen sich Risiken greifbarer identifizieren sowie Maßnahmen präziser ausformulieren. Bspw. sollte das E-Learning zur Korruptionsprävention von jeder/m Mitarbeitenden einmal jährlich durchgeführt sowie mit einem erfolgreichen Test abgeschlossen werden, um die Sensibilisierung der Belegschaft zu etablieren bzw. zu erhöhen. Bei der Überprüfung von Zielen bezogen auf das Verhalten von Mitarbeitenden, hier im Beispiel die anonyme Messung der Test-Ergebnisqualität beim E-Learning (also ob die Inhalte dieser Schulung zur Korruptionsprävention entsprechend weitestgehend verstanden wurden), sind stets Auswertungsmethodik und Maßnahmen sorgfältig zu wählen sowie jeweils auf die Mitbestimmungsrechte des Betriebsrats etc. explizit zu achten. Generell können „aus den aus der Überwachung ableitbaren Erkenntnissen [hier bessere Darstellung der Schulungsinhalte] Handlungsempfehlungen oder notwendige Änderungen im Sinne von Verbesserungen für das CMS abgeleitet werden, um die Geeignetheit und auch Funktionsfähigkeit des CMS zu gewährleisten" (Bay und Seeburg 2022, S. 237).

Grundsätzlich ist der *kontinuierliche Verbesserungsprozess* (vgl. Abschn. 4.2) ein wesentlicher Bestandteil eines Managementsystems und wurde für das Qualitätsmanagement (QM) bzw. zur Steigerung der Qualität entwickelt (siehe in diesem Zusammenhang auch *Kaizen*[4]). Verbessern heißt prinzipiell Probleme (z. B. Ineffizienzen) zu beheben, was im Sinne der Compliance sicher die Wirksamkeit einbezieht. Das CMS bedient sich somit auch dieses Ansatzes, was in der Praxis oft durch die Anwendung des sog. *PDCA-Zyklus* (oder auch *Deming Cycle*) ausgeführt wird. Dieser Zyklus beschreibt in vier Phasen eine Methode zur Umsetzung des KVP: nämlich *Plan – Do – Check – Act*. Hierbei wird in der ersten Phase das genaue Vorhaben bzw. Konzept und/oder Zieldefinition festgelegt (P = Plan), welches anschließend im Rahmen der Durchführung realisiert wird (D = Do). Danach ist mit Hilfe unterschiedlicher Verfahren wie Evaluationen, Feedback oder Kennzahlen die

---

[4] Das Wort benennt eine japanische Lebens- und Arbeitsphilosophie sowie ein Verfahren aus der Fertigungstechnik. Es beschreibt ein konsequentes Innovationsmanagement bzw. ein Streben nach permanenter und unendlicher Verbesserung. Somit stellt es einen kontinuierlichen Prozess zur Verbesserung dar. Es beinhaltet nicht nur Produktverbesserung, sondern Verbesserung aller (betrieblichen) Prozesse.

Funktionsfähigkeit bzw. Tragfähigkeit des Planes zu überprüfen (C = Check), in dem eine Art *Soll-Ist-Vergleich* zur Feststellung der korrekten Planerfüllung bzw. Zielerreichung stattfindet. Nachdem der Plan entwickelt, umgesetzt sowie gebührend überprüft wurde, erfolgt die Reaktion auf die Ergebnisse; anders geschrieben sind in dieser finalen Phase die jeweiligen Verbesserungen zur letztlichen Erreichung des verfolgten Planes bzw. der gesetzten Ziele vorzunehmen (A = Act). Gemäß dessen Natur wird dieser Zyklus immer wieder aufs Neue gestartet (Abb. 6.1). So greift auch der Standard ISO 37301 (siehe Abschn. 2.2) diese Systematik auf, weshalb die Verbesserung als solche im CMS-Aufbau mit bedacht werden sollte.

In Bezug auf die CMS-Optimierung meint dies also, jedes Element wie das Geschäftspartnermanagement (z. B. Vollständigkeit der Risikoerfassung/-bewertung), die Schulungsmodule (z. B. Verständlichkeit der Inhalte sowie deren korrekte Anwendung im Alltag) oder das Richtlinienmanagement (z. B. Abbildung und Mitigierung der Risiken in angemessener Weise) diesem kontinuierlichen Verbesserungsprozess zu unterziehen. In dem Sinne können jeweils wenig oder gar unwirksame Elemente bzw. Maßnahmen ermittelt und in ihrer Qualität gesteigert werden (= Erhöhung der Wirksamkeit). Interne Veränderungen aus bspw. unternehmerischem Wachstum (wie geänderte Kompetenzen, tiefere Kommunikationswege, weitere Risikofelder infolge neuer Geschäftsbereiche) oder aus der Anpassung von (Compliance-)Zielen (wie geänderte Risikobereitschaft) können durch diesen Prozess stetig miteinbezogen werden. Begleitet durch eine aktive Kommunikation und förderliche Kultur innerhalb der Organisation sowie einer ausgeprägten Problemlösungskompetenz der Compliance-Verantwortlichen bzw. -Beauftragten, kann ein fortdauernder Qualitätssteigerungsprozess dem CMS zu einer hohen Wirksamkeit verhelfen. Denn niemand ist in der Lage, sozusagen vom Reißbrett aus, ein fehlerfreies System zu entwickeln. Darum empfiehlt sich eben auch die Verwendung agiler Methoden wie Scrum (siehe Abschn. 2.1).

Eine angebrachte Handhabung im Sinne eines Qualitätssteigerungsprozesses (siehe ISO 9001 *Quality Management Systems*), welche geeignet ist, die Compliance-Ziele entsprechend zu unterstützen, ist also wesentlich für die Erreichung hoher Wirksamkeit. Für den Aufbau des CMS bzw. der CMS-Elemente auf Basis des PDCA-Zyklus empfiehlt sich eine einheitliche Struktur zu wählen, bspw. angelehnt an die *ISO Management System Standards*[5] (siehe auch *ISO Harmonized Structure*), um u. a.

[5] Darunter wird also Folgendes verstanden: „ISO management system standards (MSS) help organizations improve their performance by specifying repeatable steps that organizations consciously implement to achieve their goals and objectives, and to create an organizational culture that reflexively engages in a continuous cycle of self-evaluation, correction and improvement of operations and processes through heightened employee awareness and management leadership and commitment" (ISO 2024).

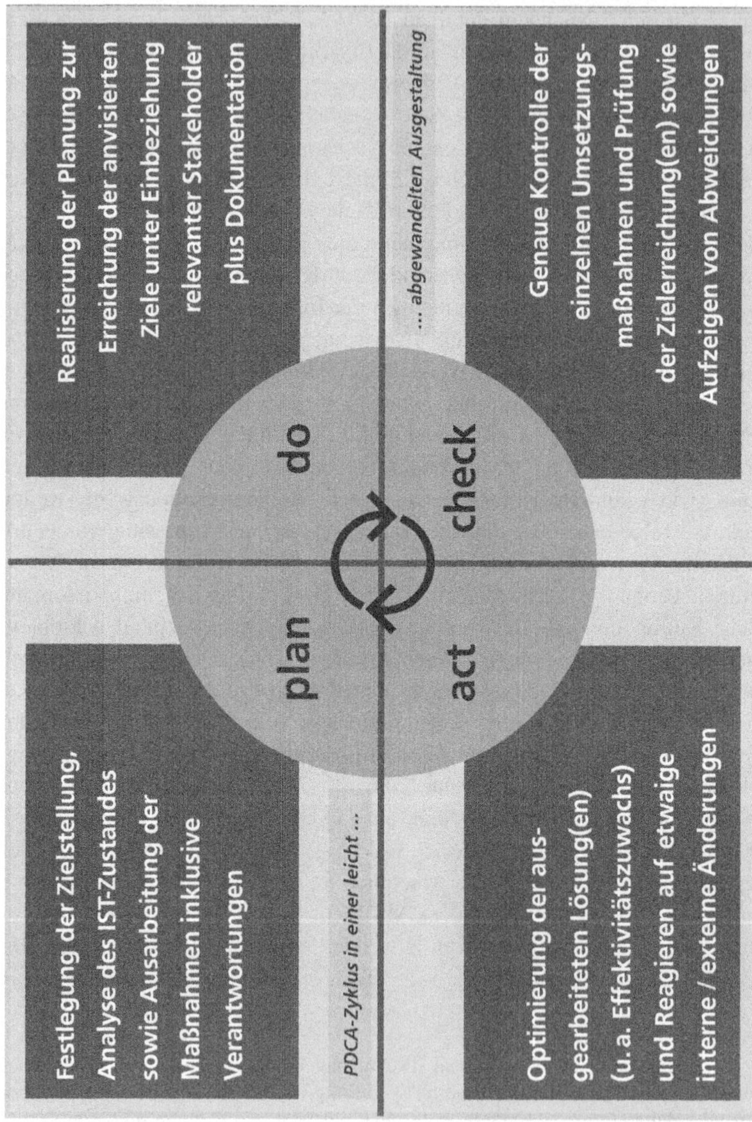

Abb. 6.1 PDCA-Zyklus zur stetigen Qualitätserhöhung. (Eigene Darstellung)

(bestehende) Managementsysteme mit Compliance zu harmonisieren. Man sieht daher ebenso hier, dass doch alles miteinander zusammenhängt und nichts in der Management-Welt unabhängig voneinander gedacht werden kann bzw. sollte.

Weitere Stärkung der Effektivität erfährt ein CMS mittels zielgruppenspezifischer Kommunikation (vgl. Bethke und Bach 2020). Eine Voraussetzung guter Compliance-Kommunikation ist die verständliche Informationsaufbereitung bzw. -weitergabe der Regeln und Werte an die Mitarbeitenden – abgestimmt durch ein organisationsweites Kommunikationskonzept, um bspw. eine Steuerung zu ermöglichen oder Reizüberflutung zu verhindern. Erst wenn also die jeweilige Zielgruppe die Regelungen/Vorgaben etc. versteht und nachvollziehen kann, können diese als wichtig sowie notwendig akzeptiert und durch gewünschte Verhaltensweisen widergespiegelt werden. Eine verständliche Kommunikation an die richtigen Gruppen oder Fachabteilungen gelingt nur, wenn die Betroffenen in die Gestaltung sowie Durchsetzung der Inhalte einbezogen bzw. rechtzeitig informiert werden und sie sich ferner auch (zweckdienlich) beteiligen können. Dies meint, dass bspw. zielgenaue Maßnahmen sowie deren Umsetzung gemeinsam erarbeitet werden, wobei aber nicht über die Bewertung der organisationsspezifischen Risiken oder rechtlichen Vorgaben diskutiert werden sollte. Dafür bietet es sich an, im Sinne eines Multiplikatoren-Systems, sinnhaltige Arbeitskreise mit Vertreter:innen der betroffenen Bereiche bzw. Interessengruppen zu bilden (also Personen mit relevanter Expertise aus den einzelnen Fachabteilungen, Einheiten, Instituten, Standorten etc.). Eine weitere Möglichkeit könnte beinhalten, etwaige Ansprechpersonen (z. B. First Level Support oder dezentrale Compliance-Beauftragte) in den Bereichen, welche Teil der Compliance-Organisation sind, zu etablieren, die weiterhelfen, wenn Anliegen schnell geklärt, Entscheidungen vor Ort getroffen werden oder kommunikative Aufgaben des Compliance Managements in den Bereichen wahrgenommen werden sollen.

Kommunikation wird ferner zu einem erfolgreichen Wirksamkeitsfaktor, wenn eine hohe Glaubwürdigkeit besteht, was bspw. infolge von Werte-Vorleben und Regeleinhaltung durch die Organisationsleitung (*Tone from the Top*) und/oder durch das mittlere Management (*Tone from the Middle*) gestärkt wird. Denn zweifelsfrei hat eine Kultur, die Verstöße toleriert oder sogar vorlebt bzw. wo persönliches Eigeninteresse eher dominiert, einen verheerenden Impact auf die gesamte Compliance-Arbeit. Andersherum trägt das Hochschätzen der Integrität zu einer positiven Compliance-/Organisationskultur bei. Wenn Kommunikation außerdem zwischen (unabsichtlichen) Fehlern sowie (schuldhaftem) Fehlverhalten, also Verstößen gegen Werte und Regeln, richtig differenzieren kann, wird sie glaubwürdig, weil Fehler eben menschlich sind. Fehlverhalten hingegen ist nicht tolerierbar. Das heißt, dass Vorfälle nach deren Schwere eingeordnet bzw. die Grenzen zu Verstößen kommuniziert werden, und der klare Umgang damit transparent ist. Bezüglich bewusstem

Fehlverhalten spielt das Integritätsverständnis der Organisation eine Rolle, welches auf eine Werteübereinstimmung beteiligter Akteure setzt. Bestenfalls sind deren Erwartungshaltungen an die Organisationsziele berücksichtigt. Denn wenn betroffene Parteien mit ihren jeweiligen Interessen einbezogen werden und die Organisationswerte diese widerspiegeln, dann kann eine Praktik ethisch/moralisch korrektem Verhaltens sowie eine hohe CMS-Wirksamkeit erreicht werden.

6.1 Wie wird eine hohe Transparenz gefördert?

Es gibt sicherlich verschiedene Ansätze bzw. Möglichkeiten, um Transparenz – als einen wichtigen Grundsatz der Compliance-Arbeit[6] – zu befördern. Nachfolgend sollen deshalb beispielhaft drei Mittel aufgezeigt werden, wie eine entsprechende Klarheit sowie Offenheit in der Organisation zu erreichen ist. Bei diesen drei näher dargestellten Mitteln handelt es sich um die *Berichterstattung*, die *Dokumentation* sowie das *Regelungsdesign*. Anliegend sei ferner anzumerken, dass natürlich auch hier kein Selbstzweck vorliegt, sondern dass damit bspw. die Verständlichkeit der Regeln und Prozesse wie auch die Motivation der Mitarbeitenden zur Regeleinhaltung verbessert wird. Somit trägt dieser Grundsatz wiederum zu einer höheren Wirksamkeit des CMS bei.

Berichterstattung Es muss innerhalb der Compliance-Organisation, also in einer informationsgeschützten bzw. vertraulichen Umgebung, eine strukturierte Transparenz durch die jeweiligen Compliance-Funktionen[7] hergestellt werden. Ganz einfach aus dem Grund, weil die Gesamtverantwortung der Compliance als originäre Aufgabe trotz einer (horizontalen oder vertikalen) Delegation weiterhin bei der Organisationsleitung verbleibt. Und diese genügt den gesetzlichen Ansprüchen nur dann, wenn die Leitung auch ihrer Pflicht nachkommt, was voraussetzt, dass sie über die Compliance-Aktivitäten informiert ist. Was nichts anderes meint, als dass die Leitung stets im Bilde sein muss über die Funktionsfähigkeit bzw. Unvollkommenheit des CMS (dies inkludiert alle relevanten Vorkommnisse im Spektrum der Compliance). Das gelingt freilich bloß mit einem durchdachten und schlanken

[6] Laut den Ausführungen der ISO 37301:2021 (S. 35) sollte ein CMS „auf den Grundsätzen der Good Governance, Angemessenheit, Integrität, Transparenz, Verantwortlichkeit und Nachhaltigkeit basieren."

[7] Meint bspw. Compliance Officer, Risikoverantwortliche, ggf. dezentrale bzw. fachverantwortliche Compliance-Beauftragte oder die Compliance-Ansprechpersonen in den operativen/regionalen Einheiten.

Monitoring sowie Reporting, wobei lediglich die Informationen erhoben bzw. geteilt werden sollten, welche an der jeweiligen Stelle auch sinnvoll verarbeitet werden können oder müssen. Denn es soll nicht darum gehen, alle möglichen Daten ungefiltert weiterzureichen, um sich ggf. selbst möglicher Schuld im Sinne von *melden macht frei* zu entledigen. Sondern es sind mit den wesentlichen und aufbereiteten Informationen (u. a. ausgerichtet an den Risiken bzw. der Zielerreichung) – zugeschnitten auf die jeweiligen Empfänger:innen – nur gesetzeskonforme sowie berechtigte Informationsbedürfnisse (z. B. gemäß Datenschutz) zu befriedigen. Die klare Festlegung der Berichtsinhalte, bspw. wer berichtet was an wen, sollte im Vorfeld definiert werden, um den verantwortlichen Stellen eine effektive Steuerungsmöglichkeit zu geben. Obligatorisch wäre zumindest die Anfertigung eines regelmäßigen (jährlichen) Compliance-Berichts durch die zentrale Compliance-Funktion. Darin enthalten sollten dann bspw. Statistiken über das Meldeverhalten im Hinweisgebersystem oder die Ergebnisse der regelmäßig durchzuführenden Kontrollen zur Regeleinhaltung sein – kurzum die Gebiete *Risikosituation*, *Prävention*, *Aufdeckung* und *Reaktion*. Bei gravierenden Vorkommnissen, wie dem Auftreten eines neuen bedrohlichen Risikos oder die Entdeckung eines erheblichen Verstoßes, ist notwendiger Weise geboten ad hoc an die Leitung zu berichten, was entweder über eine (hochpriorisierte) schriftliche Mitteilung oder besser noch direkt durch den/die Compliance Officer/in mit Nachdruck zu erledigen ist. Deswegen sollte gerade in ernsten Fällen eine direkte Berichtslinie von der zentralen Compliance – bei großen Organisationen aus der Compliance-Abteilung oder bei kleineren von den einzelnen Compliance-Beauftragten – etabliert sein. Abhängig von Größe sowie Komplexität der Organisation empfiehlt es sich geeignete Informations- und Kommunikationswege in der Compliance-Organisation zu etablieren, bspw. über eine strukturierte Aufbereitung der relevanten Inhalte in Excel oder im ERP-System. Dies bedeutet, dass Informationen gemäß ihrer Kritikalität unverzüglich, zeitnah oder in regelmäßigen Abständen von den Verantwortlichen in der Compliance-Organisation an eine zentrale Stelle berichtet werden, diese dort konsolidiert, bewertet und ggf. aufbereitet zur Organisationsleitung weitergeleitet werden. Voraussetzung hierfür sind Entscheidungsprozesse in den operativen Abläufen, welche die Compliance-Funktionen einbeziehen (können), um das – für ein wirksames CMS – nötige Berichtswesen gewährleisten zu können. Es geht darum, dass Informationen, welche in den (operativen) Einheiten tief in der Entität aktiv erhoben (z. B. durch Kontrollen) oder passiv gewonnen (z. B. durch Hinweise), zweckdienlich aufgearbeitet sowie gemäß ihrer Charakteristik an die zuvor festgelegten Stellen weitergegeben werden. Bei Compliance-Verstößen durch die Organisationsleitung sollte ferner der

Weg bestehen, dass die zentrale Compliance-Funktion unmittelbar an das Aufsichtsorgan (z. B. Aufsichtsrat) berichtet. Insgesamt können mit einer eindeutigen Struktur bspw. zügig Probleme kommuniziert bzw. zeitnah gelöst oder Abstimmungen über die ganze Compliance-Organisation hinweg effizient getätigt werden. So sind jederzeit alle relevanten Stellen passend informiert und können jeweils entsprechend danach handeln.

Dokumentation Durch eine lückenlose bzw. nachvollziehbare sowie gut aufbereitete Sammlung von relevanten Informationen können u. a. Arbeitsschritte (z. B. Kontrollnachweise), Erfahrungen (z. B. Checklisten), Prozesse (z. B. Verfahrensanweisungen) oder Wissen (z. B. FAQ) festgehalten und ggf. mit anderen Bereichen gewinnbringend geteilt werden. Damit wird dann bspw. gewährleistet, dass Informationen allen betroffenen Personen transparent zur Verfügung stehen, wodurch die Kommunikation sowie Zusammenarbeit sowohl intern als auch extern erleichtert wird, was helfen kann, Missverständnisse zu vermeiden. Erfolgt die Dokumentation in strukturierter Form, so können Informationen für den Wissenstransfer sichergestellt (z. B. also mit einer zugriffskontrollierten Datenbank) oder Lerninhalte von Schulungen weiterentwickelt werden (z. B. durch die Aufbereitung vergangener Fehlerquellen). Außerdem hilft eine sinnvoll aufgestellte Dokumentation der Organisation dabei, eine effiziente Arbeitsweise umzusetzen, wenn verfügbare Informationen so transparent bereitgestellt werden, dass Schwachstellen analysiert und Fehler vermieden werden (können). Arbeitsabläufe, Verfahren sowie Richtlinien sind bei einer hohen bzw. vollständigen Transparenz adäquat sowie besser optimier- und standardisierbar, womit grundsätzlich festzuhalten ist, dass die Dokumentation von Informationen besonders Transparenz stärkt und eine effektive Arbeitsweise fördert. Im Compliance-Kontext ist daher ein erhebliches Maß an Transparenz durch Dokumentation für eine umfassendere Nachvollziehbarkeit von Vorgehensweisen oder Entscheidungen relevant, was im Falle von Verstößen entlastend wirkt; denn es wird so festgehalten, dass die Compliance entsprechend auch ihren Aufgaben nachkommt. Bei der CMS-Auditierung oder Prüfung (siehe Abschn. 6.3) von unerwünschten Vorkommnissen können Vorgänge durch lückenlose und plausible Dokumentation besser verstanden werden. Ebenso ist bei der Beurteilung von Risiken (also Chancen sowie Gefahren) eine strukturierte Aufzeichnung von Kriterien, Bewertungen und Entscheidungen wichtig für die Wirksamkeit, weil sie dabei hilft, angemessene Maßnahmen sowie Kontrollen zu entwickeln. So tragen deshalb angemessen dokumentierte und transparente Compliance-Strukturen sowie -Verfahren dazu bei, die Effektivität einzelner präventiver/repressiver Compliance-Maßnahmen organisationsweit zu verbessern. Eine weitere wichtige

Voraussetzung für das Gelingen einer wirksamen Compliance ist die eindeutige Dokumentation von Geschäftsprozessen in der Organisation (u. a. im Sinne einer RACI-Matrix; siehe Abschn. 4.4), damit sie von den Compliance-Funktionen als Außenstehende verstanden und die Compliance-Anforderungen dann (konzeptionell) integriert sowie deren Einhaltung kontrolliert werden kann. Der Kostendruck auf die Prozessierung von Geschäftsvorgängen liefert ferner zusätzliche Argumente. Denn mit zunehmenden Streben nach Digitalisierung und Wachstum unterliegen Geschäftsprozesse einer schnelleren Veränderung als Compliance-Aspekte. Aus Effizienzgesichtspunkten fordern sie daher einen höheren Strukturierungsgrad. Eine transparente Dokumentation kann diese Spielräume sowie Potenziale erschließen. Alle Aspekte sind dabei angemessen zu berücksichtigen und abzuwägen, um kein *Bürokratiemonster* hervorzurufen. Ein hoher Digitalisierungsgrad, inkl. eines Workflow-Managements, helfen Bürokratie fühlbar abzubauen und dennoch so ziemlich alle relevanten Schritte zur Einhaltung der Compliance-Vorgaben transparent zu erfüllen. Insgesamt würde also u. a. mithilfe gebührender bzw. zweckorientierter Dokumentation und deren zielgruppenspezifischer Zurverfügungstellung eine förderliche Transparenz entstehen können, durch welche nun bspw. (wertvolle) Informationen zur Absicherung sowie zum Wissensaufbau erhalten bleiben.

Regelungsdesign Auch wird Transparenz natürlich durch verständliche, zielgruppenspezifische und auf das Wesentliche reduzierte Regelungen bzw. Richtlinien geschaffen. Darunter werden also (interne) Rahmenwerke verstanden, welche für die jeweilige Entität ein Gestaltungsinstrument zur Herstellung der Verbindlichkeit von Verhaltensgrundsätzen sowie -vorgaben darstellen (siehe Abschn. 4.1) – mit dem Ziel, u. a. Haftungsrisiken zu reduzieren, (Handlungs-)Sicherheit für Mitarbeitende zu erzeugen oder Standards für die gesamte Organisation zu setzen. Ferner übt die Organisationsleitung mit solchen Richtlinien ihr Weisungsrecht nach § 106 Gewerbeordnung (GewO) aus, um durch klare Anweisungen bspw. auch (schuldhaftes) Fehlverhalten oder (mutwillige) Verstöße zu charakterisieren. Mit einer sog. *Mutterrichtlinie* (vgl. DICO 2022) können dabei die Rahmenvorgaben für interne Regelungen formuliert werden, welche genau spezifizieren, wie Richtlinien zu gestalten sind (z. B. Aufbau, Überprüfungsintervall, Rollen, Verantwortungen) und wie im Wesentlichen der Prozess zur Erstellung sowie Aktualisierung von Richtlinien (= Regelungs- bzw. Richtlinienmanagement) auszusehen hat. Zum Zwecke eines adaptiven Regelungsdesigns sollten jeweils inhaltliche Vorgaben von prozessualen Beschreibungen getrennt werden, um neben der klaren Darstellung der verbindlichen Vorgaben u. a. daraus entstehende zielgruppenspezifische Anweisungen bzw. Orientierungshilfen oder effiziente Verwirklichungen in IT-Systemen bzw. Tools zu ermöglichen. Darüber hinaus lassen sich

Richtlinien[8] durch ihren Geltungsbereich, Zielsetzung, Regelungsgegenstand sowie Detailierungsgrad voneinander abgrenzen und in eine interne Normenhierarchie (siehe Abschn. 4.3) überführen. Ist nun also eine Organisation groß und die Geschäftstätigkeit komplex, existieren in der Regel sehr viele Prozesse auf den verschiedenen Ebenen (dezentral, zentral etc.) einer jeweiligen Entität. Um die notwendige Anpassungsfähigkeit der Prozesse – für die Erhaltung von strategischen oder unternehmerischen Spielräumen – zu schaffen, ist es dementsprechend äußerst ratsam, präzise Compliance-Vorgaben als Prozess-Anforderungen zu artikulieren. Dabei ist wesentlich, hierbei nicht *wie etwas erreicht werden soll* genau vorzuschreiben, sondern lediglich *was erreicht werden soll* in Form konkreter Anforderungen zu definieren (z. B. nur *Übermittlung der Abrechnungsdokumente an Reisestelle* anstatt eben *Einreichung der Reiseabrechnungen als physisches Blatt per Post oder als Anhang einer E-Mail*). Dadurch werden keine starren Prozessschritte etc. erteilt, sondern nur Anforderungen genannt, die dann zweckmäßig umzusetzen sind. Dieser Aspekt ist zwangsläufig extrem wichtig, um einen rechtssicheren Spielraum in der Umsetzung von Compliance-Vorgaben zu erlauben. Zudem ist diese Art der Regelungsimplementierung – bei steigendem Digitalisierungsgrad der Arbeitsabläufe usw. – erforderlich, um die notwendige Flexibilität bei den IT-gestützten sowie IT-abhängigen Prozessen zu ermöglichen und um einen Zielkonflikt (z. B. Compliance-Vorgaben vs. IT-Funktionalität) zu vermeiden. Bei kleineren oder mittelgroßen Organisationen hingegen kann es, anstatt Prozessanforderungen zu definieren, zielführender sein, einheitliche Vorgehensweisen vorzugeben, welche die Compliance-Vorgaben entsprechend gleich prozessual abdecken (also Prozesse, die *compliant* sind). Das meint, dass alle Organisationseinheiten nach dem gleichen standardisierten Vorgehen arbeiten (z. B. organisationsweiter Prozess zur Beschaffung von seltenen Rohstoffen). Kurzum ist die Regelungsvorgabe also abhängig vom Reifegrad der Organisation sowie ihrer Prozesse. Aber auch die Risikoausprägung spielt natürlich eine Rolle: Denn wenn die jeweiligen Vorgaben ein hohes Risiko mitigieren sollen, dann kann es durchaus sinnvoll sein, dass der entsprechende Prozess etc. sehr kleinteilig vorgeschrieben bzw. vorgegeben wird – ohne einen Spielraum bei der Umsetzung zu gestatten, wodurch nämlich sonst die Risikomitigierung nicht wirksam realisiert sein könnte (Abb. 6.2).

---

[8] Es sollte in jeder Organisation eine klare Definition der Begriffe vorgenommen werden. In diesem Buch wird das Wort *Richtlinie* als übergeordnete, hierarchisch dem Verhaltenskodex direkt unterstellte Anforderungsliste bzw. Vorgabenkanon verstanden, die/der sich mit einem expliziten Risiko(-feld), bspw. Korruptionsprävention, befasst und alle relevanten bzw. verbindlichen Bestimmungen für den Bereich in einer Organisation aufzeigt. In der nachfolgenden Ebene befinden sich nach dieser (überblickgebenden und vereinfachten) Systematik die Prozesse bzw. Tools oder Anweisungen bzw. verbindliche Orientierungshilfen, in denen die Anforderungen bzw. Vorgaben aus den Richtlinien in zielgruppenspezifische Handlungsanweisungen oder in Prozesse bzw. Prozessbeschreibungen überführt sind.

Abb. 6.2 Grundinhalt/-struktur einer internen Richtlinie. (DICO 2022)

Aus der Compliance-Perspektive heraus sind alle Richtlinien unter dem Motto *so viel wie nötig, so wenig wie möglich* aufzusetzen sowie jeweils a) klar & verständlich, b) aktuell & relevant, c) ziel- & zweckorientiert, d) flexibel & umsetzungsoffen, sowie e) praxisbezogen & konsistent ausgestaltet sein. Auch sind sie jeweils an die betroffenen Stellen bzw. Personen zu kommunizieren sowie deren Inhalte angemessen zu schulen. Die Effektivität des Richtlinienmanagements lässt sich herstellen bzw. erhöhen, wenn die Verantwortlichkeiten und Rollen deutlich bestimmt werden, welche letztendlich sicherstellen, dass u. a. die Grundsätze der Gestaltung bzw. Implementierung eingehalten werden sowie der Nutzen einer Regelung gegeben ist. Denn es genügt nicht, kurz ein paar Regeln zu notieren und diese dann in der Organisation zu verschicken. Sie müssen verständlich herausgearbeitet bzw. weithin akzeptiert sowie verstanden – also jeweils transparent – sein und mit einer passenden Motivationshilfe (egal ob nun etwaige intrinsische Motive wie das Gerechtigkeitsempfinden ansprechend oder durch Kontrollen bzw. überzeugende Sanktionen eine eher abschreckende Wirkung erzielend) versehen werden. Zwangsläufig dürfen organisationsinterne Regelungen dabei keinerlei Widersprüche zu gesetzlichen Vorschriften, regulatorischen Rahmenbedingungen oder anderen internen Vorgaben aufweisen (= *Konformität*) und sollten untereinander in Einklang stehen bzw. passgenau zusammenfügbar sein (= *Konsistenz*).

Man sieht also bereits an dieser kleinen Auswahl an Möglichkeiten zur Transparenzerreichung bzw. -steigerung, dass es hierzu wiederum keine befriedigende Blaupause geben kann, sondern dass es sich jeweils um anzupassende Mittel handelt, die jeweils gut durchdacht einzusetzen sind. Die Compliance-Arbeit ist nur erfolgreich zu gestalten bzw. zu bewältigen, wenn alle relevanten Personen(gruppen) einbezogen sind und weitestgehend gemeinsam die – bestenfalls für die meisten als attraktiv empfundenen – Compliance-Ziele anstreben. Dazu braucht es neben einer hohen Qualität der Compliance-Maßnahmen gleichermaßen eine angemessene Transparenz in den Bestimmungen, Prozessen oder Vorgehensweisen usw. Damit bekommen alle Mitarbeitenden individuell die Gelegenheit zu verstehen, wie eine gesetzliche Regelung oder sonstige Vorgabe in der Organisation umgesetzt ist (d. h. praktisch gelöst oder wie diesbezüglich verfahren wird) und welchen Nutzen diese eben für die Organisation mitbringen soll. Hierbei handelt es sich gewiss um eine aufwendige Aufgabenstellung, aber eine sinnvolle Durchsichtigkeit trägt letzten Endes zu einer wirksamen Compliance bei. Überdies ermöglicht eine vernünftige Transparenz, sich einzubringen, also abgesehen vom Erkennen einer Mangelhaftigkeit werden Personen in die (proaktive) Lage versetzt, diese ebenfalls abzustellen, indem Lösungsvorschläge gemacht und Korrekturpotenziale (durch breite Zusammenarbeit) gehoben werden können.

6.2 Welchen Erfolgsfaktor trägt die CPL-Kultur?

Eine wirksame Compliance-Kultur entsteht erst dann, wenn die Compliance in der Organisation gelebt wird und diese daher unbemerkt sowie intuitiv vonstattengeht bzw. von den involvierten Personen als weitestgehend selbstverständlich ausgeübt wird. Der Begriff *Compliance-Kultur*[9] umfasst dabei jene „Werte, ethischen Grundsätze, Überzeugungen und Verhalten, die in der gesamten Organisation bestehen und im Zusammenspiel mit den Strukturen und Steuerungssystemen der Organisation einen Verhaltensstandard schaffen, der die Compliance fördert" (ISO 37301:2021, Punkt 3.28). Aber was bedeutet das im Alltag und wie gelingt die Gestaltung einer ausgeprägten bzw. positiven Kultur in einer Organisation? Welche Erfolgsfaktoren sind maßgeblich, um Compliance in der Organisations- bzw. Unternehmenskultur zu verankern?

Zunächst sollte die Organisation für sich beantworten, was nun in Bezug auf Compliance gelebt werden soll und was der Begriff *Compliance-Kultur* für die Entität überhaupt bedeutet. Abgeleitet von den recht individuellen Compliance-Grundsätzen, die sich eine Organisation erarbeitet, sind die Verhaltensvorgaben im Verhaltenskodex möglichst klar sowie eindeutig aufzunehmen. Damit einher geht ein Wertesystem, das sich die Organisationsangehörigen geben (bzw. das mit ihnen in sinnvoller Weise initiiert wird) und das beinhaltet, diese Vorgaben zu akzeptieren, zu achten sowie mitzutragen, also die vielfältigen Regeln einzuhalten (vgl. Jüttner 2023, S. 294).

Weil die Compliance-Kultur – wie jede andere Kultur – eben nicht *verordnet* werden kann, sondern sich bspw. auf Basis eines gemeinsamen Werteverständnisses und spezifischer Erwartungen der agierenden Personen entwickelt, ist das Ziel der Compliance-Arbeit, die kulturprägenden Maßnahmen auf die Leitgedanken der Compliance auszurichten. Die dafür notwendige klare sowie eindeutige Formulierung von Compliance-Zielen (inkl. -Mission/-Vision) könnte bspw. dazu führen, dass *nachhaltiges* Handeln mit der Überzeugung *richtigem* sowie *korrektem* Verhaltens verbunden ist. Werden im CMS die Vorgaben konsequent nachgehalten und dies auch so kommuniziert, gewinnt die Compliance-Kultur an Wert. Wenn es in der Durchführung des Compliance Managements ferner gelingt, eine moralische Dimension sowie humanistische Grundsätze einzubauen, bspw. indem das Handeln von Grundsätzen wie *hard to the issue, but soft to the person* geprägt wird, so sollte eine Glaubwürdigkeit und Prägung von nachhaltigem Wert zu erreichen sein. Die Verankerung eines solchen Grundsatzes sowie die Festhaltung im Verhaltenskodex könnte einen großen Beitrag zur Akzeptanz und Wirksamkeit des CMS leisten.

---

[9] Neben dieser hier aufgeführten – recht kurz greifenden – Definition kann die Beschreibung des Begriffes jedoch noch wesentlich weiter gefasst sowie entsprechend facettenreicher dargestellt werden (siehe Bode 2022).

Die von Compliance einzubringenden Standards etc. sollten sich aber auch an der (gegenwärtigen) Organisationskultur orientieren, wenn sie von den Mitarbeitenden (zukünftig) als *richtig* verinnerlicht werden sollen. Denn damit diese angestrebten Werte und Normen dann als eigene anerkannt werden, müssen die zu ergreifenden Maßnahmen die bestehenden Gegebenheiten, sozusagen als Ausgangsposition, berücksichtigen.[10] Es ist also der Pfad zu einer neuen Kultur ausführlich zu planen sowie konsequent auszuführen (z. B. durch eine stetige Kommunikation bzw. plakatives Regelvorleben der Organisationsleitung und der Führungskräfte). Das Handeln des (gesamten) Personals in Übereinstimmung mit den spezifischen Organisationswerten kann dabei mit dem Begriff *Corporate Integrity* umrissen werden. Hintergrund der integritätsbildenden Maßnahmen in der Compliance-Arbeit ist es nämlich, die Eigenverantwortung der Mitarbeitenden zu festigen sowie „ein Gefühl samt emotionaler Verpflichtung, gepaart mit Einsicht und Überzeugung" (Jüttner 2023, S. 301) zu schaffen. Das Ziel dieses Ansatzes ist zusammenfassend die *Internalisierung*[11] der Normen, was nichts anderes heißt, als dass die Regeln sowie zugrunde liegenden Werte in die individuellen Handlungsentscheidungen der einzelnen Mitarbeitenden übergehen. Compliance-Schulungen sind dabei nur der erste Schritt, wegweisend ist vor allem die Sozialisierung der Mitarbeitenden durch Kolleg:innen und Führungskräfte in der Organisation. Dies wird bzw. sollte ferner durch eine transparente und ausgewogene Kommunikation zum Umgang mit (versehentlichen) Fehlern sowie (schuldhaften) Verstößen wie ebenso selbstreflektorischen Prozessen und eine gelebte Vorbildfunktion der Führungskräfte flankiert werden.

Eine professionelle Compliance-Kommunikation (vgl. Möhrle und Weinen 2021) zur Erreichung der Compliance-Ziele sowie Integrität nimmt außerdem die Komplexität von Richtlinien und Regelwerken in der Organisation sowie die Transparenz von Entscheidungsprozessen in den Fokus. Denn soll Kommunikation die Compliance-Arbeit als *Business Enabler* und *positiven Verstärker* einer konstruktiven *Corporate Integrity* präsentieren, so muss diese ebenfalls den wirtschaftlichen Erfolgsbeitrag von regeltreuem Handeln des Personals über eine bloße Risikovorsorge hinaus adressieren können (siehe Vorteile der Compliance in Abschn. 1.4). Eine Compliance-Kommunikation, welche die Werte- sowie Regelsysteme glaub-

---

[10] Hierzu ist der Zustand der Compliance-Kultur zu messen. Dies kann u. a. durch subjektive (anonyme) Befragungen der Mitarbeitenden geschehen (z. B. wie die Compliance-Kultur von ihnen wahrgenommen wird), mithilfe objektiver Analyse verschiedener Indikatoren passieren (z. B. Fluktuation des Personals) oder auch auf Basis von externem Feedback erteilt durch Geschäftspartner:innen, Lieferant:innen etc.

[11] In der Psychologie wird unter diesem Fachbegriff die Verinnerlichung bzw. der Vorgang, sich bspw. fremde Auffassungen, Erwartungen oder eben auch Werte und Normen zu eigen zu machen, verstanden.

würdig als Teil von Strategie, Geschäftsmodell und Organisations-DNA vermittelt, erfüllt zudem die Ansprüche der *nachhaltigen Unternehmensführung* und kann damit auch zur Resilienz der Organisation beitragen.

Die jeweilige Compliance-Kommunikation wird also durch ihr zielführendes Vorgehen und ihre effizienten Methoden entsprechend professionalisiert, um kulturprägend in der Organisation wirken zu können. Neben solcher internen Kommunikation ist ebenso die Kommunikation von und nach außen entscheidend. Denn auch die öffentliche Aufmerksamkeit bzw. Meinung ist ein kulturprägender Faktor, indem dieses Feedback in der Regel einen starken Einfluss auf die Identifizierung der Mitarbeitenden mit der Organisation und damit auch auf die Arbeitgeberattraktivität hat. Das Interesse der Öffentlichkeit liegt hierbei meist eher auf dem individuellen Fehlverhalten von Führungskräften (z. B. sexuelle Übergriffe bzw. Machtmissbrauch) oder dem Verstoß gegen – sozusagen medienwirksame bzw. gesellschaftsrelevante – Gesetze, Regeln und auch Organisationswerte, wie Vergehen im Rahmen nachhaltigen Handelns sowie im Umgang mit Menschenrechten bei alltäglichen Geschäftsgebaren (z. B. Zerstörung von Lebensräumen bzw. Umweltverschmutzung bei der Produktion von Gütern). Eine wirklich professionelle Compliance-Kommunikation benötigt daher ausgereifte Fähigkeiten, mit denen potenzielle Skandale im Einflussbereich der Compliance frühzeitig abgemildert und Reputation bzw. Ansehen der Organisation nicht nachhaltig beschädigt werden. Der jeweilige kommunikative Umgang mit Compliance-induzierten Krisen kann im internen wie externen Umfeld den tatsächlichen Schaden beeinflussen und trägt so erheblich zur Wirksamkeit des CMS bzw. der Compliance insgesamt bei.

6.3 Wie läuft die Prüfung der CMS-Effektivität?

Die Beurteilung der Funktionsfähigkeit bzw. Prüfung der Wirksamkeit eines CMS kann u. a. auf Basis des Prüfungsstandards IDW PS 980 stattfinden, welcher wie bspw. die ISO 37301 ebenso für die CMS-Zertifizierung[12] herangezogen werden kann. Allerdings handelt es sich bei solchen Prüfungen weitestgehend um eine (reine) Momentaufnahme, da bspw. die Gesetzeslandschaft einer stetigen Anpassung unter-

[12] Eine solche Zertifizierung wird durch eine unabhängige externe Stelle, wie bspw. einer Wirtschaftsprüfungsgesellschaft, durchgeführt. Dabei werden entsprechende Standards etc. und die darin enthaltenen Anforderungen an ein (angemessenes/wirksames) System zum Abgleich mit dem zu prüfenden CMS herangezogen. Eine Zertifizierung bietet verschiedene Pluspunkte wie eben der Erhalt einer neutralen sowie objektiven Bewertung der gegenwärtigen CMS-Situation, eine mögliche Argumentationshilfe bei gerichtlichen Auseinandersetzungen oder sogar einen Wettbewerbsvorteil im Sinne eines Nachweises.

liegt und natürlich neue Risiken jederzeit vermögen sich aufzutun. Außerdem ist hierdurch keineswegs final auszuschließen, dass ggf. nicht doch individuelle Fehleinstellungen bzw. strukturelle Schwachstellen im CMS vorliegen, wodurch eben knifflige Compliance-Verstöße trotz eines insgesamt ausgeklügelten Systems auftreten können. Dennoch begründet eine solche Begutachtung ein gewisses Gefühl von Sicherheit und es kann festgestellt werden, ob die rechtlichen (z. B. aus den §§ 9, 30, 130 OWiG) und zertifizierungsrelevanten Anforderungen (z. B. aus der ISO 37301) erfüllt sind. Der IDW PS 980 sieht vor, dass die Prüfung eines jeweiligen CMS in drei bzw. mittlerweile in zwei Stufen[13] – also (1) Konzeptions-, und Angemessenheits- sowie (2) Wirksamkeitsprüfung – abläuft, welche ferner die logischen Entwicklungsstufen einer CMS-Implementierung darstellen (Abb. 6.3). Hierbei spielen die darin aufgeführten bzw. beschriebenen sieben CMS-Grundelemente – nämlich Compliance-Kultur, -Ziele, -Organisation, -Risiken, -Programm, -Kommunikation sowie -Überwachung und Verbesserung – eine zentrale bzw. entscheidende Rolle für ein effektives System (vgl. Rödl & Partner 2024; Schulz 2022).

Stufe 1a) – Konzeptionsprüfung des CMS In dieser ersten Prüfungsstufe wird das Vorhandensein der erforderlichen Grundelemente, wie sie im Prüfungsstandard benannt sind, festgestellt – sofern sie tatsächlich in der jeweiligen Ausarbeitung vorliegen. Aber nicht nur die bloße Anwesenheit dieser sieben Elemente wird gecheckt, sondern es wird vielmehr begutachtet, ob die in den dazugehörigen Unterlagen getätigten Aussagen sowie Beschreibungen korrekt dargestellt sind. Es wird also – wie die Bezeichnung der Stufe indiziert – das Konzept des CMS überprüft.

Stufe 1b) – Angemessenheitsprüfung des CMS Mithilfe dieser mittleren Prüfungsstufe gilt es nun herauszufinden, ob die beschriebenen Grundelemente bzw. die sich darunter subsumierenden (einzelnen) Maßnahmen, u. a. aus den Compliance-Programmen, in angemessener Weise ausgestaltet sind, um (wesentliche) Regelverstöße – resultierend aus den jeweiligen organisationsspezifischen Compliance-Risiken – mit einer hinreichenden Sicherheit – zu einem bestimmten Stichtag – erkennen sowie verhindern zu können. Darüber hinaus muss anschließend natürlich nachvollzogen werden, ob diese in der CMS-Beschreibung als angemessen befundenen Grundsätze und Maßnahmen entsprechend in der Organisation (sinnvoll) implementiert worden sind.

[13] Seit dem IDW PS 980 n.F. (09.2022) ist keine isolierte Konzeptionsprüfung mehr vorgesehen; somit ist nun eine zwei- anstatt einer dreistufigen Prüfung durchzuführen. Begründet wurde diese Änderung damit, dass es „in der Praxis keine Bedeutung mehr [hat] und […] daher in der überarbeiteten Fassung nicht mehr enthalten [ist].“ Zur Nachvollziehung wurde diese Stufe hier beibehalten. Generell sind solche Prüfungen recht teuer.

CMS-Elemente im IDW PS 980	Überblickgebende Beschreibung (entnommen aus IDW PS 980, 2022, Punkt 4)	Prüfung der Angemessenheit	Prüfung der Wirksamkeit
Compliance-Kultur	„Die CPL-Kultur ist integrativer Bestandteil der Unternehmenskultur und enthält im Wesentlichen Merkmale, welche für die Einhaltung von Regeln im Unternehmen von besonderer Relevanz sind" (A23).	Beurteilung eines CMS auf Basis des IDW PS 980 durch CMS-Prüfer:innen bzw. Wirtschaftsprüfer:innen mithilfe unterschiedlicher Prüfungshandlungen (z. B. Befragung von Mitarbeitenden, Beobachtung von Vorgängen, Einsicht von Verfahrensanweisungen etc.) hinsichtlich dessen Eignung; also ob die in der CMS-Beschreibung dieser Organisation dargestellten (Grund-)Elemente in einer Weise ausgestaltet sowie implementiert sind (u. a. ob ausreichend Ressourcen für die Tätigkeiten allokiert sind), so dass diese in der Entität mit hinreichender Sicherheit sowohl die Risiken für wesentliche Regelverstöße rechtzeitig erkennen als auch solche Regelverstöße an sich verhindern können.	Zusätzlich zur Prüfung der Angemessenheit findet hierbei eine Beurteilung der Wirksamkeit von den dargestellten Elementen bzw. Regelungen aus der CMS-Beschreibung statt; also ob die aufgeführten Prozesse, Vorgaben etc. innerhalb des Prüfungszeitraumes (in aller Regel mindestens sechs Monate), tatsächlich wie vorgesehen in der Organisation eingehalten werden.
Compliance-Ziele	„Die Festlegung der CPL-Ziele, die mit dem CMS erreicht werden sollen, erfolgt in Übereinstimmung mit den allgemeinen Unternehmenszielen sowie mit der Unternehmensstrategie und umfasst insb. eine Analyse und Gewichtung der für das Unternehmen bedeutsamen Regeln" (A24).		
Compliance-Risiken	„Die Identifikation und Beurteilung von CPL-Risiken sind der Ausgangspunkt für die Entwicklung eines angemessenen CPL-Programms" (A25).		
Compliance-Programm	„Ein CPL-Programm setzt sich aus den Regelungen zusammen, die von dem Unternehmen zur Verhinderung oder Begrenzung der CPL-Risiken eingerichtet werden und auf ein regelkonformes Verhalten abzielen" (A26).		
Compliance-Organisation	Beinhaltet u. a. klare Festlegung von Rollen und Verantwortlichkeiten im CMS plus deren Stellung, Berichtslinien (vgl. A27).		
Compliance-Kommunikation	Umfasst z. B. Kommunikation der Unternehmenswerte, der CPL-Kultur und erwarteter Verhaltensweisen an die Mitarbeitenden und ggf. Dritte durch das Management (vgl. A28).		
Compliance-Überwachung und Verbesserung	„Die CPL-Überwachung zielt darauf ab festzustellen, ob das CMS unter Beachtung der angewandten CMS-Grundsätze angemessen ausgestaltet und wirksam ist. Bei der CPL-Überwachung handelt es sich zum einen um Überwachungsmaßnahmen durch prozessunabhängige Stellen, z. B. die Interne Revision. Zudem beinhaltet die Überwachung auch, ob die prozessintegrierten Kontrollen wirksam sind" (A29).		

Abb. 6.3 Wirksamkeitsprüfung nach dem IDW PS 980. (Vgl. IDW 2022)

Stufe 2 – Wirksamkeitsprüfung des CMS In dieser Stufe wird – aus gutem Grund nämlich erst nach diesen beiden (Vor-)Prüfungsstufen[14] – versucht die eigentliche Wirksamkeit herauszustellen. Die Vorgehensweise ist dabei denkbar einfach. Ein ausreichend langer Zeitraum, also mindestens sechs Monate oder eigentlich besser noch länger, wird nach der abgeschlossenen Realisierung des CMS-Konzeptes begutachtet, ob und welche Verstöße in dieser Spanne aufgetreten sind. Allerdings treten Compliance-Verstöße oft gar nicht ans Licht (vgl. Heimlichkeitsdelikte) und können daher nicht in einer Statistik enthalten sein. Deshalb also u. a. die beiden davor gelagerten Stufen, um überhaupt in gewisser Weise sicherzustellen, dass die jeweiligen Compliance-Programme bzw. -Maßnahmen (prinzipiell) wirksam sein könnten. Ferner ist bspw. durch stichprobenartige Mitarbeitenden-Befragungen oder eben mithilfe von Kontrollen zur Regeleinhaltung etc. aufzuzeigen, dass die Maßnahmen bekannt sind und angewendet werden.

Diese Prüfschritte zeigen somit fast schon im Sinne einer Retrospektive die zurückliegenden Inhalte dieses Buches und geben nochmals einen Überblick darüber, welche Elemente für ein effektives CMS notwendig sind. Nun sollte auch hier nochmals darauf hingewiesen werden, dass die Implementierung sowie der Betrieb eines CMS nicht nur als eine reine Jura-Übung zu verstehen sind. Sicherlich bedarf es in den Compliance-Abteilungen eines hohen Kenntnisstandes bzgl. der Anforderungen des jeweiligen Rechtsgebietes an die Compliance-Arbeit, aber das ist gewiss nicht alles. Denn bei der Compliance handelt es sich in weiten Teilen um eine komplexe Management-Aufgabe, die nämlich auch erst einmal erlernt bzw. angenommen werden muss.

Ferner soll hier nun nochmal auf das Thema *Compliance-Audits* eingegangen bzw. dieses zusammenfassend aufgegriffen werden. Hierunter versteht man also eine umfassende – anlassbezogene oder regelmäßige – Prüfung innerhalb einer Organisation, bei der ein unabhängiger – interner oder externer – Auditor feststellt, ob die für den jeweiligen Anwendungs- bzw. Organisationsbereich geltenden Richtlinien sowie gesetzlichen Vorschriften jeweils eingehalten werden. Dies zielt dann bspw. auf die Aufdeckung von risikobehafteten Geschäftsvorfällen ab und beinhaltet die Identifikation potenzieller Schwachstellen innerhalb des CMS (oder eben im IKS als unterstützendes Element außerhalb der *eigentlichen* Compliance). Meistens arbeitet der/die Prüfer:in während des Checks einen festgelegten Katalog ab. Mögliche Prüfgegenstände können

[14] Mithilfe der Angemessenheitsprüfung wird sozusagen die Möglichkeit bzw. Wahrscheinlichkeit reduziert, dass bei der Wirksamkeitsprüfung nicht die Komponente *Glück* eine wesentliche Rolle einnimmt. Denn mit einer gelungenen Prüfung der Angemessenheit kann verlässlicher davon ausgegangen werden, dass bspw. im Prüfungszeitraum nicht eingetretene Verstöße überhaupt auch erst erkannt werden könnten.

bspw. die Einhaltung der Vorgaben zum Datenschutz oder zur Korruptionsprävention sein. Aber ebenso einzelne CMS-Elemente wie das Risikomanagement können Gegenstand der Auditierung sein. In der Regel ist die Auditierung eine Aufgabe der sog. dritten Linie oder ggf. vierten Linie in Abhängigkeit des Reifegrads einer Organisation sowie des CMS im *Three Lines-Modell* (siehe Abschn. 2.3) und kann intern (durch die Innenrevision in der dritten Linie) sowie natürlich extern (durch eine Wirtschaftsprüfgesellschaft in der vierten Linie) ausgeführt werden.

Mit einer Auditierung sollen also die internen Überwachungs- und Kontrollmaßnahmen von einer weiteren unabhängigen Stelle unterstützt werden, um das jeweilige Risiko für die Organisation insgesamt bestmöglich zu senken. Denn u. a. neben prozessintegrierten Kontrollmaßnahmen, wie dem Vier-Augen-Prinzip oder der Funktionstrennung etc., müssen unbedingt auch prozessunabhängige Kontrollen erfolgen, damit bspw. niemand in die nahe liegende Versuchung geführt wird, diese mutwillig zu umgehen. Der Unterschied zwischen einer Auditierung der einzelnen CMS-Elemente und Prüfung der CMS-Wirksamkeit sind möglicherweise auf den ersten Blick eher minimal, begründen sich aber vor allem aus der Intensität der Vorgehensweise.

6.4 Wirksamkeit *kurzgefasst*

Unter der *Wirksamkeit von Compliance bzw. eines Compliance-Management-Systems* versteht das Gesetz bspw. in § 4 Abs. 2 LkSG folgendes: „Wirksam sind solche Maßnahmen, die es ermöglichen, […] Risiken zu erkennen und zu minimieren sowie Verletzungen [u. a. bestimmter gesetzlicher Vorgaben, organisationsinterner Normen und Werte oder von Geschäftspartner:innen auferlegten] Pflichten zu verhindern, zu beenden oder deren Ausmaß zu minimieren, wenn [die Organisation] diese Risiken oder Verletzungen […] verursacht oder dazu beigetragen hat.“ Unter den Begriffen *wirksam* und *effektiv* werden letztlich solche Aktivitäten verstanden, welche zur Erreichung eines Zieles erfolgreich bzw. förderlich sind. Bestenfalls sind diese Aktivitäten dann ferner noch *effizient*, also in der Lage, möglichst schnell sowie mit geringem Aufwand an das jeweilige Ziel zu gelangen. Demzufolge lässt sich hier der Leitsatz formulieren, dass ein CMS als effektiv und effizient anzusehen ist, wenn die Compliance-Ziele der Organisation, also das Verhindern des Eintretens von Compliance-Risiken bzw. -Verstößen, in wirtschaftlicher Weise erreicht werden.

Bei der Beurteilung bzw. Messung einer Zielerreichung – vor allem im Sinne der Feststellung, inwieweit die bestehenden Regeln eingehalten wurden oder eben nicht – steht man vor einer erheblichen Herausforderung. Hierfür sind neben quantitativen (z. B. anonyme Testergebnisse zum Abschneiden bei Schulungen) ebenso qualitative Methoden (z. B. Interviews mit Mitarbeitenden) anzuwenden. Dabei braucht es abgesehen von einer starken Governance (siehe Abschn. 2.3) wieder ein überlegtes und konsequentes Vorgehen, um diese Aufgabe überhaupt bewältigen zu können. Entsprechend sind ausgereifte interne Überprüfungs-/Kontrollmaßnahmen sowie (externe) Audits und Prüfungen entscheidend. Ferner können KPIs unterstützen, um die Zielerreichung messen zu können.

Der Beitrag des KVP (= kontinuierlicher Verbesserungsprozess als Kern eines jeden Qualitätsmanagements mit den Phasen *plan*, *do*, *check*, *act*) zur Erhaltung bzw. Steigerung der CMS-Effektivität fokussiert dabei die Überwachungs- und Verbesserungsmaßnahmen. Neben dem Monitoring innerhalb der Compliance-Organisation, das sich u. a. durch ein transparentes Berichtswesen und eine angemessene Dokumentation ausdrückt, spielt das Compliance-Audit eine weitere wichtige Rolle für die CMS-Wirksamkeit. Natürlich ist auch der Input aus Beschwerden bzw. dem Hinweisgebersystem eine entscheidende Quelle, um Mängel feststellen zu können bzw. um auf diese aufmerksam gemacht zu werden. Überdies können die CMS-Prüfungen auf der Grundlage eines Standards wie dem IDW PS 980 ein Lagebild vermitteln, was allerdings nur eine Momentaufnahme des gegenwärtigen Zustands darstellt.

Der Wirksamkeitsgrad des CMS in einer Organisation ist davon abhängig, wie glaubwürdig die Compliance gestaltet ist und ob es entsprechend gelingt, dass die Führungskräfte wie auch die Mitarbeitenden ihr Verhalten an die Werte sowie Regeln der Organisation anpassen und bei ihrem individuellen Handeln das Wohl der Organisation (inkl. der Integrität als Basis des nachhaltigen Organisationswohles) im Blick haben. Grundsätzlich bedarf es also einer organisationsspezifischen Implementierung der verschiedenen Compliance-Elemente, damit man von der Risikoanalyse über effektive und effiziente Präventionsmaßnahmen usw. hin zu einem wirksamen System gelangen kann. Darüber hinaus braucht es u. a. ebenso weiterer (Hilfs-)Mittel wie einer ausgewogenen Transparenz (z. B. zielgruppenspezifische Berichterstattung), zweckorientierter Dokumentation (z. B. nachvollziehbare Hinweisbearbeitung) oder eindeutiger Regelungen (z. B. unmissverständliche Handlungsanweisungen) sowie einer ausgeprägten und positiven Organisationskultur (inkl. einer förderlichen Kommunikation). All dem zugrunde liegen sollten klare sowie akzeptierte Ziele (also – konfliktfreie – Bestrebungen/Wegweiser im Einklang mit der Strategie bzw. dem Zweck der Organisation und den Compliance-Erfordernissen), welche durch die Organisationsangehörigen in umfassender Weise mitgetragen werden.

Neben bspw. Glaubwürdigkeit der und Verständnis für Compliance sollte bestenfalls auch ein ausgeklügeltes Anreizsystem die Motivation für die Einhaltung von Regeln festigen. Einerseits kann man darunter verstehen, dass u. a. in den Zielvereinbarungen der Führungskräfte oder auch der Mitarbeitenden jeweilige (sinnvolle sowie nicht-repressive) Ziele formuliert sind, welche zur Regeleinhaltung beitragen (z. B. Erreichung von entsprechenden Compliance- bzw. ESG-KPIs). Andererseits wird die Motivation für Compliance natürlich ebenso erhöht, wenn den Organisationsangehörigen bewusst ist, dass etwaige Verstöße (streng) geahndet werden, und im Vorhinein das ungefähre Strafmaß für Vergehen (z. B. persönliche Haftung) bekannt ist.

Die Compliance-Kommunikation im Sinne eines geplanten Vorgehens und passender Mediennutzung zu professionalisieren ist ein weiterer Hebel zur Erreichung einer höheren Wirksamkeit sowie eines höheren Reifegrades des CMS (Abb. 6.4). Bspw. ist neben einer zielgruppenspezifischen Ansprache eine verständliche Informationsaufbereitung mithilfe von Kurzvideos bzw. spielerischer Auseinandersetzung mit dem Themenbereich nützlich. Hierzu muss die Kommunikation nach innen und außen das authentische Wesen der integeren Organisation aufzeigen. Darüber hinaus kann die Effektivität gesteigert werden durch die Betonung der geschäfts- bzw. organisationszweck-fördernden Tätigkeiten der Compliance-Abteilung bzgl. ihres nicht zu unterschätzenden Wertschöpfungsbeitrags sowie ggf. durch kriseneindämmende Maßnahmen bei u. a. schlagzeilenverursachenden Compliance-Vorfällen.

Das integere Handeln der Mitarbeitenden, also wie compliant (gesetzestreu/rechtssicher) die Organisationsnagehörigen ihre Aufgaben angehen, leistet einen wesentlichen Beitrag zu einer positiven Organisationskultur. Daneben tragen natürlich auch noch weitere Faktoren zur Effektivität einer effizienten Compliance bei. Hierunter fallen u. a. Managementfähigkeiten, indem bspw. durch die steuernden Führungskräfte bzw. Fachverantwortlichen die diversen Ziele, Aufgaben sowie Verantwortungen jeweils *spezifisch, messbar, attraktiv, realistisch und terminiert* (SMART) dargelegt werden. Stehen ferner angemessen viel Zeit, Geld, Personal sowie Materialien zur Verfügung und werden die Prioritäten etc. so gelegt, dass die entscheidenden Fähigkeiten und Kenntnisse auf eine erfolgreiche Erledigung von Aufgaben abzielen, sind weitere Wirksamkeitserfordernisse erfüllt. Die wahrgenommene Vorbildfunktion der Führungskräfte sowie eine stark ausgebildete Motivation der Mitarbeitenden zum förderlichen/korrekten Verhalten beeinflussen bzw. prägen wiederum die Compliance-Kultur und flankieren die CMS-Wirksamkeit. Es handelt sich bei dieser Kette also um einen umgekehrten Teufelskreis, welcher bei Versagen der beteiligten Personen allerdings ziemlich geschwind die gesetzlich geforderte Richtung verlässt.

Bei dieser sehr herausfordernden (aber auch spannenden) Aufgabe der Wirksamkeitserreichung bzw. stetigen CMS-Reifegradsteigerung (inkl. CMS-Feinjustierung im KVP-Sinne) bieten sich als weiterführende Informationsquellen – neben der bereits aufgeführten (einschlägigen) Compliance-Fachliteratur – gezielte Rückgriffe auf Best-Practice-Beispiele aus anderen Organisationen oder auf praktische Erfahrungsschätze

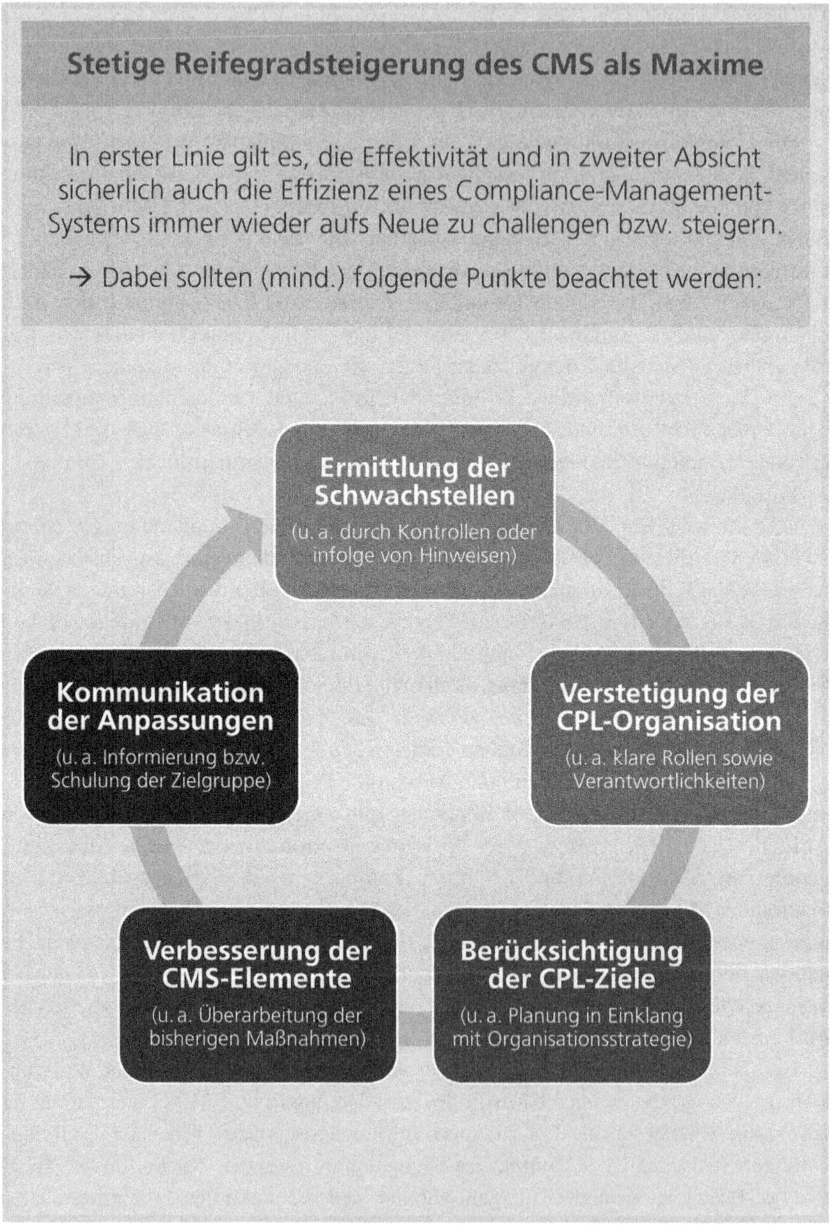

Abb. 6.4 Effektivitätskreislauf erfolgreicher Compliance. (Eigene Darstellung)

von Personen in der eigenen Organisation an. Um die (komplexen) Stellschrauben für Effektivitätsgewinne besser verstehen zu können, wäre es zudem förderlich, wenn die Führungskräfte und Mitarbeitenden in den Compliance-Funktionen genügend Empathie für die involvierten Personen sowie Verständnis für kulturelle Gegebenheiten mitbringen und auch über passende Expertise verfügen, um bspw. getroffene Entscheidungen sowie Maßnahmen reflektieren und ggf. zum Besseren verändern zu können.

Literatur

Bay, Karl-Christian und Seeburg, Dirk (2022): Überwachung & Verbesserung. In: Karl-Christian Bay und Katharina Hastenrath (Hg.): Compliance-Management-Systeme. Praxiserprobte Elemente, Prozesse und Tools. 3. Auflage. München: C.H. Beck, S.237–263.

Bethke, Kai, Bach, Julia (2020): Compliance-Kommunikation. Akzeptanz schaffen, Widerstände meistern, Werte nachhaltig festigen. Freiburg: Haufe.

Böckelmann, Frank (2022): Compliance-Ziele. In: Karl-Christian Bay und Katharina Hastenrath (Hg.): Compliance-Management-Systeme. Praxiserprobte Elemente, Prozesse und Tools. 3. Auflage. München: C.H. Beck, S. 29–55.

Bode, Aiko (2022): Compliance-Kultur. In: Karl-Christian Bay und Katharina Hastenrath (Hg.): Compliance-Management-Systeme. Praxiserprobte Elemente, Prozesse und Tools. 3. Auflage. München: C.H. Beck, S. 3–26.

Deloitte (2023): The Future of Compliance 2023: Mit Key Performance Indicators zur Zielerreichung? Deloitte GmbH Wirtschaftsprüfungsgesellschaft. Online verfügbar unter https://www2.deloitte.com/de/de/pages/audit/articles/future-of-compliance.html, zuletzt geprüft am 14.09.2024.

DICO (2022): Standard 14 – Regelungsmanagement als Bestandteil eines CMS. DICO – Deutsches Institut für Compliance e.V. Online verfügbar unter https://www.dico-ev.de/publikationen/, zuletzt geprüft am 10.08.2024.

IDW (2022): IDW Prüfungsstandard: Grundsätze ordnungsmäßiger Prüfung von Compliance Management Systemen (IDW PS 980 n.F. 09/2022). 2. Auflage. Düsseldorf: IDW Verlag.

ISO (2024): ISO – Management System Standards. Online verfügbar unter https://www.iso.org/management-system-standards.html, zuletzt geprüft am 10.05.2024.

Jüttner, Markus (2023): Die Kunst erfolgreicher Compliance. Eine realistische Sicht auf wirksames Compliance-Management. Frankfurt am Main: Fachmedien Recht und Wirtschaft (Compliance Berater Schriftenreihe).

Möhrle, Hartwin; Weinen, Ralf (2021): Professionelle Compliance-Kommunikation. Wie Sie Ihr Unternehmen gegen Regelverletzungen immunisieren. Wiesbaden: Springer Gabler.

Rödl & Partner (2024): Prüfung von Compliance Management Systemen (IDW PS 980). Rödl & Partner GmbH Wirtschaftsprüfungsgesellschaft. Online verfügbar unter https://www.roedl.de/themen/compliance-management-gesundheitswesen/pruefung-von-compliance-management-systemen, zuletzt aktualisiert am 11.05.2024, zuletzt geprüft am 11.05.2024.

Rorie, Melissa; van Rooij, Benjamin (Hg.) (2022): Measuring Compliance. Assessing corporate crime and misconduct prevention. Cambridge: Cambridge University Press.

Scherer, Josef (2022): Compliance-Managementsystem nach DIN ISO 37301:2021. Erfolgreich implementieren, integrieren, auditieren, zertifizieren. Berlin: Beuth.

Schulz, Martin R. (2022): Effektive Compliance-Management-Systeme – Aktuelle Entwicklungen und Anforderungen. In: Karl-Christian Bay und Katharina Hastenrath (Hg.): Compliance-Management-Systeme. Praxiserprobte Elemente, Prozesse und Tools. 3. Auflage. München: C.H. Beck, S. 265–281.

7 Ausgewählte Vertiefungen

Bezogen auf den Bereich Forschung und Wissenschaft sind nachfolgend ausgewählte Themen, sozusagen branchentypische Vertiefungen mit besonderer Relevanz, näher dargestellt. Generell ist wohl festzustellen, dass die Compliance-Arbeit in diesem Bereich bisher eigentlich keinen sonderlich hohen Stellenwert innehat bzw. dass hier doch gewiss Verbesserungspotenziale bestehen. Denn viel zu lange wurde sich auf die Wissenschaftsfreiheit berufen, ohne dabei jedoch den diversen Vorteilen, welche die Compliance einbringen oder auch sicherstellen kann (siehe Abschn. 1.4), die gebotene Aufmerksamkeit zu schenken. Daher existieren bspw. kaum branchenspezifische Vergleichsgrößen, Standards oder Grundsätze für den Umgang mit Compliance sowie den spezifischen Risikofeldern bzw. -szenarien. Wobei wieder zu akzentuieren ist, dass natürlich jede Organisation für sich selbst mithilfe einer gebührenden Risikoanalyse herausstellen muss, welche Chancen und Gefahren vorzufinden sind. Somit soll diese hier getroffene Auswahl sensibilisieren bzw. einen beispielhaften Einblick in verschiedene Vorgehensweisen aufzeigen, ohne diese Aspekte in einer abschließenden Breite zu thematisieren. Ging es also bisher weitestgehend um die Elemente eines für die *Forschung und Wissenschaft* angemessenen Compliance-Management-Systems, so werden nun überblicksweise einzelne Themengebiete aufgegriffen, die in der Wissenschaftswelt unbedingt berücksichtigt werden sollten.

Gemeinhin lassen sich die zu beachtenden Compliance-Themen – bspw. für eine bessere Anwendungsorientierung sowie Übersicht – in mehrere Gebiete clustern, wie bspw. in *Forschung*, *Lehre*, *Transfer* und *Unterstützungsbereiche bzw. Verwaltung*. Besonders ist im Bereich *Forschung und Wissenschaft* dabei die hohe Heterogenität bei den Organisationsangehörigen zu bemerken, die von befristet an-

I. Wiedemann, P. Pobuda, *Compliance in der Forschung*,
https://doi.org/10.1007/978-3-658-45728-0_7

gestellten Forschenden über einsemestrige Austauschstudierende oder Mitarbeitende in Festanstellung, etwa in der Verwaltung, bis hin zu privat finanzierten Wissenschaftler:innen reicht. Eine spezielle Konstellation, die in Industriebetrieben so eher nicht anzutreffen ist und deshalb u. a. einer passenden Themenaufbereitung sowie Kommunikation bedarf. Hinsichtlich der Clusterung gibt es hierbei sicherlich Überschneidungen, aber durch eine solche Aufgliederung – auch wenn es Doppelnennungen gibt – lassen sich erst einmal aktivitäts- bzw. zielgruppenspezifische Anforderungs- bzw. Vorgabenpakete formulieren (Abb. 7.1). Allerdings gelten an dieser Stelle natürlich wieder die vorhandenen organisationspezifischen Risiken als sinnvoller Ausgangspunkt einer solchen Gliederung, weshalb die jeweilige Struktur – unter Beachtung der Organisationsangehörigen – individuell auszugestalten ist.[1] Ferner könnte vorgesehen werden, dass ein übergeordnetes Cluster aufgesetzt wird, in dem Themen (z. B. gute wissenschaftliche Praxis) einsortiert sind, welche alle Organisationsangehörigen betreffen.

In diesem Kontext zeigt sich erneut der risikobasierte Ansatz, womit sichergestellt werden kann, dass die Effizienz nicht aus dem Blickpunkt gerät. Denn der Umgang mit Studierenden in der universitären Lehre ist in der Regel weniger risikobehaftet und bedarf dadurch anderer Compliance-Maßnahmen als es bei den Themen der (angestellten) Wissenschaftler:innen der Fall ist, die im Rahmen von (kritischen) Forschungsprojekten (oftmals) mannigfaltige Vorgaben, wie bspw. den staatlichen Geheimschutz oder ggf. das Tierschutzgesetz, zu beachten haben.[2] Zweifelsfrei schwierig gestaltet sich in vielen Entitäten im Bereich von Forschung und Wissenschaft auch die Allokation von Verantwortungen, denn meist ist eine Zuordnung der Compliance- und Risikoverantwortlichen nicht eindeutig geregelt bzw. sind nötige Ressourcen durch operative Tätigkeiten bereits ausgeschöpft. Umso mehr ist es im Sinne einer effizienten und vor allem effektiven Compliance geboten, notwendige Freiräume zu schaffen (z. B. könnten durch eine digitale Lösung bei der Bearbeitung von Dienstreisen bzw. Reisekosten etc. die jeweiligen Mitarbeitenden entlastet sowie mithilfe von Weiterbildungsmaßnahmen für eine Compliance-Funktion vorbereitet werden).

---

[1] Dennoch bietet es sich an, die Webseiten von bspw. Universitäten (wie u. a. der Technischen Universität Dresden oder Universität Münster) anzuschauen, um verschiedene Eindrücke oder Inspirationen zu sammeln sowie um auch Ideen für mögliche Ausgestaltungen/Gliederungsvorschläge usw. zu erhalten.

[2] Noch schwieriger stellt sich das Thema Außenwirtschaftsrecht (AWR) dar. Wenn bspw. Erkenntnisse aus sicherheitsrelevanten Bereichen (siehe u. a. Dual-Use-Güter) durch wissenschaftliche Publikationen veröffentlicht werden, können außenwirtschaftsrechtliche Vorgaben (darunter Genehmigungserfordernisse nach nationalem/europäischem Exportkontrollrecht) zu berücksichtigen sein (vgl. Niggl 2024).

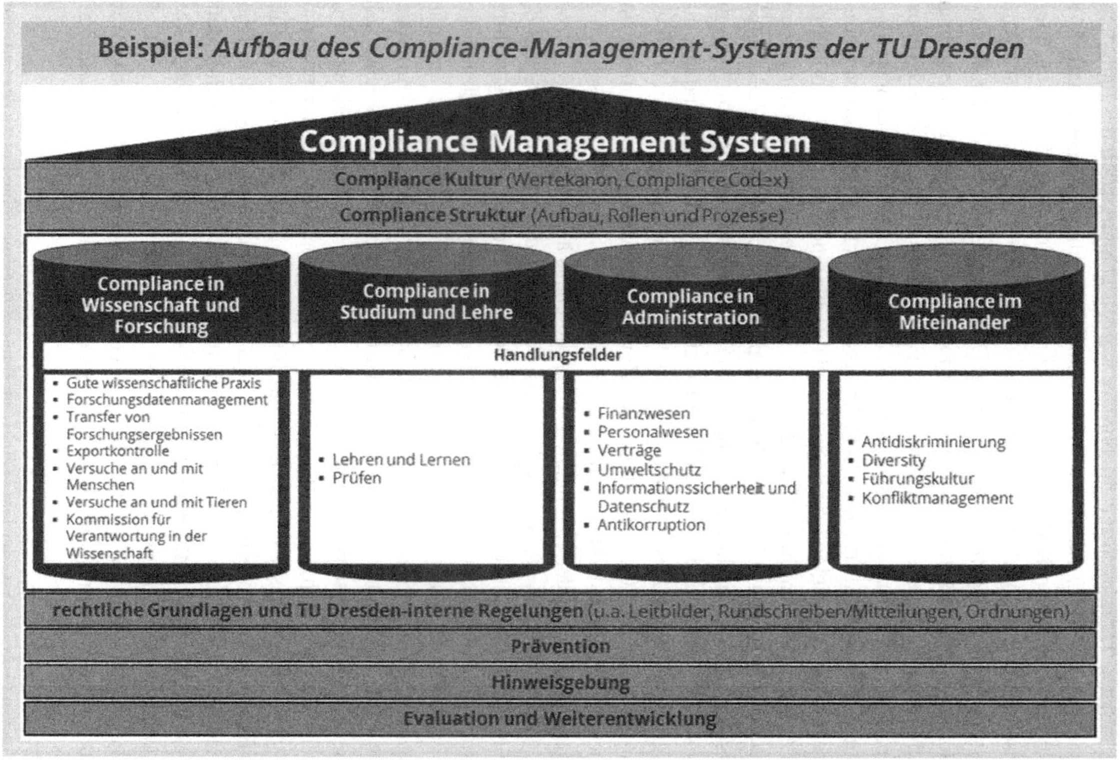

Abb. 7.1 Struktur der Compliance an einer Universität. (TU Dresden 2024)

Ein Themengebiet, welches durchweg für eine jede Forschungs- bzw. Wissenschaftseinrichtung von herausragender Bedeutung ist (und demzufolge nämlich im übergeordneten Themencluster eingeordnet werden könnte), stellt die Einhaltung *guter wissenschaftlicher Praxis* dar. Die Deutsche Forschungsgemeinschaft (DFG 2022) benennt in ihrem Kodex mit dem Namen „Leitlinien zur Sicherung guter wissenschaftlicher Praxis"[3] insgesamt 19 Leitlinien, die angemessene Standards für wissenschaftliches Arbeiten beschreiben. Dieser Kodex hat neben den Wissenschaftler:innen dabei auch die Leitungsfunktionen von Hochschulen sowie außerhochschulische Forschungseinrichtungen im Fokus und soll für diese Zielgruppen einen passenden Orientierungsrahmen bieten, an dessen Leitlinien die jeweiligen Handlungen, internen Strukturen sowie Prozesse auszurichten sind. Zudem werden darin fachgebietsabhängige Ermessensspielräume für eine gewisse Flexibilität gewährt. Anschaulich wird in Leitlinie 3 – *Organisationsverantwortung der Leitung wissenschaftlicher Einrichtungen* dieser Aspekt festgehalten: „Die Leitungen wissenschaftlicher Einrichtungen garantieren die Voraussetzungen dafür, dass die Wissenschaftlerinnen und Wissenschaftler rechtliche und ethische Standards einhalten können." Außerdem wird in den dazugehörigen Erläuterungen von einer angemessen Organisationstruktur sowie der Zuweisung von Verantwortungen und geeigneten Maßnahmen zur Vermittlung der jeweiligen Inhalte usw. geschrieben. Eine Aufgabe, welche der Compliance-Arbeit durchaus ähnelt.

Die Leitlinie 10 – *Rechtliche und ethische Rahmenbedingungen* geht ferner darauf ein, dass Wissenschaftler:innen „mit der verfassungsrechtlich gewährten Forschungsfreiheit verantwortungsvoll um[gehen sollen]. Sie berücksichtigen Rechte und Pflichten, insb. solche, die aus gesetzlichen Vorgaben, aber auch aus Verträgen mit Dritten resultieren, und holen, sofern erforderlich, Genehmigungen und Ethikvoten ein und legen diese vor. Im Hinblick auf Forschungsvorhaben sollten eine gründliche Abschätzung der Forschungsfolgen und die Beurteilung der jeweiligen ethischen Aspekte erfolgen." Unzweifelhaft braucht es zur Umsetzung bzw. Sicherstellung dieser Vorgaben ein gut aufgestelltes System mit den verschiedenen Elementen, welche in den vergangenen Kapiteln dargestellt wurden. Denn neben ethisch sowie gesetzlich korrektem Handeln wird in dieser Leitlinie deutlich, dass die Wissenschaftler:innen, um sich auf ihre eigentlichen Aufgaben konzentrieren zu können, hierbei dringend unterstützt werden müssen.

Abgesehen von diesen doch eher allgemeingültigen bzw. organisationsbezogenen Anforderungen werden natürlich auch Vorgaben zum eigentlichen wissenschaft-

---

[3] Siehe hierzu bspw. das von der DFG (2024) im Internet bereitgestellte Portal *Wissenschaftliche Integrität*, in dem auch der Kodex in der jeweils aktuellen Fassung plus Hinweise abgerufen werden kann.

lichen Arbeiten aufgezeigt. Bspw. wird in Leitlinie 11 – *Methoden und Standards* erklärt, dass „zur Beantwortung von Forschungsfragen [...] Wissenschaftlerinnen und Wissenschaftler wissenschaftlich fundierte und nachvollziehbare Methoden an[wenden]. Bei der Entwicklung und Anwendung neuer Methoden legen sie besonderen Wert auf die Qualitätssicherung und Etablierung von Standards." Auch Leitlinie 14 – *Autorschaft* macht eine vielleicht selbstverständlich erscheinende Aussage, nämlich dass „Autorin oder Autor ist, wer einen genuinen, nachvollziehbaren Beitrag zu dem Inhalt einer wissenschaftlichen Text-, Daten- oder Softwarepublikation geleistet hat." Beiden Leitlinien ist jedoch in der Praxis eine oft nicht gelungene Umsetzung gemein. Denn nicht selten spielen bei der Zuteilung von Autorschaften auch Abhängigkeits-/Machtverhältnisse eine Rolle, bspw. wenn hierarchisch höher gestellte Personen darauf bestehen, trotz marginalen Beitrags am akademischen Ruhm einer Forschungsarbeit zu partizipieren. Außerdem können Interessenkonflikte dazu führen, dass u. a. die Qualität der Forschungsergebnisse nicht den gesetzten Standards genügt, weil bspw. die eigene Ansicht bzw. Ideologie oder aber der in diesem Berufsfeld vorherrschende Zeitdruck (z. B. die meistens infolge von Förderbescheiden festgesetzte Fertigstellungsfrist von Forschungsvorhaben in lediglich drei Jahren) dem massiv entgegensteht.[4]

Um solche Probleme anzugehen, ist es wichtig, eine faire Organisations- bzw. Speak-up-Kultur zu schaffen und Wissenschaftler:innen über ihre Rechte aufzuklären. Dies allein reicht jedoch nicht aus – es bedarf auch einer wirklich unabhängigen Anlaufstelle, an die sich Betroffene (sicher) wenden können. Zu dem Zweck sollen die Einrichtungen in Forschung und Wissenschaft etwaige Verfahren bei der Nichtbeachtung guter wissenschaftlicher Praxis vorhalten. Hierunter könnte gewissermaßen ein weiteres CMS-Element verstanden werden, nämlich ein Hinweisgebersystem.[5] Bspw. ist gemäß Leitlinie 18 – *Hinweisgebende und von Vor-*

---

[4] Darüber hinaus sei an dieser Stelle noch das rechtliche Problem anzusprechen, dass jeweils schützenswerte Forschungsergebnisse und eine wissenschaftliche Erkenntnis nicht Gegenstand des urheberrechtlichen Schutzes sind (vgl. Dreier und Schulze 2022, § 2 Rn. 41; Wündisch und Zirkel 2024, Teil 1, IV, 1 Rn. 162). Da das Urheberrecht an technischen Beschreibungen nicht die darin beschriebene Technologie, sondern lediglich deren Darstellung schützt, kann ebenso die wissenschaftlich-technische Erkenntnis streng genommen nicht eine Urheberschaft an dem wissenschaftlichen Beitrag begründen.

[5] Der DFG-Kodex beinhaltet in Kap. 4 (umfasst Leitlinien 18 und 19) die Möglichkeit von Wissenschaftler:innen, etwaige Verstöße (in erster Linie) über den Meldeweg an Ombudspersonen vorzutragen. Das Meldesystem für Hinweisgebende im CMS wird über die ISO 37301 standardisiert sowie über den Anwendungsbereich des HinSchG normiert und sieht aber verschiedene Meldewege, u. a. auch über Ombudspersonen sowie darüber hinaus (zu bearbeitende) anonyme Hinweise über digitale Lösungen, vor.

würfen Betroffene zu beachten, dass „die Untersuchung von Vorwürfen wissenschaftlichen Fehlverhaltens ausdrücklich [zu erfolgen hat] unter Beachtung der Vertraulichkeit und des Grundgedankens der Unschuldsvermutung. Die Anzeige der Hinweisgebenden muss in gutem Glauben erfolgen. Bewusst unrichtig oder mutwillig erhobene Vorwürfe können selbst ein wissenschaftliches Fehlverhalten begründen. Wegen der Anzeige sollen [...] [keine] Nachteile für das eigene wissenschaftliche oder berufliche Fortkommen erwachsen." In Leitlinie 19 – *Verfahren in Verdachtsfällen wissenschaftlichen Fehlverhaltens* wird noch konkretisiert, dass die Organisationen „Verfahren zum Umgang mit Vorwürfen wissenschaftlichen Fehlverhaltens [zu etablieren haben und] [...] Regelwerke erlassen [...] auf Basis einer hinreichenden Rechtsgrundlage. Die [...] Regelwerke umfassen insbesondere Definitionen von Tatbeständen wissenschaftlichen Fehlverhaltens, Verfahrensvorschriften und Maßnahmen bei Feststellung eines wissenschaftlichen Fehlverhaltens. Die Regelwerke werden ergänzend zu einschlägigen, höherrangigen Normen angewandt." Man sieht also, dass *gute wissenschaftliche Praxis* viel mehr ist als ‚nur' richtiges Zitieren.

Damit nun dem im DFG-Kodex verfolgten Ziel, also die nahezu überlebenswichtige „Kultur der wissenschaftlichen Integrität in der deutschen Wissenschaftslandschaft zu verankern", in einer jeweiligen Organisation ein ganzes Stück näher gekommen werden kann, ist der Betrieb eines CMS nahezu unumgänglich. Somit zeigt sich, dass die umrissene Vorgehensweise bzw. Struktur der Compliance-Arbeit im Bereich von Forschung und Wissenschaft einen Platz finden sollte. Es genügt nämlich nicht (mehr) aus, dass sich permanent hinter dem Argument der Wissenschaftsfreiheit versteckt wird oder dass für die jeweiligen Problemstellungen bzw. Risikoszenarien eher Insellösungen angestrebt werden. Ohne Zweifel erfordert bspw. die Komplexität der rechtlichen Bestimmungen sowie auch die verschiedenen Erwartungshaltungen der Forschenden, Studierenden oder Verwaltungsmitarbeitenden usw. in Bezug auf Fairness, Nachhaltigkeit – neben vielen weiteren relevanten Aspekten – ein entsprechendes System, damit eben sämtliche Anforderungen in einer angemessenen Weise beherzigt werden können. Die nachfolgenden Themengebiete sollen – wie eingangs schon geschrieben – unterschiedliche Einblicke gewähren sowie allgemein für die Breite von Herausforderungen in der Compliance-Welt sensibilisieren.

Bei all diesen vielfältigen sowie vielschichtigen Aufgaben bzw. Themen, welche neben Gefahren (z. B. Strafzahlungen aus Gesetzesverstößen oder Ausschluss von öffentlichen Ausschreibungen) ebenso Chancen (z. B. Abhängigkeitsreduzierung bzw. Kostenminimierung infolge tatsächlich gelebter Nachhaltigkeitsstrategien oder Attraktivitätssteigerung der Organisation durch echtes ethisches Verhalten) umfassen, sollte der Fokus darauf liegen, die Innovationsfähigkeit und das Organisationswohlbefinden im Rahmen der Vorgaben zu steigern. Das Enabling muss daher stets im Zentrum des jeweiligen Handelns stehen. Denn auch wenn die Gesetze etc. erst einmal recht starr daherkommen, gibt es, wie bisher versucht darzulegen und ebenso sehr zentral für die nachfolgenden Themengebiete, in der Regel offenkundig gewisse Ermessens- bzw. Handlungsspielräume. Diese gilt es in einer kreativen sowie fachkundigen Weise, vor allem eben mithilfe eines risikobasierten Ansatzes und der klaren Vorstellung von den zu erreichenden Zielen, aufzugreifen. Ferner sollten substanzielle Entwicklungen (z. B. aktuelle Gesetzgebungsverfahren) bzw. Trends (z. B. Veränderungen in der Arbeitsmoral) bestmöglich antizipiert sowie dann natürlich entschlossen angenommen werden, sodass sich eine Organisation jeweils vor der (regulatorischen) Welle bewegt (meint u. a. durch Zukunftsorientierung proaktiv einen rechtssicheren Arbeitsplatz zu schaffen). Im Allgemeinen ist also der Grundsatz zu verfolgen, die ethischen und gesetzlichen Bestimmungen einzuhalten sowie die dahinterstehenden Absichten/Prinzipien zu verwirklichen, ohne jedoch alles bis ins kleinste Detail regulieren zu wollen, was schlimmstenfalls zu einer Lähmung der Organisation oder Verhinderung ihres Zweckes führen könnte.

7.1 Was unterscheidet Beratung und Lobbying?

Politik und Verwaltung sind auf einen guten und vertrauensvollen Informationsaustausch zu wissenschaftlichen Themen angewiesen, um bspw. im Gesetzgebungsprozess sachgerechte Entscheidungen treffen sowie Rahmenwerke sinnvoll kodifizieren oder auch um effektive Investitionsprogramme nachhaltig aufsetzen zu können. Wissenschaftliche Beratung für die Exekutive und Legislative sind daher ein nicht unerheblicher Bestandteil der Arbeit von in der Forschung bzw. Wissenschaft tätigen Personen. Bei dieser Tätigkeit sind u. a. Ehrlichkeit sowie Unabhängigkeit sehr nahe liegende Charakteristika, damit eine solche Beratungsleistung tatsächlich zum Wohle der Bevölkerung bzw. des Staates abläuft und bspw. nicht Partikularinteressen in Form von persönlichem Erfolgs- oder Gewinnstreben dient (z. B. bei der Anwerbung von staatlichen Aufträgen für die eigene Firma). Ferner müssen sich Forschung und Wissenschaft bewusst sein, dass ihre Glaubwürdigkeit sowie damit das Vertrauen in die Wissenschaftswelt in Gänze natürlich schwindet, sobald ihre Erkenntnis nicht evidenzbasiert entstehen, sondern im Unternehmensinteresse arrangiert werden (damit z. B. deren Dienstleistungen oder Produkte beworben bzw. weiter angeboten werden können).[6] Denn Hochschulen sowie auch andere Wissenschaftseinrichtungen sind immer mehr durch Mittel aus der Wirtschaft finanziert (z. B. Stiftungsprofessuren), was deren Unabhängigkeit durchaus gefährden kann. Der Weg, die Kooperation mit der Wirtschaft deshalb aufzukündigen, wäre jedoch sicherlich falsch. Vielmehr muss hier sichergestellt sein, dass die anzuwendenden wissenschaftlichen Grundsätze und die evidenzbasierte Ableitung von Erkenntnissen ebenso im Rahmen von F&E-Tätigkeit mit und für die Wirtschaft eingehalten werden. Demgemäß sollte man sich im Klaren sein, dass die Freiheit von Wissenschaft, Forschung und Lehre, die in Artikel 5 des Grundgesetzes (GG) verankert ist, nicht nur Rechte gewährt, sondern auch Pflichten mit sich bringt. Entsprechend müssen (gemeinwohlorientierte) Entitäten gewährleisten, dass diese Freiheit bzw. Unabhängigkeit von den eigenen Angehörigen nicht missbraucht wird. Ansonsten korrumpieren sie ihre Stellung.

Die unterschiedlichen Formen des Informationsaustauschs bergen daher potenzielle Risikoszenarien, die sich aus vielfältigen Interessenkonflikten ergeben (können). Persönliche Interessen treten dabei schnell in den Vordergrund, mit dem Risiko, dass bspw. die Neutralität nicht mehr ausreichend gewahrt wird. Der Kontakt mit Politiker:innen kann also unmittelbar einen Amtsträgerbezug auslösen, was hinsichtlich der Korruptionsprävention bzw. im Sinne unerlaubter Einflussnahmen entsprechend mit Maßnahmen berücksichtigt werden muss. Bspw. könnte – in einem unmoralischen bzw. forschungsbeeinträchtigten Sinne – unausgewogenes Lobbying eigener Forschungsprojekte bzw. -vorhaben dazu führen, dass knappe Gelder nicht zielführend und damit auch nicht zum Wohle der Gesellschaft bzw. Wissenschaft ausgegeben werden. Zudem wäre ein Szenario vorstellbar, dass an einer Forschungseinrichtung angestellte Personen zum Zwecke wie der Bekanntheitssteigerung einer Ausgründung oder eines Startups, an dem sie beteiligt sind, ihre über die Forschungseinrichtung bezogenen Netzwerke in die Politik bzw. erworbene Stellung für Gespräche mit der Politik missbrauchen. Genauso könnten diese Netzwerke bzw. Kontakte dazu (aus)genutzt werden, um bestehende bzw. etablierte Technologien (z. B. Verbrennungsmotor) vor der Verdrängung durch zeitgemäßere Ansätze (z. B. Elektromotor) zu schützen. Diese spezifische Gefahr besteht besonders dann, wenn Forschende und/oder Industrieunternehmen befürchten

[6] In der Vergangenheit haben sich in diesem Kontext viele Skandale ergeben, wo die scheinbare Unabhängigkeit der Wissenschaft von Unternehmen ausgenutzt wurde, indem bspw. durch manipulierte Studien die Gesundheitsgefahren durch Tabak oder zuckerhaltigen Softgetränken heruntergestuft wurde. Für ein paar Einblicke lohnt es sich u. a. die Begriffe *Gekaufte Forschung* oder *Wissenschaftsskandal* zu googeln. Dort findet sich eine große Menge an schändlichen Verhalten bzw. gewinnorientierten Manipulationen, denen Einhalt zu gebieten ist, damit Fakten oder Forschungsgelder richtig verwendet werden.

müssen, dass ggf. eigene Vorteile bzw. Vorsprünge in einem bestimmten (Forschungs-)Gebiet sowie das Streben nach dessen Verbesserung (*inkrementelle Innovation*) durch etwaige Sprunginnovationen (*radikale Innovation*) gänzlich zunichte gemacht werden.

Die Einführung des Lobbyregistergesetzes des Bundes (LobbyRG) zu Beginn des Jahres 2022 (sowie die jeweiligen Vorgaben der Bundesländer) verlangen ein recht hohes Maß an Transparenz zur aktiven Interessenausübung durch Unternehmen und anderer Organisationen bei der politischen Willensbildung. Das bedeutet, wenn darunter fallende Entitäten proaktiv auf Politik und Verwaltung zugehen, um u. a. Erkenntnisse zu präsentieren, Forschungsförderungen bzw. Finanzierungshilfen anzuwerben oder politische Entscheidungen gemäß eigenem Interesse zu gestalten, müssen sie darüber ausreichend Klarheit verschaffen. Die transparente Veröffentlichung der Interessenvertreter:innen selbst sowie deren Tätigkeit in Bezug auf die politische Willensbildung in einem öffentlichen Register dient primär dem Zweck, die Demokratie zu schützen und korruptionsähnlichen Strukturen vorzusorgen. In diesem Sinne soll der sog. *legislative Fußabdruck*, also die Auflistung der Lobbyist:innen plus deren Positionen zum jeweiligen Gesetzesvorhaben, entsprechende Einsicht über eine mögliche Einflussnahme erzeugen. Damit soll schlichtweg einer negativen bzw. gesellschaftsschädigenden Lobbyarbeit entgegengewirkt werden, um bspw. die hohen Verbraucherschutzrechte zu schützen oder neue Umweltbelastungen abzuwehren.

Von einer klassischen Lobbytätigkeit unbedingt abzugrenzen ist die erforderliche Beratung der Politik durch die Wissenschaft bei gewissen Problemstellungen (z. B. in der Corona-Pandemie), welche im Informationsaustauschprozess mit den verschiedenen staatlichen Einrichtungen benötigt und weitestgehend auch eingefordert wird. Diese Beratung sollte im Wesentlichen darauf ausgerichtet sein, jeweils evidenzbasierte sowie gut bzw. umfassend informierte Entscheidungen zu fördern, indem politische Akteure direkten Zugang zu neutralem Fachwissen, anerkannten Forschungsergebnissen oder verschiedenen Perspektiven erhalten. Vor allem sollten diese Informationen bspw. nicht von persönlichen Interessen beeinflusst sein, sondern das gesamte Spektrum des möglichen Entscheidungsraumes offenlegen. Solche Beratungstätigkeiten bergen jedoch – wie bereits umrissen – ebenso Risiken, die berücksichtigt werden müssen. Denn Politikberatung könnte einerseits von politischen Akteuren instrumentalisiert werden, um gewisse parteipolitische Ziele bzw. Ideologien zu verfolgen, anstatt objektive und unabhängige Ratschläge einzuholen. Als auch anderseits von Organisationen benutzt werden, um ihre strategischen Interessen sowie eigennützige Absichten durchzudrücken, was die Neutralität und Unabhängigkeit von Wissenschaft konterkariert. Es ist daher sinnvoll, die Compliance-Programme zu Beratung sowie Lobbying in einem engen Zusammenhang mit dem Risiko der Interessenkonflikte zu denken, zu planen und umzusetzen. Ein solches Programm sollte neben zielgerichteten Schulungs- bzw. Sensibilisierungsmaßnahmen die Auswirkungen für die betroffenen Personen deutlich herausstellen, weil ein Fehlverhalten der Organisation und der Gesellschaft einen erheblichen Schaden zufügen und ein guter Umgang mit Lobbying und Politikberatung einen Mehrwert in Bezug auf Wohlstand für die Gesellschaft durch neue Erkenntnisse und Innovation schafft.

Letztlich sollte auch bei einem solchen Compliance-Programm wieder der risikobasierte Ansatz zur Anwendung kommen; was an dieser Stelle meint, dass durch eine Risikoanalyse erst einmal abzuklären ist, welche Personen in der jeweiligen Organisation einen (potenziellen) Kontakt zur Politik innehaben. Dies kann recht aufwandsarm mit einer Befragung aller Angehörigen der Organisation oder der dezentralen Einheiten bzw. Institute geschehen, in der mit wenigen Fragen zu risikorelevanten Szenarien festgestellt wird, ob solche Kontakte bestehen oder zukünftig auftreten könnten. Wird diese Abfrage zudem mit einer Schulungsmaßnahme verbunden, ist das ggf. als irrelevant wahrgenommene Thema realitätsnah verpackt sowie gleichzeitig eine Sensibilisierung aller Mitarbeitenden für dieses Thema ausgeführt (was u. a. relevant ist für das Hinweisgeben). Alle Angaben sind natürlich korrekt zu tätigen, da das unrichtige Abgeben von Information eine Strafe nach sich ziehen kann. Ferner trägt eine gefällige Gestaltung der Abfrage zur motivierteren Interaktion mit diesem Thema bei. Die ermittelten Mitarbeitenden sollten dann anschließend tiefer gehend geschult bzw. über die Ausübung der Interessenvertretung zur politischen Willensbildung ausführlich aufgeklärt sowie beraten werden. Konzentriert sich die Compliance auf die Einhaltung der Verhaltensvorgaben, bspw. dass private von geschäftlichen Interessen im Kontakt mit Amtsträger:innen oder Parlamentsmitgliedern getrennt werden, kann sie die Vorteile der gewünschten Lobbyarbeit betonen und so ihre Enabler-Funktion stärken. Denn für Personen, welche für den Lobbyregister-Eintrag ermittelt wurden, wird mit diesem Vorgehen eher der Fokus auf die Sinnhaftigkeit der Spielregeln zur Lobbytätigkeit von Wissenschaftsorganisationen gegenüber der Politik gelenkt, anstatt auf den einhergehenden bürokratischen Aufwand.

Begleitende Maßnahmen, wie bspw. die Herausgabe von Verhaltensregeln bzw. Leitlinien zu gewünschtem Verhalten im Kontext der Lobbyarbeit, unterstützen den Umgang bei der Ausübung von Interessenvertretung zur politischen Willensbildung. Werden diese zudem auf die Sicherstellung des im Rahmen des Lobbyregistergesetzes herausgegebenen Verhaltenskodex ausgerichtet, ist es durchaus möglich, die gebotenen demokratischen Spielregeln im Gesetzgebungsprozess mit außerparlamentarischen Akteuren der Wirtschaft und Gesellschaft abzubilden. Das bedeutet also, dass die Maßnahmen in einem solchen Compliance-Programm zum

LobbyRG neben der geforderten Datenerhebung (für den jeweiligen individuellen Lobbyregister-Eintrag) ebenso die wirksame Einhaltung des damit verbundenen Verhaltenskodex einbeziehen müssen. Wird das Programm im CMS so integriert, dass es von den etablierten Elementen in einer Entität (wie Schulungs-, Regelungsformate, Messindikatoren der Compliance-Überwachung etc.) profitieren kann, gelingt es die Wirksamkeit der Maßnahmen zum Umgang mit Lobbyarbeit anwendungsorientiert – zum Wohle aller – voll zu entfalten. Sind darüber hinaus noch weitere Aspekte der Organisations- bzw. Unternehmensführung zu berücksichtigen, dann ist ein Compliance-Programm in der Lage, die Veränderungen aus Strategie, selbstgesetzten Normen sowie gesetzlichen Anforderungen aufzunehmen und in eine adäquate Steuerung zu bringen.

Da Lobbyarbeit als solches ein strategisches Unterfangen der (Forschungs-)Organisation darstellt, kann die Umsetzung mittels eines Compliance-Programms also höchst sinnvoll nach innen hinein ausgestaltet werden. Grundsätzlich lässt sich nun festhalten, dass Lobbyismus für die politische Arbeit förderlich ist, da diverse Interessengruppen ihre jeweiligen Fachkenntnisse in staatliche/politische Entscheidungsprozesse einbringen sowie an die Personen in Politik und Verwaltung weitergeben können. Durch diesen Austausch von Informationen werden möglichst viele Interessenlagen sowie Perspektiven bei politischen Debatten horizonterweiternd bereitgestellt, falls dieses Geschehen nicht mit unfairen Mitteln (z. B. durch Korruptionstatbestände oder der schieren Anzahl der Lobbyist:innen einer einzelnen Organisation) zum Zwecke rein egoistischer Beweggründe ausgetragen wird. Man sieht also, dass Beratung und Lobbying – ausgeführt von Wissenschaftsorganisationen – auf den ersten Blick nicht sonderlich unterschiedlich sind, wenn diese Verrichtungen tatsächlich im Sinne eines gemeinwohlorientierten Fortschrittes und bspw. eben nicht (über-/vorwiegend) wegen persönlicher oder finanzieller Motive ausgeübt werden.

7.2 Wie ist datengetriebene Forschung möglich?

Dieses Unterkapitel zum Thema Datenrecht und Datensicherheit wurde durch Dr. Anne Funck Hansen unter Zuarbeit von Maria Koziakova erstellt.

Gegenwärtig zeichnen sich innovative und wissenschaftliche Potenziale datengetriebener Forschung ab, welche die rechtlich abbildbaren Möglichkeiten (in Deutschland bzw. der Europäischen Union) allerdings klar übersteigen. Selbst wenn Bestandsdaten von bspw. Arzneimittelbehörden, Kliniken, Statistikbehörden (sogenannte *Real World Data*) rein technisch ins Spiel gebracht werden können, stellt die rechtlich zulässige Auswertung solcher Daten (z. B. im Kontext einer sektorübergreifenden Ursachenforschung von bspw. Lungenkrebs) eine besondere Herausforderung dar. Gleichermaßen ist bei klinischen Studien die rechtskonforme, langfristige Nutzbarkeit prospektiv generierter Forschungsdaten eine außerordentliche Herausforderung.

Um konsolidiert sowie unbürokratisch die Potenziale der datengetriebenen Forschung realisieren zu können, bräuchte es idealerweise einen klaren Rechtsrahmen mit verständlichen und kohärenten Vorgaben. Der EU-Gesetzgeber hat sich dabei die Schaffung eines umfangreichen Rechtsrahmens für einen europäischen Binnenmarkt für Daten in Zeiten der Digitalisierung zum Ziel gesetzt.[7] Im Zuge dessen entsteht sukzessive ein umfangreiches *Datenrecht*, das längst nicht nur die Verarbeitung personenbezogener Daten, sondern diese Themen überhaupt normiert, wie die Zugänglichkeit, Mobilität, Vermarktbarkeit und Nutzbarkeit (z. B. durch künstliche Intelligenz, KI[8]) von Daten jeglicher Art.[9] Dieses – sehr ehrgeizige – politische Unterfangen verläuft in der Praxis sprunghaft und unterliegt einer hohen Dynamik, welche eben durch die rasante technologische Entwicklung bedingt wird. Das Ergebnis ist Rechtsunsicherheit hinsichtlich Auslegung der einzelnen Regelwerke sowie deren Zusammenwirken untereinander.

Der weithin explosionsartige Zuwachs an rechtlicher Komplexität – nicht nur im Datenbereich – erschwert die Unterscheidung zwischen rechtlichen Risiken im engeren Sinne und anderen Risiken, welchen im Kontext der Compliance-Arbeit entgegenzuwirken ist. Die extreme Verrechtlichung dieses Themengebietes legt beim ersten Blick darum vermutlich eher nahe, dass das Risikomanagement de facto dem/der Rechtsanwalt/-anwältin oder der Rechtsabteilung obliegt.

---

[7] COM (2020) 67 final v. 19.2.2020.

[8] COM(2021) 206 final, 2021/0106(COD); Am 2. Februar 2024 ist der AI Act – in Deutsch: Gesetz über Künstliche Intelligenz (KI) – beschlossen worden. Die Verordnung klassifiziert KI in Risikoklassen.

[9] VO (EU) 2022/1925 (*Digital Markets Act*) des Europäischen Parlaments und des Rates vom 14.9.2022 über bestreitbare und faire Märkte im digitalen Sektor und zur Änderung der RL (EU) 2019/1937 und (EU) 2020/1828 (Gesetz über digitale Märkte), ABl. 2022 L 265.

VO (EU) 2022/2065 (*Digital Services Act*) des Europäischen Parlaments und des Rates vom 19.10.2022 über einen Binnenmarkt für digitale Dienste und zur Änderung der RL 2000/31/EG.

VO (EU) 2022/868 (*Data Governance Act*) des Europäischen Parlaments und des Rates vom 30. Mai 2022 über europäische Daten-Governance und zur Änderung der VO (EU) 2018/1724, ABl. L 152, 3. Juni 2022, S. 1–44.

VO (EU) 2023/2854 (*Data Act*) des Europäischen Parlaments und des Rates vom 13.12.2023 über harmonisierte Vorschriften für einen fairen Datenzugang und eine faire Datennutzung sowie zur Änderung der Verordnung (EU) 2017/2394 und der Richtlinie (EU) 2020/1828.

Diesem Gedanken kann hingegen nicht unbedingt gefolgt werden. Vielmehr ist das erfolgreiche Risikomanagement nach wie vor eine inhärent interdisziplinäre Herausforderung mit nunmehr gesteigerten Anforderungen an alle beteiligten Personen. Von den rechtsberatenden Akteuren ist ein stets stärkeres Verständnis der (betriebs-)wirtschaftlichen Belange gefragt sowie die Bereitschaft als Teil der *2nd Line of Defence* als Sparringspartner:in und Manager:in aufzutreten. Von den entscheidungstragenden Akteuren wird wiederum ein Grundverständnis von rechtlichen Belangen bis hin zu einem Grundwissen in besonders relevanten Rechtsthemen gefordert. Die Unterscheidung der Risiken nach rechtlicher Bedeutsamkeit sowie deren Zuordnung zur einen oder anderen Berufsgruppe scheint sich somit nachhaltig geändert zu haben. Meint, dass bei der Entscheidung über die Allokation der Risikoverantwortung zu einer jeweiligen Fachkategorie dadurch eben auch keine allgemeingültige Lösung gegeben werden kann.

Die schnelle sowie flexible Ausschöpfung von Chancen und Möglichkeiten gelingt dann, wenn die Beteiligten ihre interdisziplinäre Zusammenarbeit im Rahmen eines abgestimmten Prozesses optimieren. Ein solches Vorgehen könnte dabei die folgende detaillierte Form annehmen:

Schritt 1 – Inhaltliche Relevanzanalyse Nur Datenverarbeitungen, welche geschäftspolitisch gewollt sowie sachlich entsprechend sinnvoll sind, bedürfen einer weiteren Prüfung. Bei der inhaltlichen Relevanzanalyse sollten die verfolgten Zwecke und in deren Lichte die Nützlichkeit der beabsichtigen Datenverarbeitung eingehend betrachtet werden. Unter diesem Punkt wären nicht nur die Kompatibilität zur Strategie, sondern auch die rein praktische Realisierbarkeit (z. B. Verfügbarkeit der benötigten Daten, zur Verarbeitung notwendige Algorithmen oder ggf. zu lizenzierende Software sowie erforderliche technische Umgebung) jedes Mal kritisch zu prüfen. Federführend würde dieser Schritt regelmäßig von einer von dem Management bzw. der Organisationsleitung beauftragten Fachabteilung vollzogen werden. Ziel der Analyse ist eine Konkretisierung des angestrebten Vorhabens, damit alle nachstehenden Prüfschritte anhand eines konkreten Sachverhalts durchgeführt werden können und im folgenden Ergebnis möglichst aussagekräftig sind.

Schritt 2a – Prüfung auf rechtliche Zulässigkeit Erweist sich eine Datenverarbeitung als geschäftspolitisch gewollt und eben auch sinnvoll, erfolgt als Nächstes eine Prüfung auf rechtliche Zulässigkeit durch die Rechtsabteilung oder (bei einer fehlenden Expertise in der eigenen Organisation) durch externe Fachanwält:innen. Forschungsvorhaben sind definitorisch *neu* und bedürfen regelmäßig einer intensiven und maßgeschneiderten rechtlichen Überprüfung, damit der Bereich des Zulässigen ausgeschöpft werden kann. Ziel dieser Überprüfung ist eine Abklärung der rechtlichen Darstellbarkeit sowie eine Benennung etwaiger Rechtsrisiken für die Betroffene(n), die gleichzeitig für die Organisation eine Haftung oder ein Bußgeld auslösen können.[10] Regelmäßig wird die Prüfung kein vorbehaltloses Ergebnis aufweisen. Eine optimierte rechtliche Betreuung orientiert sich dabei kritisch an fallübergreifenden rechtlichen Schlüsselpositionen, die sich in einer Gesamtbetrachtung aus rechtsdogmatischer sowie praktischer Sicht als resilient erwiesen haben und die erfahrungsbasiert als entsprechend forschungsfreundlich angesehen werden (können).

Ein Beispiel für eine solche Schlüsselposition stellt bspw. die sogenannte *faktische oder relative Anonymisierung* dar, die eben im Sinne der Europäischen Datenschutz-Grundverordnung (DS-GVO) bereits dann gegeben sein soll, wenn – ehemals – personenbeziehbare[11] Daten *aus der Sicht des Empfängers* in Anbetracht aller objektiven Faktoren (nach allgemeinem Ermessen) unwahrscheinlich re-identifiziert werden können.[12] Trotz ihrer Basis im Erwägungsgrund 26 der EU-Datenschutz-Grundverordnung und dem aus der Zeit vor der DSGVO stammenden Urteil *Breyer*[13] des Europäischen Gerichtshof (EuGH)

[10] Nach Art. 82 Abs. 1 DSGVO kann im Prinzip jeder Verstoß gegen die Verordnung die entsprechende Grundlage für einen Haftungsanspruch bilden, sofern ein kausaler materieller oder immaterieller Schaden entstanden ist. In Deutschland haben betroffene Personen bisher u. a. Schadensersatzansprüche bei unbefugten Offenlegungen von Daten, unbefugten Datenverarbeitungen und Scraping (= umfasst generell alle Verfahren, bei denen eine Anwendung oder ein Script Informationen von einer Website oder einem Online-Dienst automatisch ausliest sowie speichert bzw. weiterverwendet) aufgrund von Datenlecks auf einer Social Media Plattform erfolgreich gerichtlich durchgesetzt. Siehe zur Übersicht der aktuellen Entwicklungen sowie entsprechenden Urteile die laufende Erfassung der Kanzlei CMS Hasche Sigle (Matthiesen et al. 2024). Bspw. wurden bisher in Deutschland Bußgelder in Millionenhöhe für Verstöße gegen Informationspflichten (durch die niedersächsische Datenschutzaufsichtsbehörden gegenüber Volkswagen) oder unzulässige Speicherung von personenbezogenen Daten (durch die Berliner Datenschutzaufsichtsbehörden gegenüber Deutsche Wohnen) verhängt.

[11] Hier mag sich die Frage stellen, was der Unterschied zwischen *personenbezogenen Daten* und *personenbeziehbaren Daten* ist. Nun, erstere sind solche Daten, welche sich recht eindeutig mit einer Person assoziieren lassen. Mit den letzteren hingegen, also den *personenbeziehbaren Daten*, ist eine bestimmte Person nur mit weiteren Informationen sowie vertretbarem Mehraufwand entsprechend zuzuordnen.

[12] Vgl. Erwägungsgrund 26 S. 5 u. 6 der EU Datenschutz-Grundverordnung.

[13] EuGH, Urteil v. 19.10.2016 – C-582/14, Rn. 8.

stieß die *faktische/relative Anonymisierung* lange auf Widerstand im deutschen Rechtsraum, wo die wohl herrschende dogmatische Rechtsmeinung sowie beachtliche Teile der datenverarbeitenden Organisationen von einer absoluten Anonymisierung ausgingen. Mit der Entscheidung *FIN*[14] hat der EuGH 2023 die grundlegende theoretische Frage zugunsten der *faktischen/relativen Anonymisierung* entschieden (wenn auch die maßgeblichen Kriterien im Urteil wage blieben).[15] Bei sorgfältiger Prüfung des Sachverhalts, ob die Unwahrscheinlichkeit einer Re-Identifikation wirklich anzunehmen ist, konnte die *faktische/relative Anonymisierung* jedoch auch bereits zeitgleich mit dem Wirksamwerden der DS-GVO vertretbar als rechtliches Modell für Datenüberlassungen herangezogen werden, mit der Folge, dass ehemals personenbeziehbare, pseudonymisierte Daten aus Empfängersicht als nicht-personenbeziehbare Daten anzusehen waren. Im Forschungskontext ist dies unter Umständen von beachtlicher Bedeutung, da für nicht-personenbeziehbare Daten die ganzen Pflichten nach der DS-GVO nicht greifen (für solche Daten besteht demnach z. B. keine gesetzliche Löschpflicht, Verarbeitung bedarf keinem Erlaubnistatbestand, Betroffenenrechte greifen nicht). Diese Schüsselposition wäre somit erkennbar als forschungsfreundliche Enabler-Position einzustufen; die kritische sowie umfangreiche analytische Auseinandersetzung mit den unklaren Anwendungskriterien kommt direkt der Projektrealisierung zugute – sei es, weil ein sonst schwer abbildbares Vorhaben über diesen Weg rechtlich realisiert werden kann oder weil ein nicht abbildbares Vorhaben konsolidiert abgelehnt wird. Insofern wird das rechtliche Restrisiko durch umfangreiche rechtliche Vorarbeiten plus stetige Korrektur zur Entwicklung der Rechtsprechung aktiv gesteuert und entsprechend auf ein vertretbares Niveau gehoben.

Ein rechtsunsicherer Kontext, wie er derzeit bei vielen weiteren Spezialthemen im europäischen Datenrecht vorhanden ist, macht eine enge Rückkoppelung zur Relevanzanalyse (Schritt 1) durchaus sinnvoll. Eventuell kann das Vorhaben in der ursprünglich angedachten Form nicht oder nur mit sehr großer Rechtsunsicherheit abgebildet werden. Oft können bestehende Rechtsunsicher-

---

[14] EuGH, Urteil v. 9.11.2023 – C-319/22, Rn: 46 ff.

[15] Die Frage dürfte allerdings in absehbarer Zeit ausdrücklich vom EuGH entschieden werden. Denn in der ersten Jahreshälfte 2023 war in diesem Zusammenhang in der viel diskutierten Rechtssache SRB vs. EDSB (T 557/20) eine Entscheidung des Europäischen Datenschutzbeauftragten (EDSB) durch das EuG für nichtig erklärt worden, in der dieser von einem absoluten Personenbezug ausgegangen war.

heiten, welche sich als spezifische Rechtsrisiken konkretisieren lassen, mit kleineren operativen Anpassungen des Vorhabens beachtlich reduziert werden – sei es, dass eine Kamera derartig eingestellt wird, dass beim Filmen von Menschenmengen erst gar keine personenbezogenen Daten erhoben werden, oder dass ein Algorithmus vor Ort beim Datenhalter trainiert wird, sodass die maßgeblichen Daten bspw. nicht in ein Drittland transferiert werden müssen. Generell gilt hierbei: Je größer die Rechtsunsicherheit des maßgeblichen Rechtskontextes ist, je erfolgsentscheidender wäre das gelungene Zusammenspiel der Schritte 1 und 2a sowie der involvierten Akteure.

Schritt 2b – Ethische Prüfung[16] Abhängig vom Sachverhalt aktualisiert sich im Forschungskontext ggf. zusätzlich ein Prüfbedarf zur Wahrung der Interessen sowie Rechte von Patienten und Probanden.[17] Die Ethikprüfung weist – nicht zuletzt in datenrechtlicher Hinsicht – Gemeinsamkeiten mit der rechtlichen Prüfung auf, geht aber im Untersuchungsgegenstand wiederum über den rechtlich normierten Bereich hinaus. Somit betrifft sie im Kern die Frage, inwiefern die Risiken für den Menschen im angemessenen Verhältnis zum Nutzen stehen. Die Zuständigkeit ergibt sich regelmäßig aus den einschlägigen Bestimmungen und erfolgt ggf. durch eine interne Prüfstelle. Als klare – aber widerlegbare – Vermutung gilt, dass das rechtlich Zulässige ebenfalls ethisch vertretbar sein wird – jedenfalls im Kontext moderner Gesetzgebung, welche menschenrechtliche Vorgaben immanent mit abbildet (wie die DS-GVO). Unabhängig davon, ob eine Ethikprüfung gesetzlich vorgeschrieben ist (z. B. nach § 40 Arzneimittelgesetz bei klinischer Prüfung) oder bspw. auf Bestehen vom jeweiligen Fördergeldgeber, auf freiwilliger Basis oder getriggert durch die rechtliche Prüfung erfolgen soll, ist diese also frühzeitig zu initiieren. Inhaltlich wird die Ethikprüfung öfters Elemente der rechtlichen Zulässigkeitsprüfung abbilden. Umgekehrt wird die rechtliche Zulässigkeit öfters von Grundlagen abhängen, die im Rahmen der Ethikprüfung eingereicht und begutachtet werden, wie bspw. eine Patienteneinwilligung, die datenschutzrechtlich die Basis für eine forschungsbedingte Weiterverwertung von Gesundheitsdaten mittels KI bilden soll. Da die Prüfung eines Vorhabens in ethischer bzw. rechtlicher Hinsicht also nicht trennscharf ist, ist eine gewisse Parallelität unvermeidbar und wahrscheinlich eben auch sinnvoll.

---

[16] Schliesky: Digitale Ethik und Recht (NJW 2019, 3692), Nemat/Panzer-Heemeier/Meckenstock: ESG 2.0 – Digitale Ethik als neue Dimension der Nachhaltigkeit (ESG 2022, 104) (Punkt: III, 3).

[17] Mira Chang: Ethik und Rechtsrahmen globaler Arzneimittelversuche (APuZ 24–25/2021).

Schritt 3 – Prüfung weiterer Risikoaspekte In der Prüfabfolge wäre an dieser Stelle an die Abklärung weiterer Risiken zu denken, die für das angedachte Vorhaben relevant sein könnten. In der datengetriebenen Forschung ist regelmäßig an Informationssicherheit zu denken. Auch diesbezüglich greifen zwar teilweise rechtliche Vorgaben, die somit unter Schritt 2a abzubilden wären. Das organisationsspezifische Schutzbedürfnis geht aus Organisationssicht jedoch oftmals über die gesetzlichen Anforderungen hinaus und betrifft mitunter den Schutz von IP sowie eben (anderen) Geschäftsgeheimnissen.

Querverlagert über die rechtliche und ethische Prüfung, aber mit Schwerpunkt im Informationssicherheitsbereich, erfordert die DS-GVO in bestimmten Fällen die Durchführung einer Datenschutz-Folgenabschätzung (DSFA) vor einer Verarbeitung personenbezogener Daten – etwa dann, wenn eine „Verarbeitung, insbesondere bei Verwendung neuer Technologien, aufgrund der Art, des Umfangs, der Umstände und der Zwecke der Verarbeitung voraussichtlich ein hohes Risiko für die Rechte und Freiheiten natürlicher Personen zur Folge" hat.[18] In der KI-Verordnung der Europäischen Union findet sich eine ähnliche Regelung für die dort erfassten Sachverhalte.[19] Im Rahmen der DSFA werden die Datenschutzrisiken aus Sicht der betroffenen Person zunächst umfangreich erfasst und quantifiziert. Anschließend werden sogenannte technische sowie organisatorische Maßnahmen identifiziert, welche die ermittelten Risiken auf ein angemessenes Niveau reduzieren. Misslingt die Reduktion der Risiken, besteht eine Pflicht zur Konsultation der zuständigen Datenschutz-Aufsichtsbehörde. Eine DSFA stellt nicht nur einen ggf. rechtlich vorgeschriebenen Bestandteil dar, sie bietet zugleich die Chance, die vorhandenen technischen und organisatorischen Maßnahmen umfangreich im Lichte des konkreten Vorhabens zu überprüfen. Ihre Durchführung empfiehlt sich daher in manchen Vorhaben auf freiwilliger Basis – insbesondere dann, wenn ein effizienter Nachweis der Datenschutzkonformität gegenüber Fördergebern, Vertragspartner:innen oder der Öffentlichkeit benötigt wird.

Schritt 4 – Risikobasierte Managemententscheidung Vor dem Hintergrund des im Rahmen von Schritt 2–3 bisher beschriebenen iterativen Prozesses werden die vorhabenspezifischen Risiken nun mit dem organisationsweiten Risikomanagement verknüpft bzw. zusammengeführt. Damit ist also nichts anderes gemeint, als dass die so festgestellten Risiken in den Regelprozess des Risikomanagements der Or-

[18] Vgl. Art. 35 der EU Datenschutz-Grundverordnung.

[19] COM(2021) 206 final, Ziffer 3, 2021/0106(COD).

ganisation aufzunehmen sind. Die Datenschutzrisiken, wie auch alle weiteren Risiken in dem jeweiligen Projekt, werden folglich von den Risikoverantwortlichen in das regelmäßige Monitoring übernommen, um potenzielle Risikoveränderungen frühzeitig erkennen und entsprechende risikomitigierende Maßnahmen rechtzeitig implementieren zu können. Letztendlich fließt diese Gesamtbetrachtung der Risiken in die Entscheidungen des Projektmanagements bzw. der Organisationsleitung usw. ein, inwiefern die angestrebten Forschungsvorhaben in der angedachten Form verfolgt werden können. Es geht an dieser Stelle allerdings nicht um das plumpe Verhindern, sondern es sollen auf dieser Grundlage aufgeklärte Entscheidungen zum Wohle des Fortschritts bzw. von Innovationen in Einklang mit dem bestehenden Datenrecht (und damit zwangsläufig natürlich zum Schutz unserer aller Daten) möglich gemacht werden.

Das EU-Datenrecht basiert durchgehend auf der Prämisse des *thinking from the end*, wonach der verantwortlichen Organisation umfangreiche Prüf- und Rechenschaftspflichten vorab einer Verarbeitung von Daten obliegen. Ebenso bei den bspw. von der europäischen KI-Verordnung jenseits des traditionellen Datenschutzes erfassten Sachverhalte ist die Einführung eines adäquat aufgestellten Managementsystems eine grundlegende Bedingung. Viele Regelungen der DS-GVO – wie bspw. der Art. 25 über *Privacy by Design* bzw. *by Default* – sind von vornherein prozessual gedacht und können ab einer gewissen Organisationsgröße an sich nur im Rahmen einer gut ausgebauten Datenschutzorganisation umgesetzt werden. Auch die effiziente Umsetzung von Betroffenenrechten gelingt nur mit entsprechenden Prozessen und orientiert sich hierbei an dem Verzeichnis der Verarbeitungstätigkeiten nach Art. 30 der DS-GVO. Ein mit dem CMS verknüpftes Datenschutz-Management-System bildet dementsprechend die unabdingbare Voraussetzung für eine erfolgreiche Realisierung von Forschungsvorhaben, welche eben im Kern angetrieben sind von der Verarbeitung personenbeziehbarer Daten.[20] Dies wird man zukünftig vermutlich auf alle vom EU-Datenrecht erfassten Sachverhalte erweitern (müssen).

[20] Siehe für Informationen hierzu bspw. Thomas Glaser: *EU-Datenschutz-Grundverordnung: Praxishinweise zur Implementierung von Datenschutz-Management-Systemen in Unternehmen* (GmbHR 2018, 993) oder Marco Wichtermann: *Einführung eines Datenschutz-Management-Systems im Unternehmen – Pflicht oder Kür? – Kurzüberblick über die Erweiterungen durch die DS-GVO* (ZD 2016, 421).

7.3 Warum sind Interessenkonflikte anzugehen?

Es ist allgegenwärtig, dass im beruflichen oder im privaten Bereich diverse Interessen zusammenkommen und bspw. durch einen Kompromiss oder eine Verständigung entschärft werden. Wirklich kritisch – im Sinne der Compliance – wird es jedoch, wenn sich diese Sphären – also die beruflichen bzw. organisationsförderlichen sowie privaten bzw. organisationsschädigenden Interessen – vermischen und die objektive Ausübung der jeweiligen Pflichten sowie Verantwortungen in einer dienstlichen bzw. geschäftlichen Tätigkeit potenziell, tatsächlich oder vermeintlich beeinflusst wird. Denn ein Interessenkonflikt (IK) entsteht, wenn ein (in) direktes finanzielles (z. B. infolge privater Rabattgewährung bei Lieferanten), wirtschaftliches (z. B. durch Beratungsleistung als Nebenbeschäftigung) oder persönliches (z. B. aufgrund einer Liebesbeziehung) Interesse die eigene Unparteilichkeit und/oder Unabhängigkeit bei beruflichen Entscheidungen bzw. Handlungen beeinträchtigt. Ein solcher kritischer IK liegt bereits vor, wenn das Risiko der Beeinflussung bzw. Beeinträchtigung des beruflichen Handelns aus einem Eigeninteresse besteht. Daraus folgt meist, dass die getroffenen Entscheidungen nämlich nicht zur Erreichung der Organisationsziele, sondern häufig zu deren Beschädigung beitragen. Aus diesem Grund heraus sollte, um ein gerechtes sowie leistungsfähiges Miteinander zu ermöglichen und Reputationsschäden oder bspw. finanzielle Schäden (präventiv) entgegnen zu können, ein jeglicher Interessenkonflikt in einer kooperativen Weise aktiv sowie vor allem zeitnah aufgelöst werden.

Die Vielfalt möglicher IK ist enorm und kann nicht abschließend dargestellt werden. Allerdings sollen die folgenden Beispiele einen Eindruck vermitteln. So können im Falle arbeitsrechtlicher Befugnisse gegenüber nahestehenden Personen, wie Freunden oder Verwandten, etwaige Bevorteilungen, um der privaten Beziehung nicht zu schaden, kaum ausgeschlossen werden. Entsprechend verhält es sich bei amourösen Beziehungen zu disziplinarischen Vorgesetzten, welche mit gewisser Wahrscheinlichkeit eine negative Ausstrahlungswirkung auf andere Mitarbeitende sowie das Teamklima entfalten und die Arbeit stark belasten könnten. Neben solchen die Leistung schädigenden IK gibt es auch die, welche von hoher rechtlicher Relevanz sind. Sollte sich ein Vergaberechtsverstoß ereignen, also u. a. die Bevorzugung einer nahestehenden Person gegenüber Mitbietenden in einer Ausschreibung, ist mit empfindlichen Strafen zu rechnen. Kaum harmloser wäre ein Missbrauch von Forschungsressourcen, worunter die Anordnung eines zweckentfremdeten Personaleinsatzes zum Wohle einer nahestehenden Person (und zum Schaden der Organisation) fallen könnte, sodass diese ihre persönliche Karriere, wie die Fertigstellung der Dissertation, durch angeordnete Unterstützung voranbringen zu vermag. Ebenso kann ein IK passieren, wenn Personen aus der Wissenschaft in die Wirtschaft wechseln und ihr zuvor erworbenes Wissen vergolden (siehe *Drehtüreffekt*).[21] Oder wenn eine Person das im aktuellen Job gesammelte Knowhow durch eine freiberufliche Beratungstätigkeit verkauft. Vergleichbares könnte bei Ausgründungen bzw. Startups passieren, wenn Forschende an diesen beteiligt sind und Ressourcen aus der einen Organisation für das Vorankommen der anderen zweckentfremden. So oder so ähnlich schaden private Interessen tagtäglich dem Erfolg einer Organisation. Man sieht also bereits an diesen wenigen Fällen, dass unter dem Problem der Interessenkonflikte viele unterschiedliche Gesetze bzw. Rechtsgebiete – wie Insiderhandel, Korruptionstatbestände, Urheberrecht oder Vergabeverordnung – angetastet werden. Allgemein könnten IK mithilfe der folgenden Einteilung (beispielhaft) grob geclustert werden: Interessenkonflikte durch Anschlussbeschäftigungen, infolge persönlicher Beziehungen, wegen wirtschaftlicher Kooperationen, aufgrund von Nebenbeschäftigungen oder anlässlich materieller bzw. immaterieller Vorteile.

Hingegen kann gerade im Hochschulbereich und in außeruniversitären Forschungseinrichtungen das bewusste sowie sichtbare Besetzen verschiedener Positionen durch die gleiche Person mit den (potenziell) damit einhergehenden Interessenkonflikten eine gewollte Zielsetzung sein, um einen wertvollen Transfer von Ideen, Erfindungen oder Knowhow zu fördern. Bspw. können Professor:innen an einer Universität gleichzeitig in die Institutsleitung einer außeruniversitären Forschungseinrichtung einziehen, wodurch die Trennung zwischen eher theoretischen und anwendungsorientierten Wissenschaftsbereichen aufgebrochen wird. Die kontrollierte Vervielfältigung von Wissen oder das effiziente Nutzen vorhandener Infrastruktur ist strategisch gewollt sowie überaus sinnvoll, um Synergien für den Forschungserfolg usw. zu heben.[22] Auch Nebentätigkeiten oder Beteiligungen von Mitarbeitenden an sog. nahestehenden Unternehmen oder Ausgründungen können durchaus erwünscht sein, da sich hierdurch u. a. Anreize für eine starke individuelle Leistungsbereitschaft setzen lassen. Ebenfalls können

[21] Wobei rein rechtlich gesehen die Arbeitnehmer:innen in der sog. Verwertung ihrer beruflichen Kenntnisse sowie ihres redlich erworbenen Erfahrungswissens grundsätzlich frei sind (vgl. Art. 12 Absatz 2 GG). Aber wenn u. a. Politiker:innen (zur Lobbyarbeit) in die Wirtschaft wechseln, tun sie das oft eher hin zu finanzstarken Konzernen oder Verbänden, während bspw. Umweltschutzverbände nicht gerade die bevorzugte Anlaufstelle sind, wodurch die Machtverhältnisse hier durch das Kapital gesetzt werden.

[22] An dieser Stelle sei schon mal angemerkt, dass diese Doppelposition auch mit einer Übertragung von Problemen (z. B. fehlende Qualifizierung bzw. Vorbereitung auf Führungsaufgaben im Management einer Organisation) aus dem Hochschulkontext in solche außeruniversitären Einrichtungen führen kann.

regelmäßige sowie eventuell sogar persönliche Beziehungen zu Amtsträger:innen strategisch notwendige Aufgaben bzw. Tätigkeiten der Organisation umfassen, falls die (legitimen) Organisationsziele diese erfordern.

In Anbetracht der zuvor genannten kritischen IK offenbart sich jedoch ein Dilemma, denn allzu viele Freiheiten im eigenen Handeln (bzw. die sich dadurch auftuenden Möglichkeitsräume und Gelegenheitsstrukturen für den Missbrauch von Macht) können u. a. die oben bereits angerissenen (gewichtigen) Hemmnisse für den Fortschritt hervorrufen,[23] weshalb dieser Sachverhalt in seiner Gesamtheit eines besonderen Augenmerks im Rahmen der Compliance bedarf. Ferner zeigt sich hier überhaupt die Erfordernis eines CMS in der Wissenschaft. Pauschal kann es also nicht darum gehen, einen IK gänzlich zu verbieten, sondern in einigen Fällen gilt es, problematische, aber gewinnbringende Konstellationen so zu gestalten, dass sich diese nicht nachteilig auswirken. Erfahrungsgemäß wäre es im Sinne der Forschung natürlich töricht, ein erfolgreiches Wissenschafts-Duo, das gleichzeitig privat liiert ist, beruflich trennen zu wollen. Mit einem solch strikten Kurs würden sich die jeweilige Organisation und das Fortschrittsverlangen einer Gesellschaft nur selbst schaden, weshalb klügere Optionen ratsam sind.

Diese komplexen Zielstellungen machen das Management von bzw. den Umgang mit Interessenkonflikten erforderlich sowie interessant für Wissenschaftsorganisationen, denn es kommt auf die genaue Identifizierung und Bewertung der vermeintlichen Schädlichkeit sowie der zu nutzenden Chancen an. Gerade für diese Einschätzung müssen Kriterien der Risikobehaftung gut durchdacht, objektiv und plausibel nachvollziehbar sein, damit Fairness sowie das Einbeziehen der Interessenlage aller beteiligten Akteure sichergestellt werden können. Der Gradmesser für die Konfiguration der jeweiligen Kriterien (Grenzen) sollte sich stets an den möglichen negativen Auswirkungen orientieren und an einer Prozessstruktur, in der (potenzielle) IK sinnvoll neutralisiert sowie aufgelöst werden können (z. B. durch standardisierte Entscheidungsprozesse bei potenziellen IK über ein Compliance-Komitee). Es ist darum bei der Formulierung der Risikoszenarien sicherzustellen, dass ein potenzieller IK objektiv beleuchtet und mit den Compliance-Maßnahmen im besten Fall entkräftet bzw. eingedämmt werden kann (Reputationssicherung). Zunächst ist dabei abzuklären, ob das potenzielle Handeln der Personen rechtlich verboten ist (z. B. Compliance-Verstoß) oder zu welchem konkreten Schaden es führen könnte (z. B. Reputationsschaden, Schadensersatz, Ertragsausfall). Ist Strafbarkeit usw. nicht gegeben, so müssten im Sinne einer

[23] Denn auch in einer solchen Umgebung gilt bzw. hilft sicherlich die Aussage des Philosophen Immanuel Kant, der einmal Folgendes sagte: „Die Freiheit des Einzelnen endet dort, wo die Freiheit des Anderen beginnt."

SWOT-Analyse[24] die Stärken, Schwächen, Chancen sowie Risiken gegeneinander abgewogen und daraus nötige Präventivmaßnahmen (um die positiven Aspekte zu stärken) abgeleitet werden (Abb. 7.2).

Konstellationen, bei welchen ein Interessenkonflikt nicht ohne Einschränkung der Innovationsfähigkeit bzw. den Verlust herausragenden Arbeitnehmer:innen aufgelöst werden kann, sind daher im Wissenschaftskontext vor allem aus Sicht der gewünschten Wertschöpfung sowie den daraus resultierenden Chancen zu steuern. Beim Umgang mit einem spezifischen IK kommt es vor allem darauf an, die betroffenen Personen mit bedeutendem Überschneidungsbereich von Aufgabengebiet und/oder Verantwortungsbereich bei allen Entscheidungen, welche vom IK berührt sind, herauszuhalten (z. B. Austausch der disziplinarischen Vorgesetzten) bzw. durch unabhängige Personen zu begleiten (z. B. Mehr-Augen-Prinzip), damit diese neutral getroffen werden können. Um das jeweilige Szenario also zulassen zu können, muss das Einbringen eines persönlichen Interesses in Prozesse bzw. bei Beschlüssen usw. unmöglich gemacht bzw. so weit wie möglich reduziert werden und es sind die Kompetenzen im Entscheidungsprozess gut abzugrenzen. Dies dient dann der Absicherung von Entscheidungen und Personen, sodass innovative Entwicklungen (weiterhin) unbehindert erreicht werden können sowie der Wissenschaftsfreiheit der Forschenden entsprechend Rechnung getragen wird.

Ein spezieller IK liegt in der Abhängigkeit zwischen vorgesetzten Personen und deren hierarchisch untergeordneten Mitarbeitenden. Eine Besonderheit in der Wissenschaftswelt sind u. a. die doppelten Abhängigkeiten, da die Professor:innen bzw. Lehrstuhlinhaber:innen nicht nur die Rolle der disziplinarischen Vorgesetzen innehaben, sondern auch das akademische Schicksal der Mitarbeitenden in ihren Händen liegt. Diese Abhängigkeitsstruktur ist im Vergleich zu anderen Organisationen, wie bei DAX-Unternehmen (bei denen oftmals eine Matrixstruktur dazu führt, dass Verantwortungen geteilt sind), weithin singulär. Für den erfolgreichen Abschluss bspw. der Promotion ist die Anleitung sowie Unterstützung der Betreuungsperson gegenüber der/dem Promovierenden relevant, was infolge der unausgewogenen Machtbalance mit einem Risiko behaftet ist. Aber nicht nur die einseitigen Abhängigkeiten tragen dazu bei, dass der Hochschulkontext einen geeigneten Nährboden für Machtmissbrauch darstellt. Auch die große Freiheit der Professor:innen und die fehlenden Sanktions- sowie Kontrollmechanismen machen es recht leicht, eine Machtposition zum eigenen Vorteil auszunutzen, und es gleichzeitig schwer, gegen solche Vorkommnisse vorzugehen. Die gegenwärtigen

[24] Hierbei handelt es sich um ein Instrument, das u. a. in der Strategieentwicklung eingesetzt wird, für die verständliche Auflistung der jeweiligen Strengths, Weaknesses, Opportunities sowie Threats (SWOT) eines Problems.

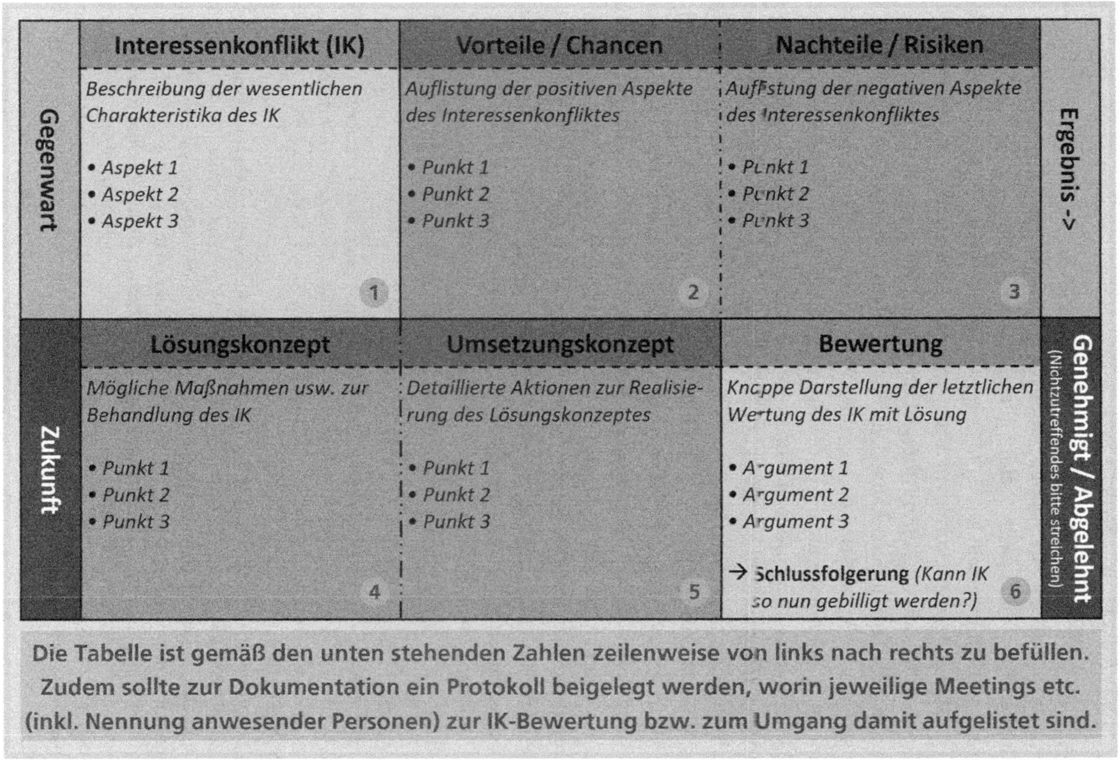

Abb. 7.2 Dokumentations- und Beurteilungswerkzeug. (Eigene Darstellung)

Strukturen bauen bzw. setzen auf die Integrität der Professor:innen, um Machtmissbrauch zu verhindern – ein Kontrollmechanismus, der sich in der Vergangenheit als ungenügend erwiesen hat. Problematisch wird die nahezu unantastbare Stellung von Professor:innen auch, wenn es zu Meinungsverschiedenheiten mit Mitarbeitenden kommt oder wenn persönliche Sympathien oder Antipathien in die individuellen Beurteilungsentscheidungen einfließen.

Wird die Machtposition durch die vorgesetzte Person dabei ausgenutzt,[25] kann es zur Ausbeutung usw. kommen, was sich in Überarbeitung, unangemessener Arbeitsbelastung oder unfairen Arbeitsbedingungen für die betroffene (z. B. promovierende) Person äußern kann. Die enge Zusammenarbeit zwischen beiden birgt also ein Missbrauchsrisiko, das vom CMS erfasst werden sollte. Ein häufiges Beispiel für Machtmissbrauch in der Wissenschaft, das bereits unter guter wissenschaftlicher Praxis angesprochen wurde, ist die ungerechtfertigte Aneignung von (Ko-)Autorschaften, wenn Personen ohne relevanten Beitrag zu einer Publikation dennoch als Autor:in gelistet werden. Noch prekärer ist die Situation, wenn sich höhergestellte Personen fremde Forschungsleistungen aneignen und die eigentlichen Verfasser:innen einer wissenschaftlichen Arbeit unberücksichtigt bleiben. Werden bspw. Forschungsrichtung, Methoden oder Ergebnisse durch die Interessen oder Vorlieben des/der Professor:in beeinflusst, kann die wissenschaftliche Autonomie möglicherweise nicht hinreichend gewährleistet sein. Angeregt wird ein solches Verhalten u. a. durch den herrschenden Publikationsdruck und dem daraus resultierenden Haschen nach Zitationen,[26] welche mittlerweile mit die wertvollste Währung in der Wissenschaft darstellen. Auch bei der Karriereplanung oder wenn darüber hinaus diese Stellen von bspw. Professor:innen über Dritt-

---

[25] Es soll hier nicht der Eindruck erweckt werden, dass unter den Professor:innen bzw. Führungskräften in der Wissenschaft generell nur Menschen mit negativem/strafbarem Verhalten zu finden sind. Die Personen, welche aber in dieses Schema passen, verursachen starke Schäden, weshalb einzugreifen ist.

[26] Ein Ansatz zum Eindämmen dieses Vorgehens könnte so aussehen, dass u. a. die Selbstzitationen auf Plattformen wie Google Scholar nicht mehr gezählt werden (wobei Leitlinie 13 aus dem DFG-Kodex und die assoziierten Kommentare bereits eigentlich einschränkende Bedingungen nennen). Somit würde der Multiplikatoreffekt (= durch inflationäre Co-Autorschaften – infolge gegenseitiger Gefälligkeiten und/oder egoistischer Machtausübung – und Selbstzitationen ausgelöste Zitationskaskade) bei Zitationen entfallen (also z. B. das entgegen der DFG-Leitlinie 13 verfolgte künstliche Erhöhen von Kennziffern wie Publikationsanzahl sowie Zitationen). Dies könnte dem derzeitigen Vorgehen einiger Wissenschaftler:innen, unterstellte Mitarbeitende anzuleiten, die eigenen Forschungsarbeiten zu zitieren, um so das persönliche Renommee zu erhöhen, ein Ende bereiten. Entsprechend würde der Fokus wieder stärker auf der Qualität der Lehre sowie Forschungsergebnissen und weniger auf der Quantität von Kennzahlen liegen.

mittel finanziert werden, bestehen starke Abhängigkeiten, wenn Promovierende auf eine ausreichende Unterstützung der Betreuungsperson angewiesen sind oder diese eine Schlüsselrolle im Promotionsverfahren spielt. Ist das Verhältnis zwischen den Personen gestört, kann sich das nachteilig für die Promovierenden auswirken. Das bedeutet hier, dass bei der Erteilung akademischer Würden das Risiko nicht objektiver Leistungsbewertung bzw. Verzerrung der Benotung zu ermitteln und zu steuern ist. Die Rechte sowie der Schutz von Habilitierenden, Promovierenden, Masteranden und Bacheloranden sollten im Mittelpunkt der spezifischen Compliance-Regelungen und den etablierten Maßnahmen stehen sowie Mechanismen zur Überwachung enthalten, um Risiken aus potenziellen Missbrauchssituationen zu minimieren. Die Folgen solcher Unterordnungsverhältnisse können ohne Vorkehrungen einen erheblichen Missstand befördern, welche neben den psychischen Belastungen eben auch einen negativen Einfluss auf die Innovationsfähigkeit einer Organisation haben (können). Um diesem Zustand tatsächlich nachhaltig entgegenzuwirken, muss dieses Risikofeld zwingend Beachtung finden. Denn es kann generell keine (glaubwürdige) integre Kultur in einer Organisation erreicht werden, wenn in einem großen und kritischen Arbeitsbereich, wovon viele Organisationsangehörige betroffen sind, weiterhin eher antiquierte Umgangsregeln herrschen.

Eine ganze Reihe von Maßnahmen hätten das Potenzial, solchen Machtmissbrauch (u. a. infolge der vielseitigen IK) im Wissenschaftskontext abzubauen sowie vorzubeugen. Zum einen könnte dabei versucht werden über die Etablierung von Normen und Werten in der Organisationskultur eine Änderung herbeizuführen. Griffige Beispiele im Kontext der Promotion wären u. a. die Etablierung eines wertschätzenden Umgangs sowie gegenseitigen Respekts, eine offene Kommunikationskultur und konstruktiver Umgang mit Fehlern, damit dadurch Leistung sowie Wohlbefinden der abhängigen Personen wachsen und für alle Akteure ein Mehrwert entstehen kann. Eine – vermutlich noch effektivere – Maßnahme auf struktureller Ebene wäre, eine Positionstrennung zwischen disziplinarischer Führungskraft sowie akademischen Betreuenden einzurichten. Auch an anderen Stellen bietet es sich an, die Machthülle einer/s Lehrstuhlinhabers/-inhaberin sinnvoll zu begrenzen, damit Machtmissbrauch abgestellt wird und außerdem die Fokussierung des/r Professor:in auf Lehre sowie Forschung liegt.[27] So könnten an-

[27] Es besteht Handlungsbedarf, denn bspw. reicht der „Machtmissbrauch an Universitäten […] von willkürlicher Übertragung von Aufgaben an Mitarbeitende über die systematische Überlastung mit Arbeit bis hin zur Aneignung von geistigem Eigentum, sexueller Belästigung und Nötigung" (DPA/CLE 2023).

onyme Umfragen (inkl. der Werbung usw. für unabhängige Ansprechpersonen außerhalb wissenschaftlicher Strukturen)[28] erst einmal Licht ins Dunkel bringen, um überhaupt einen Einblick in die oft verhüllten und sensiblen Problemstellungen bzw. Nöte der betroffenen Personen zu erhalten. Aufbauend darauf ließen sich die Problemfelder sowie mögliche Risiken klarer herausstellen und passende Maßnahmen entwickeln (z. B. Weiterbildungsmaßnahen für Professor:innen, sodass sie ihre Managementaufgaben besser ausfüllen können). Ferner würde eine solche vertrauliche Abfrage in Verbindung mit einer Schulung ebenso eine zwingend notwendige Sensibilisierung für das Problemfeld arrangieren, damit den Organisationsangehörigen überhaupt deutlich wird, dass bspw. bestimmte Praktiken oder Verhaltensweisen usw. so nicht zu ertragen sind. Folglich handelt es sich hier erneut um den weithin thematisierten Compliance-Kreislauf, nämlich auf Basis einer Risikoanalyse effektive (und gerne auch effiziente) Maßnahmen im Rahmen eines Compliance-Programms zu konzipieren und diese u. a. mithilfe zielgruppenspezifischer Kommunikation zu implementieren.

Neben diesen Konstellationen ist ein weiterer (potenzieller) IK, der entschärft werden muss, die Problematik privater Beziehungen am Arbeitsplatz. Konkret lässt sich am Beispiel von Lebenspartnerschaften aufzeigen, dass ein solches Entschärfen ziemlich kompliziert sein kann.[29] Denn eine Meldepflicht von Liebesbeziehungen ist nicht zulässig; diesbezügliche (indiskrete) Fragen dürfen lediglich gestellt werden, wenn ein (konkretes) Risiko für die Organisation besteht.[30] Gelöst werden kann dieses Henne-Ei-Problem (Abb. 7.3), indem eine vertrauliche Abfrage – zur Ermittlung eines IK aufgrund privater Beziehungen sowie deren Risikobewertung – in Form eines verpflichtenden Self-Assessments (Abb. 7.4) durchgeführt wird. Dabei sollte der Fragebogen lokal auf dem PC einer Person zu beantworten sein, damit nicht der Anschein erweckt wird, dass die getätigten Details zur Risikoanalyse mitgelesen werden. Nur der Status des

[28] Mittlerweile sind verschiedene Initiativen etc. entstanden, wie das *Netzwerk gegen Machtmissbrauch in der Wissenschaft* (MaWi-Netzwerk 2024), die unabhängige Beratung bereitstellen bzw. entsprechende Hilfestellungen leisten.

[29] Es ist durchaus geboten, hieraus resultierende IK zu vermeiden, da u. a. Liebesbeziehungen zwischen Vorgesetzten und deren (direkt) unterstellten Mitarbeitenden das Teamklima inkl. der Leistungsfähigkeit beeinträchtigen können.

[30] Arbeitgeber können keine Vorgaben erlassen, welche Partner:innen die Mitarbeitenden wählen; ein so gelagertes Verbot würde gegen Artikel 1 und 2 des Grundgesetzes verstoßen (siehe z. B. LAG Düsseldorf, 14.11.2005 – 10 Ta BV 46/05). Deshalb sind private, auch intime Kontakte zwischen Mitarbeitenden erlaubt, solange jedoch die Arbeitsleistung etc. darunter nicht leidet. Dahingehend erfüllt das hier umrissene Vorgehen diese Anforderung(en), indem in solch einer Abfrage nur das Risiko ermittelt wird.

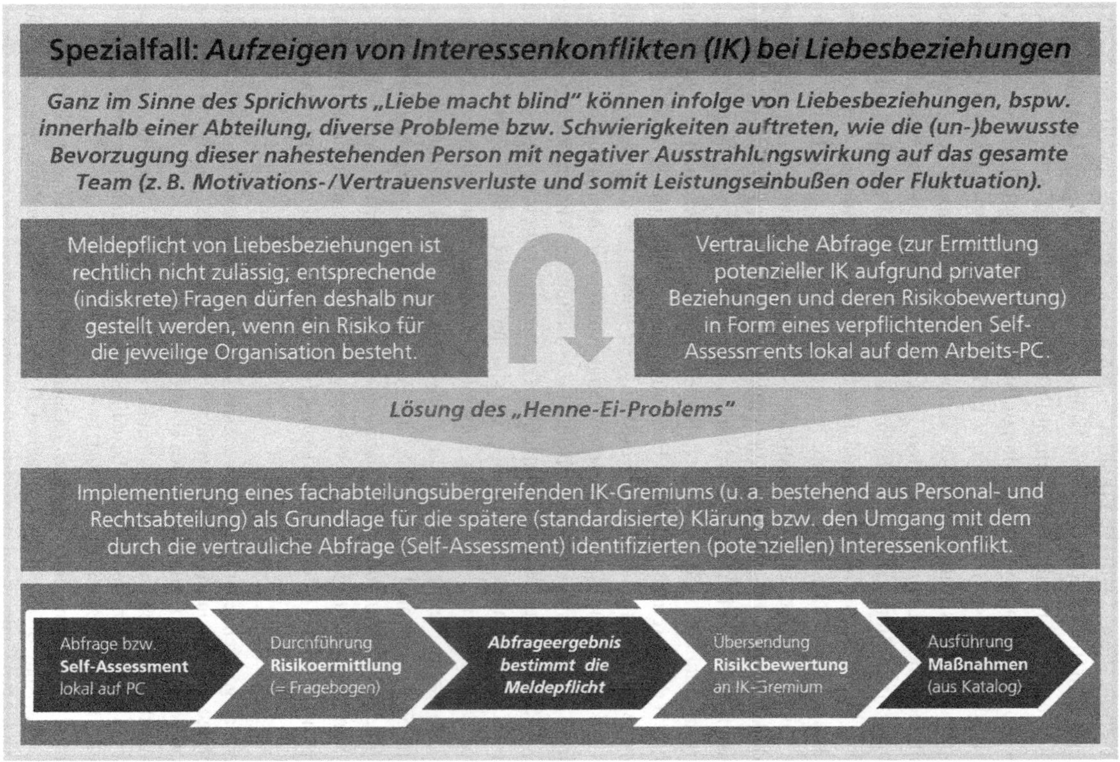

Abb. 7.3 IK-Risikoermittlung bei Liebesbeziehungen. (Eigene Darstellung)

ermittelten Risikos – ohne die gegebenen Antworten – ist anschließend zu übersenden. Die Mitarbeitenden sollten bestenfalls jährlich eine Aufforderung zur Absolvierung dieser Abfrage erhalten,[31] damit einerseits die jeweiligen Risikolagen individuell ermittelt sowie andererseits in regelmäßigen Abständen auch Sensibilisierungsmaßnahmen durchgeführt werden können. Ferner wären hiermit ebenso gleich noch weitere (potenzielle) Szenarien möglich aufzuklären. Auf dieser Basis lassen sich mithilfe eines fachabteilungsübergreifenden Gremiums (z. B. bestehend aus Mitgliedern von Betriebsrat, Compliance, Personalbereich) und anhand eines zuvor aufgesetzten IK-Leitfadens nun Lösungsvorschläge erarbeiten, womit allen Parteien letztlich geholfen wäre. Die Personen mit IK würden eine Hilfestellung erhalten und mögliche negative Auswirkungen blieben aus.[32] Ein solches Gremium könnte als zentrale Kompetenzstelle für die Auflösung von IK fungieren – auch außerhalb von Liebesbeziehungen. IK-Richtlinien verschiedener Unternehmen geben eine gute Orientierung dazu, wie mit Interessenkonflikten in einer Organisation näher umzugehen ist.[33]

Weithin zeichnen sich im Bereich Forschung und Wissenschaft, vorzugsweise hinsichtlich der durchaus gewollten Freiräume zum Zwecke der Wissenschaftsfreiheit sowie vermeintlicher Innovationsfähigkeit (und den daraus resultierenden Interessenkonflikten), die leider erschreckend häufiger in Machtmissbrauch münden als in bahnbrechenden Entwicklungen, strukturelle Missstände ab, die mit einem CMS inklusive dessen durchdacht aufgesetzten Elementen abgestellt werden können. Eine zeitgemäße Compliance, die sich nicht durch starre Verbote, sondern flexible Lösungen zum Wohle der Organisation(-sziele) auszeichnet, kann hier einen Unterschied einleiten und die notwendige Integrität systematisch voranbringen. Ferner ist mit Unterstützung der Angehörigen einer Organisation (Stichworte *integres Verhalten* sowie *Speak-up-Kultur*) den verschiedenen Ursachen bspw. von Ungerechtigkeit sowie Wissenschaftsdistress, womit negativer Stress zum Nachteil von Forschung und Wissenschaft gemeint ist, wirksam zu begegnen.

---

[31] Wobei man generell recht sensibel für eventuelle Befindlichkeiten sein muss, da eine häufige Abfrage ggf. als ein Misstrauen gegenüber den Mitarbeitenden (Stichwort *Generalverdacht*) aufgefasst bzw. verstanden werden könnte.

[32] Eine denkbare bzw. einfache Lösung könnte so aussehen, dass eine der beiden betroffenen Personen versetzt wird oder dass die disziplinarische Verantwortung für eine hierarchisch unterstellte Person gänzlich abzugeben ist.

[33] Mithilfe einer Suchmaschine und den Suchwörtern *Leitfaden* oder *Richtline Interessenkonflikte* sind zügig Beispiele aus der Praxis, z. B. von der Deutschen Bank, zu finden. Zudem lohnt sich für den Umgang mit IK ein Blick in die sog. *Financial Conflict of Interest* (FCOI) Regulation bei Zuwendungen der US-amerikanischen Public Health Services (PHS) Agencies und der US-National Science Foundation (NSF).

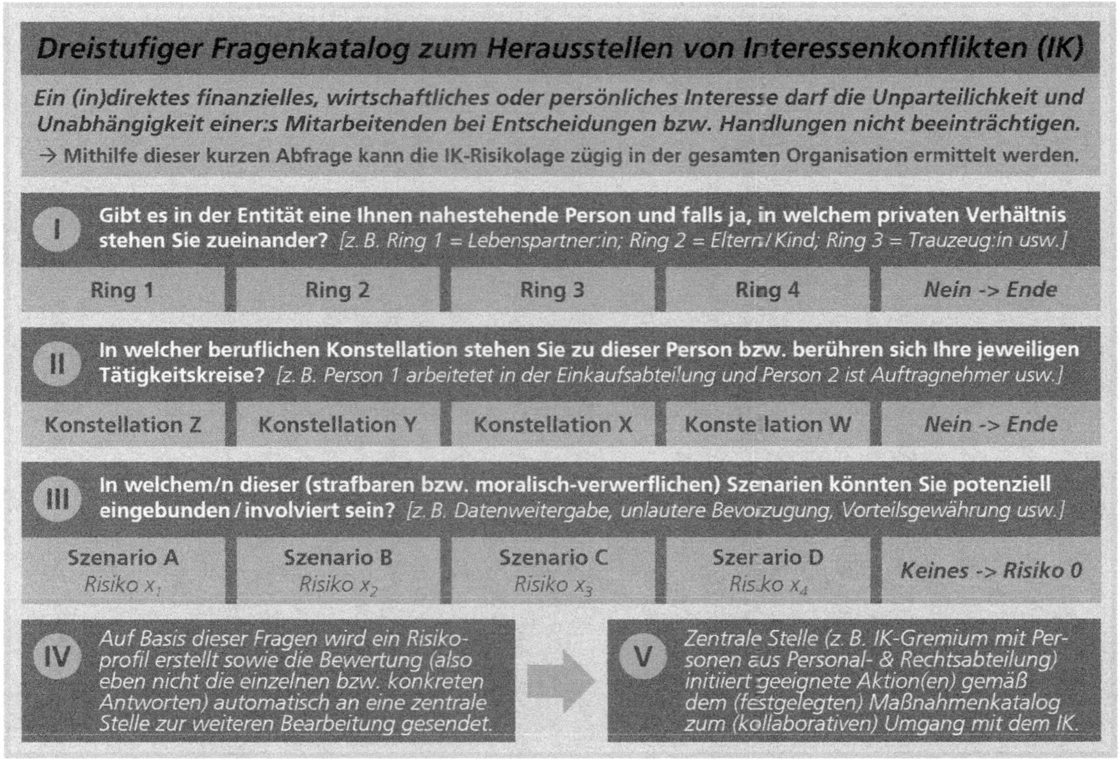

Abb. 7.4 Systematik IK-Abfrage bzw. Self-Assessment. (Eigene Darstellung)

7.4 Wie könnte Korruption verhindert werden?

Bei *Korruption* handelt es sich laut Strafgesetzbuch (StGB) nicht um ein eigenständiges Delikt, sondern der Begriff umfasst gleich mehrere verschiedene Straftatbestände. Gemeinhin versteht man unter Korruption den „Missbrauch eines öffentlichen Amtes, einer Funktion in der Wirtschaft oder eines politischen Mandats zugunsten eines Anderen, auf dessen Veranlassung oder in Eigeninitiative, zur Erlangung eines Vorteils für sich oder einen Dritten, mit Eintritt oder in Erwartung des Eintritts eines Schadens oder Nachteils für die Allgemeinheit (Täter in amtlicher oder politischer Funktion) oder für ein Unternehmen (betreffend Täter als Funktionsträger in der Wirtschaft)“.[34] Die einzelnen Straftatbestände lassen sich einteilen in aktive Korruption, worunter *Bestechung* sowie *Vorteilsgewährung* fallen, und passive Korruption, welche *Bestechlichkeit* sowie *Vorteilsannahme* umfasst (§§ 331–335 StGB). Ferner kann differenziert werden zwischen Korruption im öffentlichen (§§ 331 ff. StGB) und privaten Sektor (§§ 299 ff StGB). Im ausgedehnteren Sinne kann eine Beschädigung von Unternehmen bzw. Organisationen darüber hinaus durch die sog. *Begleitdelikte von Korruption* erfolgen, worunter bspw. Urkundenfälschung, Vermögensdelikte, wettbewerbswidriges Verhalten sowie Betrug (z. B. bei Forschungsförderung) fallen. Die größten Korruptionsrisiken bspw. im öffentlichen Sektor gehen Studien zufolge meist von den eigenen Mitarbeitenden aus.[35] Neben den Korruptionstatbeständen im Strafgesetzbuch gibt es ebenso noch zu beachtende ausländische Gesetze wie der amerikanische *Foreign Corrupt Practices Act* (FCPA) oder der *UK Bribery Act* (UKBA), die teils strengere Anforderungen sowie Sanktionen als die deutschen Bestimmungen erheben und einen weltweiten Anwendungsbereich finden. Diese Gesetzte entfalten also eine sog. *extraterritoriale Wirkung* und sind demzufolge unter bestimmten Voraussetzungen von einem großen Kreis an Personen oder Organisationen anzuwenden (auch außerhalb der USA etc.). Insgesamt stellt sich die Lage – aufgrund der vielfältigen gesetzlichen Bestimmungen und drohenden massiven Strafen – so dar, dass eine Null-Toleranz-Strategie zwingend zu verfolgen ist, da sonst eben Freiheitsstrafen oder Insolvenz drohen.

---

[34] Diese Definition der Korruption aus kriminologischer Forschungssicht sowie weitere Informationen inklusive der gesetzlichen Regelungen finden sich auf der Webseite des Bundeskriminalamtes (BKA 2024b).

[35] Vgl. Stober und Ohrtmann (2022, S. 255). Ferner sind statistische Daten zur Korruption in Deutschland (sowie deren Entwicklung über die letzten Jahre) im *Bundeslagebild Korruption* (BKA 2024a) hinterlegt.

Ohne jeden Zweifel verursacht die Korruption langfristige Schäden. Darunter nicht nur finanzieller Art, sondern sie hat auch einen Einfluss auf das Vertrauen der Bevölkerung in die Unabhängigkeit, Unbestechlichkeit sowie Handlungsfähigkeit des Staates und auf die Integrität der Wirtschaft. Infolge dieser Delikte wird nämlich bspw. fairer Wettbewerb verhindert, es werden Arbeitsplätze vernichtet sowie nachhaltige Lösungen oder fortschrittliche Ideen behindert. Denn Korruption verhilft meistens eben nicht den allerbesten Entscheidungen bzw. Konzeptionen zum Erfolg, sondern es werden eher solche Gegebenheiten vorangetrieben, die durch persönliche Interessen und eben nicht durch (betriebswirtschaftliche) Vernunft etc. getrieben sind.[36] Entsprechend entstehen in Wissenschaft sowie Wirtschaft – also in staatlichen Einrichtungen oder Privatunternehmen, wo keine funktionierende Korruptionsprävention anzutreffen ist – aufgrund der verschiedenen Korruptionstatbestände exorbitante Schäden. Dabei geht es nicht nur darum, aktive Prävention (z. B. Anti-Korruptions-Trainings oder strikte Kontrolle der Bargeldbestände) – was sicherlich wertvoll ist – zu betreiben, sondern ebenso in passiver Weise gegenzusteuern. Eine solche passive Prävention drückt sich bspw. in einer funktionstüchtigen Verwaltung ohne überbordende Bürokratie oder lähmende Ineffizienzen aus, welche im gegenteiligen Zustand durchaus Anreize[37] für den Einsatz von Korruptionsmitteln setzt. Somit sollte neben dem öffentlichen Dienst auch den in diesem Sinne exponierten Organisationen daran gelegen sein, solche oder ähnliche korruptionsbegünstigende Bedingungen schnellstmöglich abzubauen. Denn die aktive Korruptionsprävention stellt einen hohen Kostenfaktor dar und die daraus resultierenden langsameren sowie ggf. schwerfälligen Prozesse innerhalb einer Organisation beeinträchtigen wiederum Innovationen bzw. Fortschritt und Effizienz in einem doch erheblichen Maße. Für die jeweilige Entität ist es dadurch von besonderer Bedeutung, eine gute Balance herzustellen zwischen (die Produktivität hemmenden) korruptionspräventiven Vorgaben (z. B. bei Dokumentations-, Prozessanforderungen) sowie den mit Korruption assoziierten (winzigen) Risiko-

---

[36] Verschiedene (spannende) Informationen zum Thema Korruption finden sich bspw. im Internetauftritt von Transparency International. Wobei hier darauf hinzuweisen ist, dass es sich um eine NGO handelt, wodurch – dem Zweck dieser Organisation geschuldet – ein gewisser politischer Bias vorzufinden ist.

[37] Im Kontext der Anreize wird oft das *Fraud Triangle* von/nach Donald R. Cressey (vgl. Enste und Potthoff 2024) als ein Instrument zur Einschätzung des Risikos doloser Handlungen angeführt, welches aus den Faktoren *Gelegenheit* (u. a. nötige Kenntnisse), *Motivation* (u. a. gegebene Anreize oder Druck) sowie *Rechtfertigung* (auch Rationalisierung genannt im Sinne von ‚das machen doch alle' etc.) besteht. Gerade der *Majoritätsdruck*, welcher gekennzeichnet ist durch das Statement ‚das machen doch alle', sorgt oft dafür, dass sich die Mitglieder einer Gruppe, Organisation (meist unbewusst) der Mehrheit anpassen.

appetit. Anders ausgedrückt geht es darum, ein zielführendes Gleichgewicht zwischen unzureichender Prävention auf der einen Seite und einer Überregulation auf der anderen Seite zu schaffen.

Die Korruption ist also ein Risiko, welches in einem jeden CMS als fester Bestandteil einzubeziehen ist, auch wenn es sich bei der Organisation nicht um ein klassisches Wirtschaftsunternehmen oder eine standardmäßige Behörde handelt. Denn solche Delikte sowie die damit einhergehenden empfindlichen Schäden bzw. Strafen können in einer jeden Organisation(-sform) aufkommen, was mittels eines angemessenen CMS, das sowohl präventive als auch repressive Wirkung entfaltet, entsprechend erkannt und gesteuert werden kann. Sind nun Lücken sowie Schwachstellen bei der Korruptionsbekämpfung aufgedeckt und alsdann nachhaltig geschlossen, so wäre weitestgehend davon auszugehen, dass Angemessenheit (bzw. über einen längeren Zeitraum betrachtet Wirksamkeit) besteht. Die diversen Leitfäden des Bundes und der Länder geben dafür einen Rahmen an Präventions- und Kontrollmaßnahmen vor, welche sich als Anhaltspunkt zur Einführung eines Anti-Korruptions-Programms eignen.[38] So sollte man unbedingt beachten, dass prinzipiell alle Organisationsangehörigen in ihrer täglichen Arbeitsroutine von korrupten Verhaltensweisen berührt werden können, bspw. wenn zur Weihnachtszeit auf einmal sehr werthaltige Geschenke eintreffen oder wenn dienstliche bzw. geschäftliche Besprechungen auf Einladung in einem Gourmetrestaurant stattfinden, just in dem Moment als nämlich Aufträge neu zu vergeben sind. Dabei müssen – auch zum Schutz der unbewussten Beeinflussung der Führungskräfte und Mitarbeitenden zum wirtschaftlichen Nachteil der eigenen Organisation – in solchen Situationen, wie der Zuwendung in Form eines Weihnachtsgeschenkes oder einer Bewirtung, eindeutige Regeln greifen, welche Konstellationen dieser Art verhindern (z. B. die Projektpartner:innen etc. zu Beginn der Beziehungen darüber informieren, dass Zuwendungen nur bis 25 € erlaubt sind).[39]

[38] Siehe hierzu bspw. auf der Webseite des Bundesministeriums des Innern und für Heimat (BMI 2024) u. a. die aufgezeigten *Werkzeuge zur Korruptionsprävention* inklusive dem *Verhaltenskodex gegen Korruption*.

[39] Es müssen klare Grenzen für alle Mitarbeitende & Führungskräfte aufgezeigt werden, die zeigen, welche Zuwendungen als akzeptabel anzusehen sind (z. B. Pralinen zu Weihnachten von Geschäftspartner als kleine Aufmerksamkeit) und welche mit einem aufklärenden Schreiben sofort zurückzusenden sind (falls dies keine kulturellen Befindlichkeiten etc. verletzt, dann könnte es eben auch gespendet werden). Wichtig ist zudem das Dokumentieren werthaltiger Zuwendungen, sodass Transparenz besteht und auf dieser Basis eine Bewertung der Angemessenheit passieren kann (Bargeldannahme ist stets verboten).

Generell ist Korruption nur schwer nachweisbar, weil es sich dabei in der Regel um die bereits erwähnten Heimlichkeitsdelikte (siehe Kap. 6) handelt. Sehr viel häufiger führt deshalb eher der Korruptionsverdacht zum/zur Täter:in als das Aufspüren der tatsächlich stattgefundenen korruptiven Handlung, welche meist erst anschließend durch eine Untersuchung aufgeklärt wird. Somit liegt die Aufgabe des CMS vorrangig darin, die denkbaren Szenarien von Korruptionstatbeständen (und deren Verschleierungsmöglichkeiten) zu adressieren bzw. zu identifizieren; das meint, auf die spezifische Grauzone des Korruptionstatbestandes abzustellen. Sinnvollerweise sollten also im CMS einzelne Konstellationen[40] betrachtet werden, in denen sich u. a. auch immaterielle Vorteile unmittelbar vorteilhaft auswirken können. Dies ist bspw. gegeben, wenn sich eine externe Person auf Basis ihrer Expertise (u. a. Beratungsleistung) in allen Phasen eines Projektes inkl. dafür erforderlicher Beschaffungen einbringt, was sich ggf. wettbewerbsverzerrend auf zukünftige Ausschreibungen auswirkt. Denn die externe Person hat durch die eingebrachte Beratungsleistung einen direkten Zugriff auf die Projektleitung. Neben der Förderung von eigenen Aufträgen in der Zukunft könnte diese Stellung auch missbraucht werden, um Bekannten lukrativen Aufträge zu verschaffen. Auf den ersten (ungeübten) Blick ist diese Situation nicht direkt ersichtlich oder messbar. Mithilfe zuvor aufgesetzter Konstellationen bzw. Szenarien zu den diversen Korruptionstatbeständen könnten die jeweils involvierten Mitarbeitenden (z. B. aus der Einkaufsabteilung) sensibilisiert werden. Vielmehr wäre die gesamte Compliance-Organisation in die Lage versetzt, auf dieser Grundlage gezielt nach organisationsspezifischen korruptionsbegünstigenden Konstellationen im Rahmen ihrer Kontrollen sowie Überprüfungen Ausschau zu halten. Im speziellen ist diese externe Person – um im Beispiel zu bleiben – daher im Stande (falls sie über die nötigen korruptiven Kapazitäten verfügt), ihre Beratungsposition illegal zum eigenen Vorteil, also einem weiteren Auftragserhalt, auszunutzen. Nun kann es jedoch gerade in der Wissenschaft vorkommen, dass eine gefragte Expertise auf dem Markt nur bei einer einzigen Firma anzutreffen ist und deshalb der Folgeauftrag wieder nur durch die externe Person adäquat auszuführen ist. Es braucht also stets einen zweiten bzw. tieferen Blick in eine solche Materie, um Korruption auszuschließen

[40] Eine mögliche Konstellation, bei der besonders hinzuschauen ist, könnte wie folgt aussehen: In einem laut Korruptionswahrnehmungsindex CPI als eher korrupt eingestuften Land werden die dortigen Vertriebspartner:innen umsatzabhängig vergütet (= Anreize, um durch Korruption das Gehalt zu erhöhen). Mit Konstellation ist also letztlich eine nachvollziehbare Beschreibung von Szenarien sowie deren Charakteristika gemeint, in denen Korruption stattfinden könnte (quasi eine Darstellung des Tatbestands).

bzw. neutrale Entscheidungen zum Wohle der Organisation zu treffen. Keinesfalls wäre das gegeben, wenn nicht plausibel ausgeschlossen werden könnte, dass die finale Entscheidung zur Vergabe bzw. bereits die Anfertigung der Ausschreibungsunterlagen schon im Vorfeld außerhalb des Verfahrens getroffen wurde (z. B. durch Abreden). Ein Anti-Korruptionsprogramm sollte deswegen bei einer solchen Konstellation die Anforderung aufstellen, dass die jeweilige Entscheidung über die Auftragsvergabe ohne einen direkten Einfluss der zuvor involvierten Personen, hier die Projektleitung – also unabhängig von ihnen – zu tätigen ist (z. B. über das Hinzuziehen der Führungskraft bzw. Mehr-Augen-Prinzip).

In diesem Zusammenhang taucht des Öfteren der Begriff *Red Flag* auf, was sich im Deutschen am ehesten mit Warnhinweis bzw. Zeichen für ein bestimmtes Problem (welches Aufmerksamkeit erfordert) übersetzen lässt. Solch ein Anhaltspunkt für einen potenziellen Verstoß oder ein konkretes Problem zeigt an, dass ein Risiko ggf. eingetreten ist bzw. dass eine Regelverletzung bereits vorliegen könnte, was zwingend zu einer eingehenden Untersuchung führen sollte. Allgemein sind hiermit also Warnhinweise aus Prozessen gemeint, um eine Konstellation (die zur Korruption wirklich ausgenutzt wurde) über Regelungen bzw. Anforderungen an die betroffenen Prozesse abzustellen. Welche Red Flags nun wie zu definieren sind, hängt von den jeweiligen (Geschäfts-)Prozessen und den Tätigkeiten bzw. dem Zweck, welchen/m die Entität nachgeht, ab. Naheliegende Red Flags bei der Korruption sind bspw. ungewöhnliche Zahlungen (z. B. Beschleunigungszahlungen), unberechtigte Bevorzugung einer Geschäftspartner:in, Angebot oder Annahme unangemessener Geschenke bzw. Essenseinladungen, die Einstellung von Personen mit engen Beziehungen ohne (sichtbar) angemessene Qualifikation und Transparenz oder fehlende Dokumentation von buchhalterischen Geschäftsvorgängen (z. B. Auffälligkeiten im Jahresabschluss oder die Zahlung von über den üblichen Marktpreisen liegenden Rechnungen).

Im Umfeld der Anti-Korruption sind ebenso vielfältige Konstellationen denkbar sowie realistisch, die nicht eindeutig durch das Strafrecht abgegrenzt sind. Trotzdem ergeben sich hieraus Compliance-Risiken zum Nachteil der Organisation. Denn nicht jedem Einzelfall folgt eine strafrechtliche Aufklärung und Verdachtsmomente lassen oftmals keinen ausreichenden Schluss auf das Einleiten strafrechtlicher Maßnahmen zu. Die Grenzen zwischen strafbaren Aktivitäten und korruptiven Handlungen, die jedoch noch keine Strafe nach sich ziehen, sind fließend und sollten aus Gründen der Glaubwürdigkeit sowie Integrität vom CMS erfasst sein. Die Grauzonen oder Spielräume müssten bei diesem Thema daher bestenfalls vermieden oder sehr klein gehalten werden. Korruptionsdelikte sind durchaus weit zu verstehen, indem – wie zuvor bereits umrissen – immaterielle Leistungen als Vorteile[41] im Sinne der Korruption gelten. Immaterielle Komponenten können u. a. bei einer Geselligkeit in der Besserstellung gegenüber anderen Personen (z. B. Einladung zu einem Fußballspiel im VIP-Bereich) oder in der Chance des Netzwerkens mit einflussreichen Personen bestehen. Oftmals gehen immaterielle auch mit materiellen Vorteilen einher, wenn dabei bspw. zusätzlich Reisekosten oder eine Aufwandsentschädigung übernommen werden. Ein wirksames Instrument, insbesondere den immateriellen Korruptionsdelikten zu begegnen, ist abermals die Transparenz. Denn durch die Offenlegung von Bevorteilungen, wie eben von Einladungen an hierarchisch oder aufgabentechnisch bedeutende Personen der Organisation, wird diese nicht mehr attraktiv für den Bevorteilten. Oder umgekehrt lässt sich festhalten, dass speziell Geheimhaltung sowie Exklusivität eben immaterielle korruptive Handlungen verstärken.

Meist geht der Beeinflussung von eigenem Handeln ein irgendwie gearteter Interessenkonflikt voraus, der wiederum über verschiedene Konstellationen als relevant eingestuft werden kann. Besonders im universitären Umfeld oder der außeruniversitären Forschung ist es ratsam, Interessenkonflikte, die zwar nicht strafbar sind, sich für die Organisation jedoch (stark) reputationsschädlich auswirken können, auch aus korruptionspräventiver Sicht zu identifizieren. Beim Management dieser potenziellen Interessenkonflikte ist unter *Enabling*-Gesichtspunkten entscheidend, dass es weniger darum geht, Interessenkonflikte auszuschließen, als sinnvoll mit diesen umzugehen. Für die Entwicklung von Compliance-Regelungen sowie -Prozessen folgt daraus, dass Entscheidungen im Hinblick auf korruptive Handlungen neutralisiert werden können (z. B. durch Einbeziehung unabhängiger Personen) und das Erstrebte dadurch integer möglich wird.

Compliance-Programme zur Korruptionsprävention sollten aus diesem Grund ein tieferes Augenmerk auf Konstellationen legen, in denen private Interessen mit beruflichen kollidieren. Vor allem ist der Umstand zu beachten, wo u. a. eine Leistung über das geschäftlich Erforderliche hinausgeht oder am Markt üblicherweise nicht erhältlich ist. Als Beispiel lässt sich eine Vortragseinladung für Expert:innen aus der Organisation mit unentgeltlicher Bereitstellung von luxuriösen Reisemitteln und Unterkunft anführen,[42] die infolgedessen bei ihren späteren Urteilen ggf. nicht frei agieren. Wäre hier nun eine gute Speak-up-Kultur etabliert, ließe

---

[41] Siehe hierzu bspw. die sozusagen lakonische Publikation *Kleine Gefälligkeiten – große Probleme. Korruptionsgeschichten & Praxistipps zum Thema „immaterielle Korruption“* von Transparency International (2023).

[42] Solche Einladungen zu Vorträgen etc. im Sinne eines wissenschaftlichen Austausches oder zur Fortbildung sind zwangsläufig richtig und wichtig; es sollte aber in einem gewissen Rahmen verbleiben sowie eben offengelegt werden.

sich solches korruptives Handeln, bspw. durch die Meldung einer mit dem Vorgang vertrauten Teamassistenz (wobei dann natürlich auch die Courage, für die organisationsinternen bzw. eigenen Werte einzustehen, vorhanden sein muss), entschieden besser aufdecken. Speziell müssen Compliance-Maßnahmen zur Korruptionsprävention in den stark korruptionsgefährdeten Arbeitsbereichen wie dem Beschaffungswesen, der Personalabteilung oder aber bei Stellen mit häufigen Kontakten zu Amtsträger:innen gewissenhaft ausgearbeitet werden. Denn in diesen sensiblen Bereichen stehen oft Entscheidungen an, welche schnell einen illegalen Vorteil für Dritte nach sich ziehen könnten.

Mögliche Korruptionsszenarien sind je Organisation (z. B. privatwirtschaftliche GmbH) und Sektor (z. B. öffentlicher Dienst) sehr individuell, weshalb sie spezifisch entwickelt werden müssen. Denn entsprechend sind jeweils andere bzw. verschärfte Vorgaben, die sich in einem breiteren Kontext u. a. auch aus einem Zuwendungsbescheid ergeben könnten, zu beachten. Prinzipiell sind also besonders korruptionsbetroffene Prozesse zu identifizieren sowie die Risikoszenarien in Zusammenhang mit einem Näheverhältnis der handelnden Personen zu bilden. Denkbare Gegebenheiten mit einem hohem Risikopotenzial sind daher bspw. Beziehungen mit Abhängigkeitsverhältnis (z. B. zu Promovierenden, Studierenden) sowie wichtige Entscheidungsprozesse (z. B. Beförderungen, Firmenbeteiligungen, Genehmigungen, Lobbying, Prüfungen, Recruiting, Stipendien). Hierbei sind u. a. Gefälligkeiten, welche im privaten Bereich unproblematisch und darauf ausgerichtet sind, den Zusammenhalt zu fördern, genauer zu betrachten bzw. zu verbieten. Denn auch im geschäftlichen Kontext werden materielle oder immaterielle Gefälligkeiten geleistet, die u. a. abhängig von der Branche verschieden ausfallen (z. B. Catering bei Meetings oder Ticket zu einem Event).[43] Meistens werden drei Kriterien angeführt, welche die Zulässigkeit von Zuwendungen in Form von Bewirtungen, Geschenken etc. einschätzen sollen, sodass der Anschein von Korruption nicht erweckt wird: erstens sollte keine zeitliche Nähe zu aktuellen Auftragsvergaben oder Vertragsverhandlungen etc. bestehen, zweitens sollte die Zuwendung von eher geringem bzw. sozialadäquaten[44] Wert sein, und drittens ist die Häufigkeit natürlich nicht so zu gestalten, dass erstens und zweitens ausgehöhlt

[43] Unternehmen können Kundengeschenke – falls diese aus betrieblichen Gründen erfolgen sowie damit keine Gegenleistung verbunden ist – bis 50 € pro Person und Jahr als Betriebsausgaben absetzen. In Bezug auf Amtsträger:innen sind die Gesetze sehr streng, weshalb dort eher davon abzusehen ist.

[44] Sozialadäquanz ist ein sehr subjektives Kriterium, welches bei der Beurteilung der Angemessenheit die hierarchische Position bzw. den Lebensstandard einer Person betrachtet (z. B. könnte für eine Einkaufsleiter:in die Einladung in ein Sternerestaurant begründbarer sein als bei der Einkaufssachbearbeiter:in).

werden. Der Organisation obliegt es hier mehr oder weniger selbst (im Rahmen der anzuwenden Gesetze, spezifischen Vorgaben etc.), welche quantitativen Grenzen hinsichtlich korruptiven Verhaltens auferlegt werden.

Es bietet sich zudem als Hilfsmittel an, dass neben klar verständlichen Regelungen ebenso ein optimal aufgesetztes FAQ im Intranet einer Organisation zu finden ist, in welchem die meistgestellten Fragen sowie dazugehörigen (fachlich gut ausgearbeiteten) Antworten zum Thema Zuwendungen bzw. Korruptionsprävention in Gänze aufgeführt sind. Ferner sollten kompetente Ansprechpersonen installiert werden, die bei kniffligen Problemstellungen, gerade bezüglich noch erlaubter Annehmlichkeiten oder kultureller Besonderheiten, eine zuverlässige Orientierung geben. All das dient u. a. wieder dem Gebot der Transparenz, das bei der Korruptionsprävention eben nicht zu vernachlässigen ist. Denn nur dadurch lassen sich Delikte aus der Heimlichkeit herausführen.

Zusammenfassend sei festzuhalten, dass es nach der organisationsspezifischen Identifizierung und verständlichen Aufbereitung der potenziellen Risikoszenarien bzw. Konstellationen hinsichtlich korruptiver Handlungen zwangsläufig darauf ankommt, mit wirksamen Maßnahmen über alle relevanten Prozesse in allen Organisationsbereichen hinweg den Korruptionstatbeständen vorbeugend zu begegnen. Entsprechend lässt sich kurz und knapp auflisten, dass mit der Anwendung dieser folgenden Grundsätze der Korruption erfolgreich vorgebeugt werden kann:

- Klare und eindeutige Regeln,
- Gute Transparenz und Dokumentation,
- Ausgeprägte Speak-up-Kultur und Hinweisgebersystem,
- Sicherstellen integren Verhaltens durch Leitung bzw. Führungskräfte,
- Gelebtes Vier-Augen-Prinzip, um Entscheidungen neutral zu treffen.

Sind die organisationsspezifischen Regelungen für das gewünschte Verhalten der Mitarbeitenden und die erforderlichen Entscheidungsprozesse jeweils unmissverständlich festgehalten sowie zielgruppenspezifisch kommuniziert, so werden diese im Idealfall verstanden, verinnerlicht sowie vorgelebt. Hiermit ist schon ein recht großer Schritt hin zur erfolgreichen Korruptionsprävention getan. Dabei gilt es beruflich und privat überschneidende Aufgabenbereiche zu identifizieren, transparent zu machen, zu dokumentieren und zu überwachen bzw. nachzuhalten. Somit werden neben der Organisation ebenso die dazugehörigen Personen geschützt. Denn obwohl die Vorbeugung von Korruptionstatbeständen vom Gesetzgeber in erster Linie dafür gedacht ist, die möglichen gravierenden Schäden in Wirtschaft, Verwaltung oder auch Demokratie nicht eintreten zu lassen, muss die Compliance allemal die Aufklärung und den Schutz der Organisationsangehörigen gewährleisten.[45] So ist im Gegensatz zu vielen anderen Risikofeldern bei der Korruptionsprävention ausnahmsweise kein *kreatives Ausnutzen rechtlicher Ermessensräume* gefragt, sondern der fokussierte Schutz aller vor erheblichen Strafen.

Literatur

BKA (2024a): Bundeslagebilder Korruption. Bundeskriminalamt. Online verfügbar unter https://www.bka.de/DE/AktuelleInformationen/StatistikenLagebilder/Lagebilder/Korruption/korruption_node.html, zuletzt geprüft am 11.05.2024.

BKA (2024b): Korruption. Bundeskriminalamt. Online verfügbar unter https://www.bka.de/DE/UnsereAufgaben/Deliktsbereiche/Korruption/korruption_node.html, zuletzt geprüft am 11.05.2024.

BMI (2024): Korruptionsprävention in der Bundesverwaltung. Bundesministerium des Innern und für Heimat. Online verfügbar unter https://www.bmi.bund.de/DE/themen/moderne-verwaltung/integritaet-der-verwaltung/korruptionspraevention/korruptionspraevention-node.html, zuletzt geprüft am 11.05.2024.

DFG (2022): Leitlinien zur Sicherung guter wissenschaftlicher Praxis. Kodex. Deutsche Forschungsgemeinschaft e.V. Online verfügbar unter https://www.dfg.de/resource/blob/173732/4166759430af8dc2256f0fa54e009f03/kodex-gwp-data.pdf.

DFG (2024): Wissenschaftliche Integrität. Deutsche Forschungsgemeinschaft e.V. Online verfügbar unter https://wissenschaftliche-integritaet.de/, zuletzt geprüft am 11.05.2024.

DPA/CLE (2023): Hochschulen wollen Machtmissbrauch bekämpfen. Bundesweit wurden zuletzt erneut Vorwürfe von Machtmissbrauch an Unis bekannt. NRW geht dagegen vor – glaubt aber nicht an ein strukturelles Problem. In: *Forschung & Lehre*. Online verfügbar unter https://www.forschung-und-lehre.de/management/hochschulen-wollen-machtmissbrauch-bekaempfen-5930, zuletzt geprüft am 11.05.2024.

Dreier, Thomas; Schulze, Gernot (2022): Urheberrechtsgesetz. Kommentar. 7. Aufl. München: C.H. Beck.

[45] Korruption stellt im deutschen Strafrecht einen Gesetzesverstoß von Individuen dar. Jedoch kann diese in einigen Fällen für eine Organisation (z. B. Schmiergeldzahlung zum Auftragserhalt) nützlich sein. Herrschen in einer Entität korruptive Strukturen (meint informelle Normen sowie ungeschriebene Unternehmensregeln), könnten sie das Verhalten der Mitarbeitenden negativ beeinflussen (also zur Korruption anstiften/verleiten). In diesem Fall verstoßen die Akteure zwar gegen diese Gesetze, verhalten sich aber loyal ihrer Organisation gegenüber (also handeln zu deren situativem Vorteil), was einer „brauchbaren Illegalität" (Pohlmann 2015) gleichzusetzen ist. Um Korruption gänzlich entgegenwirken zu können, müssen ebenso solche Faktoren berücksichtigt werden (u. a. damit die Personen, welche infolge von Gruppenzwang etc. partizipieren müssen, nicht zu Schaden kommen). Deshalb sollte bei dem Compliance-Programm zur Korruptionsprävention auch darauf geachtet werden, dass die Maßnahmen bei der „organisationalen Korruption" anders zu gestalten sind als bei der „individuellen Korruption" (Hermann 2018).

Enste, Dominik H.; Potthoff, Jennifer (2024): Wirtschaftskriminalität. Entwicklungen, Täterprofile und Präventivmaßnahmen. Köln (IW-Report, 17/2024).

Hermann, Dieter (2018): Korruptionsbereitschaft von Managern – organisationale oder individuelle Devianz. In: Klaus Boers, Marcus Schaerff und Marcelo F. Aebi (Hg.): Kriminologische Welt in Bewegung. Mönchengladbach: Forum Verlag Godesberg, S. 255–264.

Matthiesen, Reemt; Heinzke, Philippe; Glocker, Felix; Dreyer, Julia (2024): DSGVO-Schadensersatz. Übersicht über aktuelle Urteile und Entwicklungen (laufend aktualisiert). CMS Hasche Sigle Partnerschaft von Rechtsanwälten und Steuerberatern mbB. Online verfügbar unter https://www.cmshs-bloggt.de/tmc/datenschutzrecht/dsgvo-schadensersatz-uebersicht-ueber-aktuelle-urteile-und-entwicklungen-laufend-aktualisiert/, zuletzt geprüft am 11.05.2024.

MaWi-Netzwerk (2024): Missionstatement – Netzwerk gegen Machtmissbrauch in der Wissenschaft. Netzwerk gegen Machtmissbrauch in der Wissenschaft. Online verfügbar unter https://www.netzwerk-mawi.de/, zuletzt geprüft am 11.05.2024.

Niggl, Philipp H. (2024): Wissenschaftliche Veröffentlichungen im Lichte des Außenwirtschaftsrechts. Praktische Relevanz und Verantwortlichkeiten. Stuttgart: Fraunhofer Verlag.

Pohlmann, Markus (2015): Schmieren und Tricksen. Zur Erklärung von Korruption und Manipulationen bei Managern, Bankern und Ärzten. Ringvorlesung 2015/16 „Tauschen, teilen, tricksen – andere Formen des Wirtschaftens". Universität Heidelberg, 12.11.2015.

Stober, Rolf; Ohrtmann, Nicola (Hg.) (2022): Compliance für die öffentliche Verwaltung. Mit Erläuterungen für öffentliche Unternehmen. 2. Auflage. Stuttgart: Kohlhammer.

Transparency International (2023): Kleine Gefälligkeiten – große Probleme. Korruptionsgeschichten & Praxistipps zum Thema „immaterielle Korruption". Transparency International Austria. Wien. Online verfügbar unter https://ti-austria.at/wp-content/uploads/2023/06/TI_Korruption_hat_viele_Gesichter_A5_v6_RZ_Ansicht.pdf.

TU Dresden (2024): Aufbau des Compliance Management Systems der TU Dresden. Online verfügbar unter https://tu-dresden.de/tu-dresden/compliance-management/grundlagen, zuletzt geprüft am 12.08.2024.

Wündisch, Sebastian; Zirkel, Markus (Hg.) (2024): F&E-Verträge. Handbuch für Wissenschaft und Praxis. 4. Aufl. Hürth: Heymanns, Carl

Abschließende Bemerkungen 8

Ein wirkungsvolles Compliance-Management verlangt zunehmend ein organisationskluges sowie integriertes Vorgehen aller Bereiche einer Organisation.[1] Dabei kann Compliance bzw. das Betreiben eines wirksamen Systems gewiss nicht die Welt retten, aber es kann – wenn richtig ausgeführt – in Forschung und Wissenschaft, neben den bereits mehrfach erwähnten bzw. umrissenen Vorteilen, die Attraktivität der Organisation als Arbeitgeber:in steigern (z. B. durch die Themen *Fairness, Nachhaltigkeit*) sowie die Sicherheit der eigenen Mitarbeitenden und die von Lieferant:innen oder Kund:innen erhöhen (z. B. im Kontext *Arbeitsschutz, Korruptionsprävention*). Compliance hat dabei zweifelsfrei auch Grenzen, weil sie keine hundertprozentige Sicherheit versprechen kann. In einem sehr dynamischen Umfeld – wie dem heutigen – sind stetige Anpassungen erforderlich, worauf die Compliance-Arbeit (kontinuierlich) ausgerichtet werden muss. So sollte die zentrale Bestrebung von Compliance sein, ein effektives Vorgehen zu etablieren, damit Chancen *frühzeitig* und Fehlverhalten *rechtzeitig* erkannt werden sowie steuernde Maßnahmen eingesetzt werden können. Die Herausforderung von Compliance ist es also, ein Managementsystem im Sinne eines übergreifenden und engmaschigen Netzes zu bilden, welches die Organisation und deren Angehörige vor Schaden bewahrt sowie Erfolgsaussichten aufzeigen kann. Entsprechend sind Strukturen zweckdienlich zu etablieren und diese mit verständlichen, organisationsweiten (digitalen

[1] Hierunter ist u. a. zu verstehen, dass man sich über die (kulturellen) Empfindlichkeiten, Gegebenheiten usw. der jeweiligen Organisation bewusst sein sollte und diese auch im organisationsweiten Kontext betrachtet, um nämlich überhaupt eine wirksame Compliance-Arbeit betreiben zu können (vgl. Jüttner 2023, S. 141).

I. Wiedemann, P. Pobuda, *Compliance in der Forschung*,
https://doi.org/10.1007/978-3-658-45728-0_8

bzw. unbürokratischen) Feedback-Schleifen zu versehen, sodass Rückmeldungen zeitnah erfolgen können und eine fortwährende Qualitätssteigerung erreicht werden kann.[2]

Ferner sollte man nicht vergessen, dass es „neben [dem] politischem Handeln und zivilgesellschaftlichem Engagement […] vor allem verantwortungsbewusst handelnde Unternehmen [sind], die im In- und Ausland präsent sind und wesentlich zur Lösung gesellschaftlicher Probleme beitragen" (BMAS 2024). Das bedeutet auch, dass eine staatliche Erwartungshaltung an die Unternehmen und Organisationen existiert, die abseits von Umweltschutzaspekten einen Umbau der Ökonomie hin zu einem resilienteren Wirtschaften sowie einer allgemein widerstandsfähigeren Unternehmenswelt vorsieht. Generell zeigt sich nämlich, dass Unternehmen bzw. Organisationen, die eine nachhaltige Geschäftsführung verfolgen, für wirtschaftliche Nachteile, bspw. aus dem Kollaps von Lieferketten (da diese u. a. ihre Lieferant:innen besser kennen), weniger anfällig sind. Mit der rechtlichen Verankerung dieser nachhaltigen Bestrebungen in bspw. der EU-Richtlinie zu CSR-Berichterstattung (CSRD) oder zu den Lieferkettensorgfaltspflichten (CSDDD) wird die freiwillige Verfolgung solcher Ziele in gewissem Maße zu einer verbindlichen Pflicht. Es ist also damit zu rechnen, dass gesetzliche Anforderungen zur systematischen sowie sachgerechten Verhinderung bzw. Vermeidung von Compliance-Verstößen im privatwirtschaftlichen sowie öffentlichen Bereich immer komplexer und sich schneller entwickeln bzw. verändern werden. Hierauf müssen sich alle Organisationen einstellen, damit darauf jeweils effizient sowie effektiv reagiert werden kann.

Neben den rechtlichen und ethischen Vorgaben nimmt ebenso die Erwartungshaltung der Gesellschaft an Organisationen stetig zu, Geschäftsprozesse wirksam zu etablieren und nachhaltiges Verhalten zu leben. Nicht zuletzt wird dies auch durch die mediale Berichterstattung zu Fehlverhalten usw. weithin sichtbar. Die

[2] Sogenannte Feedback-Schleifen können in Organisationen oft dazu beitragen, bestehende Strukturen und Verhaltensweisen zu intensivieren – also sie können sowohl eine Moralverstärkung (Engelskreise), aber eben auch eine Moralverdrängung (Teufelskreise) befeuern (vgl. Ortmann 2010). Daher ist bei der Implementierung von solchen Rückmeldeprozessen darauf zu achten, dass sich keine schädliche Abwärtsspirale stabilisiert. Ferner soll einer schleichenden Verschiebung von Standards, Normen und Werten in eine – aus Compliance-Sicht – unerwünschte Richtung vorgebeugt werden. Damit Feedback wirkungsvoll ist, sollte es daher stets eng mit der Reflexion eigenem Handelns sowie der Zielsetzung zur positiven Veränderung von Verhalten verknüpft werden. Eine passgenaue Gestaltung der Optimierungen bzw. Verbesserungen aus der Rückmeldung vervollständigen einen wirksamen Kreislauf und können sowie sollen organisationsschädigende Prozesse, bspw. Normalisierung von Abweichungen, bestenfalls verhindern.

damit einhergehende steigende Transparenz rückt dabei solche Themen immer stärker in den Fokus. Das bedeutet für die Leitungsorgane einer Organisation, zwangsläufig eine nachhaltige Geschäftsführung in die spezifischen Organisationsziele aufzunehmen und diese wirksam zu verfolgen (was u. a. Compliance als eine Führungsaufgabe rechtfertigt). Diese Aufgabe effektiv auszuüben, erfordert die zu verantwortenden Aktivitäten sowie Prozesse in einer Weise zu organisieren und zu kontrollieren, dass diese den anwendbaren straf- und bußgeldbewehrten Gesetzen bzw. jeweiligen Erwartungshaltungen[3] nicht zuwiderhandeln. Sind die Compliance-Ziele einer Entität danach tatsächlich ausgerichtet, können diese durchaus zu einer erfolgreichen Nachhaltigkeitsstrategie umfassend beitragen, indem sie das verantwortungsbewusste unternehmerische Handeln der Organisation strukturell gewährleisten.

Aufgrund der zunehmenden Komplexität sowie teilweise auch Unübersichtlichkeit von externen Anforderungen ist davon auszugehen, dass sich alle Organisationen – unabhängig von ihrer Rechtsform – in Governance- und Compliance-Fragestellungen annähern werden, um diese Herausforderungen (z. B. ein wirksames Meldewesen, das dem HinSchG oder LkSG standhält, zu betreiben) zukünftig meistern zu können. Diese entschieden bewerkstelligen zu können, bedarf der Anwendung von standardisierten Verfahren. Die ISO-Norm 37301 zur Ordnungsmäßigkeit eines CMS liefert wertvolle Anhaltspunkte für die Umsetzung eines angemessenen und wirksamen Systems. Die Zertifizierung nach dem Standard ISO 37301 kann ferner ein glaubwürdiges Marketingversprechen gegenüber Dritten, wie eben den Geschäftspartner:innen, entfalten und das Vertrauen erhöhen.

Betrachtet man Aufbau bzw. Entwicklung von Compliance aus Kostengesichtspunkten, ist das (anfänglich) umfassende Investment in die diversen Prozess- und Strukturanpassungen, in Personalentwicklung bzw. -zuwachs sowie in den Einsatz von zusätzlicher Unterstützung wie Beratungsleistungen oder IT-Services eine beträchtliche Kraftanstrengung ohne einen unmittelbaren Benefit. Umso schwerer ist es deshalb, die Compliance-Aufgaben gegenüber den anderen und auf den ersten Blick lohnenderen Organisationszielen hoch zu priorisieren. Mittel- und langfristig wird sich jedoch eine aktive Steuerung von Compliance-Risiken in höheren Gewinnen bzw. erreichten Erfolgen, bspw. infolge der Verhinderung von Strafzahlungen oder Ansehensverlust sowie des Auslotens von Chancen, auszahlen.

[3] Hier ist darauf hinzuweisen, dass die diversen Erwartungshaltungen an Organisationen in vielen Teilen recht widersprüchlich sein können. Die sich daran anschließende – für die Praxis – relevante Frage ist, wie damit zu verfahren wäre. Bspw. spricht Brunsson (2002) von „organisierter Heuchelei“ als berechtigtes Mittel zum Umgang mit den vielen, widersprüchlichen Erwartungen (vgl. Jüttner und Schütz 2023).

Unterstützt wird eine solche Sichtweise vom ehemaligen US-Generalstaatsanwalt McNulty, der einmal formulierte: „*If you think that compliance is expensive, try non-compliance*" (Jüttner 2023, S. 28). Allerdings lässt sich ein Vergleich zwischen Compliance und *keiner* Compliance kaum empirisch quantifizieren, da es in naheliegender Weise durchaus schwer bis nahezu unmöglich ist nachzuweisen, welche Schäden die organisationseigene Compliance letztendlich verhindert sowie welche Chancen sie erkannt hat bzw. welchen wirtschaftlichen Mehrwert sie beitrug. Klarer lassen sich hingegen die Kosten ermitteln, welche für Compliance in einem gewissen Zeitraum aufgewendet wurden und dabei den Gewinn schmälern. Der Nutzen von Compliance realisiert sich jedoch nur, wenn die Compliance-Maßnahmen effektiv darin sind, Schäden von der Organisation abzuwenden. Im Worst-Case-Szenario würde dies nicht gelingen und der Entität trotz großer Investitionen in Compliance-Maßnahmen Strafzahlungen drohen. Daher gilt eben auch: „*If you think that compliance is expensive, wrong compliance is even more expensive*" (Jüttner 2023, ebd.). Umso zentraler ist es darum, die Wirksamkeit von Compliance-Maßnahmen kontinuierlich zu überprüfen und sich nicht in falscher Sicherheit zu wiegen. Kritisches Nachhaken ist zum Beispiel angebracht, wenn trotz der Einrichtung einer Meldestelle mit teurem Hinweisgebersystem keine Meldungen eingehen. Hier wäre es ein Fehler, vorschnell davon auszugehen, dass alle Mitarbeitenden anständig sind, was bei zunehmender Größe der Organisation – also steigender Personenanzahl – ein eher unwahrscheinliches Szenario ist. Wertvoll wäre es daher, u. a. die Akzeptanz des Meldesystems zu untersuchen.

Die Gründe, weshalb sich Organisationen letzten Endes mit Compliance intensiv befassen (sollten), sind extrem vielseitig. So wurde in diesem Buch häufig der Begriff *Integrität* im Compliance-Zusammenhang verwendet. Aber kann es so etwas wie ein aus sich selbst heraus stets aufrechterhaltenes Gerechtigkeitsverlangen bzw. das uneingeschränkte Aufweisen von Makellosigkeit, Unbescholtenheit sowie Unbestechlichkeit (alles Wörter, die laut Duden *Integrität* beschreiben) überhaupt geben? Nun, die Sozialpsychologie hat mit einer Reihe von prominenten Versuchen offengelegt, dass unsere innere Stimme, die uns sagt, was in einer jeweiligen Situation moralisch gut wäre, oftmals überhört wird. So hat das *Milgram-Experiment* (Milgram 1963) demonstriert, dass Menschen durch das Ausüben von Autorität dazu gebracht werden können, unethisch zu handeln. Es dominiert also bei nahezu niemandem immer das Gute in allen Lebenslagen. Ob sich Menschen moralisch bzw. anständig verhalten, wird nämlich erheblich durch situationale Faktoren beeinflusst, wie bspw. das *Samariter-Experiment* (Darley und Batson 1973) zeigt: Unter Zeitdruck sank die Hilfsbereitschaft der Studienteilnehmenden deutlich. Entsprechend stressige Umstände können daher (stark) beeinflussen, ob sich ein Mensch moralisch korrekt verhält. Aber auch Gruppendruck (z. B. im Sinne von

‚das machen doch alle so‘) hat einen großen Einfluss auf unser Verhalten, wie u. a. das *Asch-Experiment* (Asch 1951) herausgefunden hat. Nicht wenige Menschen neigen demnach zur Konformität, was nichts anderes meint, als dass sie sich gegen die eigene Überzeugung den Urteilen, Meinungen oder Einstellungen der Mehrheit (Mehrheitsposition) anpassen. Der dahinter liegende Konformitätsdruck basiert auf den vom jeweiligen Menschen individuell antizipierten oder erlebten Repressalien bzw. Sanktionen bei Abweichung von normgebundenen Verhaltensweisen in Gruppen, denen sich nur recht schwer entzogen werden kann.[4] Die Befunde dieser älteren Experimente haben auch in heutiger Zeit Bestand, denn bspw. geben nach aktuellen Daten rund vier von zehn befragten Personen an, dass sie durchaus bereit wären, sich unethisch zu verhalten, wenn sie von ihren Vorgesetzten dazu aufgefordert würden (wobei deren widriges Verhalten noch eher toleriert wird als bei anderen Mitarbeitenden); circa die Hälfte der Befragten sieht es als Herausforderung an, bei schwierigen Marktbedingungen oder ökonomischen Schieflagen die organisationseigenen Integritätsstandards aufrechtzuerhalten (siehe EY 2024). So kann Konkurrenz-/Wettbewerbsdruck zur Regelabweichung einladen (vgl. Doyle et al. 2022). Die in diesen Studien erkennbare situative Bedingtheit moralischen Verhaltens verdeutlicht, wie wichtig es ist, Strukturen zu schaffen, die ethisches Handeln fördern. Anders geschrieben, müssen also Bedingungen in einer jeweiligen Organisation kreiert werden, in denen Menschen nicht dazu verleitet werden, von ihrer moralischen Grundeinstellung abzuweichen.

Dass eben nicht alle bzw. eher die wenigsten Menschen in jeglichen Lebenslagen (trotz anständigen Charakters) integres Verhalten zeigen, auch wenn sie bspw. einen recht hohen IQ mitbringen, muss noch stärker verinnerlicht werden. Entsprechend sollte natürlich ebenfalls im Bereich *Forschung und Wissenschaft* das Bewusstsein für die enorme Bedeutung von Compliance wesentlich ausgeprägter anzutreffen sein. Denn schließlich geht es eben darum, den Organisationsangehörigen verbindliche Leitplanken sowie verständliche Hilfestellungen zu geben, wie sie sich u. a. rechtlich sicher und ethisch korrekt verhalten. Ihren eigenen beruflichen Tätigkeiten sollen sie erfolgreich nachgehen können, ohne dass jedoch die anderen Personen in der Organisation oder die Entität selbst dadurch negativ beeinflusst bzw. empfindlich beeinträchtigt werden. Ein wirklich gut aufgesetztes CMS ermöglicht es ihnen, dass sie bei nicht-wissenschaftlichen

[4] Als einfaches Beispiel lässt sich hier das folgende Szenario anführen. Ein neuer Mitarbeitender tritt seinen Job an und gleich in der ersten Woche wird sichtbar, dass die Kolleg:innen nicht korrekt ihre Mittagspause verbuchen. Also, sie gehen mittags in den Supermarkt um die Ecke, stempeln sich entsprechend aus und wieder ein, wenn sie zurückkehren. Die eigentliche Pause, in der das frisch Eingekaufte verzehrt wird, findet dann allerdings erst in gemeinsamer Runde im Besprechungsraum statt. Würden Sie dieser Praxis beiwohnen oder den klaren Verstoß gegen die Regeln der Arbeitszeiterfassung sogar melden?

(verwaltungsrelevanten) Themen in ihren jeweiligen (Forschungs-)Projekten keine eigene rechtliche oder moralische Bewertung vornehmen müssen und bei wissenschaftlich-ethischen Problemstellungen Support erhalten. Die individuelle Entscheidungsfindung, welche durch die rechtliche Auslegung divers sowie teilweise streitig sein kann, soll den Wissenschaftler:innen durch ein standardisiertes Vorgehen erleichtert bzw. abgenommen werden. Es wird also bei einem *angemessen* implementierten sowie *wirksam* betriebenen CMS eine verbindliche Orientierung geboten, womit sich Organisationsangehörige darauf verlassen können, dass ebenso die allermeisten anderen Mitarbeitenden integres Verhalten zeigen und wenn nicht, dafür eben die Folgen tragen müssen.

In diesem Kontext ist dabei genauer darauf hinzuweisen, dass man unter *Compliance* grundsätzlich die Einhaltung von Gesetzen, Vorschriften oder internen Regelungen etc. versteht, während *Integrität* bedeutet im Einklang mit moralischen Werten sowie Prinzipien zu handeln. Integre Mitarbeitende bleiben sich daher selbst treu und halten an ihren eigenen Idealen fest, welche eben moralisch vertretbar sind (entsprechend begehen sie vorbildlicher Weise keine relevanten Verfehlungen usw.). Der weitreichende Ansatz der *Compliance-Integrität* umfasst also die Einhaltung von Standards, Regeln sowie Vorschriften etc. durch die Mitarbeitenden über die rechtlichen Rahmenbedingungen hinaus und bezieht universelle Werte explizit in die Vorgaben mit ein. Daraus folgt, dass diese umfangreichen Verpflichtungen auf rechtliche und regulatorische Anforderungen sowie auf integres Verhalten, moralische Werte und Verhaltensnormen ausgerichtet sind, was die Organisationskultur gewichtig prägt sowie auf das CMS-Element *Compliance-Kultur* einzahlt. Dabei ist die Compliance-Kultur zweifelsfrei ein CMS-Kernelement, für das ebenfalls Compliance-Maßnahmen oder ggf. ein eigenes Compliance-Programm – je nach Ausprägung des gewollten Integritätsansatzes – realisiert und durchgesetzt werden müsste, um generell eine hohe Wirksamkeit zu erreichen. Gibt sich eine Organisation also das Ziel, integres Verhalten zu beschreiben und von Mitarbeitenden einzufordern, erscheint es sinnvoll, das Bewusstsein für dieses Verhalten (u. a. nur neutrale Entscheidungen zu treffen bzw. die Sicherstellung, dass alle Entscheidungen frei von Interessenkonflikten sind) sowie die damit verbundenen Werte (z. B. Chancengleichheit) zu etablieren. Mit den CMS-Tools lassen sich ferner auch Messungen zur Rückkopplung effizient umsetzen sowie in die Systeme integrieren[5] und die Aufgaben der Leitung unterstützen.

[5] Der umrissene Aspekt, die Compliance mit dem sog. Integritätsmanagement zu verbinden und dieses über das CMS entsprechend nachhalten zu können, hängt ebenso von der Erwartungshaltung der verschiedenen Stakeholder einer Organisation ab, deren Vertrauen gewonnen bzw. gestärkt werden soll. Der Grad der Professionalisierung dieses Ansatzes sollte dabei also auch stets daran ausgerichtet werden.

8.1 Was sollte man unbedingt verinnerlichen?

Zur Rekapitulation der vergangenen Inhalte lohnt es sich, nochmals einen Blick auf den Compliance-Kreislauf zu werfen, womit sich die wichtigsten Aspekte für ein tragfähiges Verständnis von Compliance einfach reflektieren lassen. Der erforderliche Aufwand bzw. die notwendigen Ressourcen zur Einführung und zum Betreiben eines Compliance-Management-Systems hängen u. a. jeweils von der Größe der Organisation sowie Anzahl bzw. Komplexität der bestehenden Risikofelder ab. So sei zu Beginn dieser knappen Zusammenfassung erneut zu betonen, dass für die Ausgestaltung eines wirksamen CMS keine Blaupause oder Patentlösung existiert, sondern stets eigene bzw. organisationsspezifische Lösungen zu entwickeln sind. Herausforderungen anzunehmen und Probleme lösen zu können bzw. zu wollen stellen dabei Grundvoraussetzungen an die Arbeitsweise dar. Compliance organisationsangepasst umzusetzen bedarf eines guten Fingerspitzengefühls für die gelebte Organisationskultur sowie eine ausgeprägte Kenntnis über die Besonderheiten und Gegebenheiten einer jeweiligen Entität. Wenn sich Compliance immer wieder auch als Enabler präsentiert, wird sie bei den Menschen innerhalb der Organisation als verlässlicher Berater bzw. Partner und Wertschöpfungsfaktor wahrgenommen. In diesem Sinne sollte die Compliance-Abteilung bzw. -Organisation auch Marketing für ihre Zwecke betreiben und sich gut in der eigenen Entität vernetzen.

Das Fundament eines wirksamen CMS besteht vor allem aus eindeutigen Zieldefinitionen (inkl. einer Risiko-/Chancenstrategie) in Verbindung mit dem – diese Ziele unterstützenden – Commitment der Organisationsleitung und einer klar festgelegten Governance, einem seinem Zweck entsprechend aufgesetzten Risikomanagement sowie einer durchdachten bzw. zielführenden Planung und Umsetzung. Hierzu wird der Compliance-Kreislauf (unter Beachtung des PDCA-Zyklus) als Kern eines CMS etabliert, welcher turnusmäßig (z. B. einmal im Jahr) oder anlassbezogen (u. a. infolge eines eingetretenen Compliance-Verstoßes) akribisch zu durchlaufen ist. Als dessen Grundlage werden also die Compliance-Ziele in Einklang mit der Organisationsstrategie (Stichwort *SMART*) und die Zuständigkeiten (Stichwort *Governance*) klar festgelegt, diese dann sozusagen in eine Compliance-Vorgehensweise überführt sowie mittels geeigneter Projekt- und Prozessmanagementmethoden umgesetzt. Ferner wird die Methodik (grundlegende Ausgestaltung) des Risikomanagements ausgearbeitet, wonach dann die Risikoanalyse als erstes Element des Compliance-Kreislaufes abläuft; hierdurch werden die bestehenden Compliance-Risiken (Gefahren und Chancen) in der/für die Organisation ermittelt, danach bewertet und priorisiert. Daran anschließend sind Präventionsmaßnahmen im Rahmen von Compliance-Programmen zu entwickeln und zu implementieren. Weiterer Bestandteil eines solchen Programms sind u. a. Abhilfemaßnahmen, die im Falle von Verstößen oder Systemmängeln angewendet werden müssen. Damit diese Verstöße oder Mängel überhaupt erst auffallen, ist neben einem kontinuierlichen Monitoring und regelmäßigen Kontrollen zur Beurteilung der CMS-Wirksamkeit ein Beschwerde- und Hinweisgebersystem üblich, welches internen sowie externen Personen (bzw. Organisationen) die Möglichkeit einräumt, bspw. etwaige Verstöße gegen gesetzliche oder selbstauferlegte Regeln sowie Standards zu melden. Neben aktiv (u. a. durch eine entsprechend ausgestaltete/etablierte Unternehmenskultur) einzufordernden Erkenntnissen bzw. Input zur Verbesserung und zur zielgenauen Umsetzung von Optimierungsmaßnahmen sind außerdem das Berichtswesen sowie die Berichts- und Dokumentationspflichten nicht zu vergessen. Hierunter wird bspw. verstanden, dass alle Risiken oder Verstöße, Kennzahlen aus Berichten bzw. Kontrollen (bspw. KPIs) und durchgeführte Tätigkeiten zur Nachvollziehbarkeit dokumentiert sowie der Leitung oder anderen Funktionsträger:innen (aufgearbeitet) vorgelegt werden. Dieser Kreislauf ist also immer wieder aufs Neue durchzuführen, sodass mithilfe der Risikoanalyse und der anderen Bausteine stets ein aktuelles Lagebild vorliegt, um die risikomitigierenden Compliance-Maßnahmen fortwährend an die veränderten Anforderungen anzupassen oder weitere aufzusetzen. Unterstützt wird dieser kontinuierliche Verbesserungsprozess durch (weitere) Optimierungsmaßnahmen in Gestalt von Audits bzw. akzentuierter Prüfungen sowie Analysen und stetig zu tätigender Weiterentwicklungen der gesamten Compliance-Arbeit. So kann die Effektivität und parallel die Effizienz eines organisationsspezifischen CMS tatsächlich erreicht werden (Abb. 8.1).

Die prozessualen Aufgaben der Compliance-Funktion (2nd-line des *Three Lines-Modells*) fokussieren sich also auf die Durchführung von Datenbewertungen (z. B. Risiken in der Risikoanalyse), Ausarbeitung von Maßnahmen zur Prävention/Abhilfe, den Betrieb des Hinweis- und Beschwerdemanagements sowie die Wahrnehmung der Dokumentations- und Berichtspflichten. Die Herangehensweise ist in allen Fällen über das sog. *Scoping* zu vollziehen, d. h. die Festlegung der Art, des Umfangs und Zwecks der Aufgabengebiete. Dies ist ein wegweisender Schritt zur Etablierung eines effizienten CMS, da hierdurch nämlich abgegrenzt werden kann, was im Verantwortungsbereich der jeweiligen Funktionsträger:innen liegt und was eben nicht. Ein effektives System zeichnet sich letztendlich über einen ausgeklügelten Verbesserungsprozess aus, was sich in etablierten Strukturen hinsichtlich der Ableitung von angemessenen Kontrollen und Überprüfungsszenarien sowie dem Management der Anpassungsfähigkeit ausdrückt. Das Überprüfungs-Setup kann als ein Teil des internen Kontrollsystems (IKS) – was bei großen Organisationen eher sinnvoll erscheint – oder als eine eigene Compliance-Routine mit zu definierenden Verfahren implementiert werden. Der Rückkopplungsprozess zur Einbringung von Optimierungen sollte daran ausgerichtet werden, wie

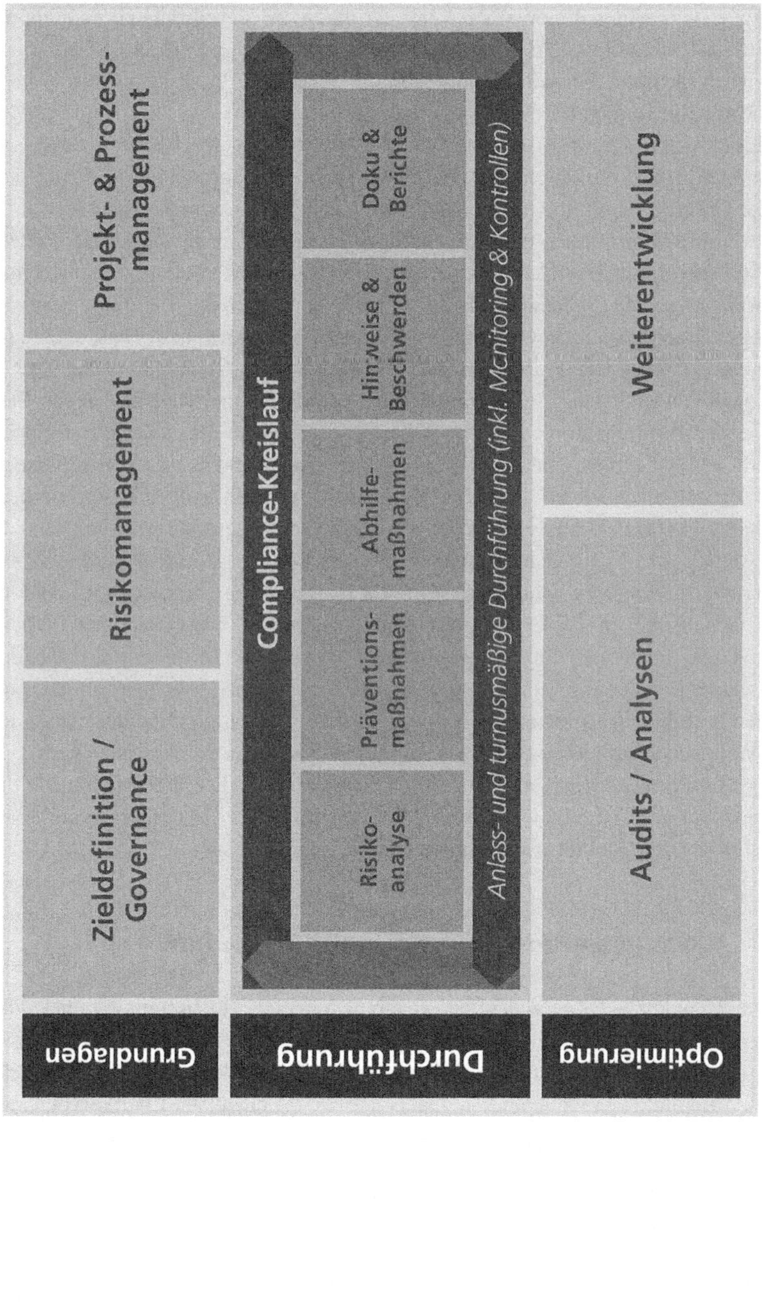

Abb. 8.1 Kreislauf einer Compliance-Vorgehensweise (Eigene Darstellung)

stark arbeitsteilig die Entität funktioniert. So kann es dann sinnvoll sein, dieses Management an nur wenigen Stellen zu bündeln, um den Überblick der Wechselwirkungen von Maßnahmen oder Veränderungen zu gewährleisten und damit Effizienzgesichtspunkte stärker berücksichtigen zu können. Auf jeden Fall sollte ein Agieren in Silos ebenfalls bei der Verbesserung von Prozessen, Programmen sowie Maßnahmen gänzlich vermieden werden.

Wichtig zu verinnerlichen ist ferner ebenso der Unterschied zwischen einem *regelbasierten* und einem *risikobasierten Ansatz*. Eine moderne Compliance im Speziellen bzw. die Gesetzgebung im Allgemeinen sollte Bedingungen schaffen, in denen u. a. Fortschritt und Innovationen möglich sind. Dies kann dadurch gewährleistet werden, indem man den Mitarbeitenden keine starren Vorgaben macht, sondern im Sinne einer risikoorientierten Vorgehensweise klare Anforderungen an das Ergebnis definiert, welche bei angemessener Anwendung individuelle Innovations- bzw. Entscheidungsspielräume erlauben. Diese sind dann in einer Weise auszugestalten, dass die Absicht hinter einer jeweiligen Regelung umgesetzt, ohne dass dabei aber die eigene Performance etc. beeinträchtigt wird. Dieser Ansatz lässt sich an dem folgenden Beispiel verdeutlichen: Das Risiko, durch die in Folge des Klimawandels häufiger werdenden Starkwetterereignisse einen ernstlichen Schaden zu erleiden, soll reduziert werden. Denn hierbei kann es sich um eine massive Gefahr für die Bestandserhaltung handeln (z. B. wenn ganze Landstriche überschwemmt und Gebäude mitgerissen werden), welcher begegnet werden muss. Also gilt es Vorgaben durchzusetzen, welche die diversen Gegebenheiten und Situationen von (ansässigen) Organisationen berücksichtigen und mit denen flexibel gearbeitet werden kann. In diesem Kontext des Klimaschutzes wäre es – einfach ausgedrückt – also nicht die Festlegung auf den Einsatz einer bestimmten Technologie bspw. zur Verringerung klimaschädlicher Emissionen, sondern eben auf das zu erzielende Ergebnis, wie die neunzigprozentige Reduzierung von klimaschädlichen Abgasen bis 20XX zu erreichen. Lediglich wenn die Handlungsoptionen begrenzt sind bzw. nur eine Option sinnvoll ist, sollte diese tatsächlich strikt und konkret vorgegeben werden.

8.2 Wo sind weitere Informationen zu finden?

Als erste Anlaufstelle lassen sich selbstverständlich in einer Hochschulbibliothek oder natürlich im Internet verschiedene Informations-, Beratungs- oder Weiterbildungsangebote finden. Auf nicht wenige solcher informativer Quellen wurde in den zurückliegenden Kapiteln bereits verwiesen. Daher können die einzelnen Literaturverzeichnisse am Ende eines jeweiligen Kapitels (abgesehen von Kap. 7, wo fast nur in den Fußnoten zitiert wurde) als Sammlung verstanden werden, welche die wegweisendsten Bücher (in deutscher Sprache) zum Thema *Compliance* beinhaltet. Der Fokus liegt hierbei also auf dem deutschen Rechtsraum unter Einbeziehung internationaler Aspekte.

Ein umfangreiches sowie oftmals kostenloses Angebot an Handreichungen oder anderen Hilfsmitteln veröffentlichen die jeweiligen Bundesministerien (z. B. Bundesministerium für Arbeit und Soziales für CSR) bzw. den verschiedenen Ministerien unterstellte Behörden (z. B. BAFA für Fragen rund um das LkSG) oder ebenso internationale Organisationen wie die Europäische Union, OECD oder Vereinten Nationen. Darüber hinaus bieten Beratungsunternehmen (z. B. EY, PWC) und Wirtschaftsverbände (z. B. BDI, VDA) frei zugängliche Informationen an. Ferner lohnt es sich, speziell die diversen Compliance-Updates sowie regelmäßigen Veranstaltungen in Form von (teilweise unentgeltlichen) Webinaren – Angeboten durch Kanzleien (z. B. Gleiss Lutz, Hogan Lovells, Taylor Wessing) und Weiterbildungszentren/-akademien (z. B. Beck, Haufe, TÜV) wie auch Software-Anbietern (z. B. EQS, Lawpilots) – anzuschauen, die neben einer gewissen Eigenwerbung durchaus viele interessante neue Entwicklungen sowie Vertiefungen in unterschiedlichsten Themen im Kontext der Compliance-Arbeit anbieten. Ebenso kann YouTube sicher weiterhelfen, falls diese dort verfügbaren Inhalte denn von Fachpersonen aus dem Bereich kreiert wurden.

Die Mitgliedschaft in einem Compliance-Netzwerk, wie bspw. dem *Bundesverband der Compliance Manager e. V.* (BCM), ermöglicht einen spannenden, Horizont erweiternden Dialog zu aktuellen Themen mit anderen Compliance-Manager:innen. Die Gestaltung des BCM bietet den Mitgliedern einen vielfältigen Erfahrungsaustausch über Unternehmens- oder Branchengrenzen hinweg. Gleichzeitig möchte dieser Verband die externe Kommunikation sowie die Meinungsbildung über Compliance-Themen auf überregionaler Ebene vorantreiben. Als eine Interessenvertretung agiert der BCM außerdem auf politischer Ebene und fördert im Sinne der Mitglieder die Entwicklung eines klar definierten beruflichen Selbstverständnisses. Als Kooperationspartner der *Quadriga Media Berlin GmbH* veröffentlicht er Inhalte für das Fach-Magazin *Compliance Manager*. Unabhängig davon wären noch zwei (stärker) juristische Fachzeitschriften hervorzuheben: der *Compliance-Berater* (CB) sowie die *Corporate Compliance Zeitschrift* (CCZ). Zudem ist das *comply. – Fachmagazin für Compliance-Verantwortliche* interessant zu lesen, welches in Kooperation mit dem *Viadrina Compliance Center* und dem *Deutsche Institut für Compliance e. V.* erscheint.

Das *Deutsche Institut für Compliance e. V.* (DICO), dessen Mitglieder größtenteils aus Unternehmen (und somit deren Angestellten bestehen), verfolgt das Ziel, Maßstäbe für die Compliance-Praxis zu setzen sowie fortzuentwickeln. In diesem Sinne werden in diversen Arbeitskreisen mit Vertreter:innen aus Unternehmen, Verbänden, Wissenschaft und der Beratung konkrete Compliance-Themen sowie Erfahrungen aus der Praxis diskutiert. Hieraus entstandene Materialien in Form von Arbeitspapieren, Leitlinien und Standards werden der Compliance-Community zur Verfügung gestellt. Als DICO-Mitglied sind diese Unterlagen allesamt einsehbar. Nicht-Mitglieder haben die eingeschränkte Möglichkeit, gewisse DICO-Materialien auf deren Webseite einzusehen.

Insgesamt steht daher eine recht breite Palette an Informationen – von kostenfrei bis hochpreisig oder unabhängig bis interessengeleitet – zur Verfügung. Wie auch bei der Compliance als solches gilt es für den jeweils spezifischen Anwendungs-/Themenbereich eine Auswahl zu treffen, da man sonst ziemlich schnell den roten Faden in den vielfältigen Informationsquellen verliert.

8.3 Welche Aspekte wurden hier übergangen?

In diesem Buch wurde sich vor allem mit den Elementen des Compliance-Management-Systems, der Erreichung einer systematischen Wirksamkeit sowie beispielhaften Anwendungsfällen eines effizienten Systems in der Praxis befasst. Es wurden Themen für eine moderne bzw. zukunftsfähige Compliance angesprochen, aber sicherlich nicht alle Aspekte für jede Organisation ausreichend berücksichtigt. Im Wesentlichen ist hiermit nämlich versucht worden zu erreichen, dass sich bei den Lesenden ein Grundverständnis für Compliance einstellt, ohne dabei zu tief in die Details einzutauchen. Für die Darstellung der Inhalte war es ferner wichtig, dass eine ausgewogene Betrachtung der Compliance-Relevanz für Organisationen im Bereich *Forschung und Wissenschaft* gelingt. Um jedoch alle wesentlichen Informationen angemessen zu behandeln sowie eine detaillierte Perspektive auf die Compliance-Arbeit zu geben, müsste dieses Buch eine doch umfangreichere Gestalt annehmen, was wiederum einer Einführung kaum gerecht wird. Daher gilt es – wie bereits in mehrfacher Weise betont – für darüber hinausgehende Fragestellungen tiefer in die verfügbaren (spezifischen) Informationsquellen einzusteigen sowie darauf aufbauend selbst kreativ zu werden.

Sowohl regulatorisch wie auch gesellschaftlich ist derzeit einiges in Bewegung, ganz davon abgesehen, welche spannenden Entwicklungen sich im Bereich *Legal Tech* in der letzten Zeit ergeben haben, weshalb diese Thematik hier noch ein paar Worte verdient hat. Denn auch infolge der schnelllebigen Fortschritte bei der *Künstlichen Intelligenz* (KI) – was im Kontext der Juristerei oftmals als *Legal AI* bezeichnet wird – befinden sich durchaus zahlreiche Teile der bekannten (Wirtschafts-)Welt in einem rasanten Wandel. Insbesondere wird der Einsatz von KI in Organisationen sehr wahrscheinlich die Arbeitsweisen oder auch Aufgabenzuschnitte, u. a. in der Compliance-Abteilung, erheblich verändern und womöglich ein tiefergreifendes Verständnis des jeweiligen Sachverhalts sowie eventuell zügigere Reaktionen auf Compliance-relevante Ereignisse ermöglichen. Sciencefiction-mäßig könnte man zudem festhalten, dass die „Compliance nicht mehr als ein isolierter oder reaktiver Prozess gesehen [wird], sondern als eine dynamische Funktion, die sich nahtlos in den ‚Organismus' des Unternehmens einfügt. Wie ein intelligentes Nervensystem, das ständig Informationen verarbeitet und auf Veränderungen reagiert, werden Compliance-Systeme in der Lage sein, Risiken in Echtzeit zu erkennen, zu analysieren und entsprechende Optionen für eine Reaktion zu präsentieren" (Jeschke et al. 2024, S. 46).[6] Aber diesen Entwicklungen nun gänzlich vorzugreifen bzw. diese zu antizipieren, also welchen tatsächlichen Einfluss KI auf die Compliance-Arbeit haben wird, geht wohl derzeit zu weit bzw. ist nicht unbedingt sinnvoll, da die Anwendungsmöglichkeiten und vor allem eben deren Akzeptanz beim Management sowie den Mitarbeitenden in einer jeweiligen Organisation kaum bzw. noch nicht valide zu prognostizieren sind.

Das enorme Potenzial der KI wirft derweil dennoch – also bereits in der gegenwärtigen Arbeitsrealität – seine (teilweise sicher auch einschüchternden) Schatten voraus, indem aufgrund der soweit schon ersichtlichen Funktionsumfänge erste konkrete Anwendungen offenkundig werden (z. B. ein Chatbot, der den Mitarbeitenden individuelle Fragen zu organisationsinternen Regelungen beantwortet). Es werden also bereits diverse Compliance-bezogene Aspekte aufgeworfen, um bspw. die zukünftigen Interaktionen zwischen Mensch und Maschine, also wer nun welche Aufgaben innerhalb der Organisation sinnvoller Weise ausführen sollte, zu thematisieren. In ähnlicher Art zeigen die mit KI einhergehenden Gefahren (z. B. Bias in Entscheidungen) aber ebenso ein neues Compliance-Risiko in Bezug auf die Regulierung auf, weshalb die Compliance in Verbindung mit einem festen Wertekanon in die Entwicklung von KI-Modellen und die KI-Anwendung (also nicht nur in deren Nutzung in Organisationen) unbedingt eingebunden werden sollte bzw. für von der EU-KI-Verordnung betroffene Organisationen sogar – risikobasiert – eingebunden werden muss. So haben in sehr vielen Bereichen KI-Systeme bereits in kürzester Zeit eine disruptive Wirkung entfaltet bzw. angedeutet. In der Compliance-Arbeit selbst wird diese Entwicklung dabei zuerst vor allem in regelmäßig wiederkehrenden Prozessen beobachtet, bspw. zur Erkennung von Risiken aus dem Screening von

[6] Ferner wurde im Kontext dieser Studie, aus der also die genannten Perspektiven stammen, mit dem Namen *Next Generation Compliance – Wie KI die Spielregeln revolutioniert* diese sicherlich interessante sowie zu beachtende Aussage getätigt: „Compliance-Organisationen werden von drei Schlüsseldynamiken getrieben: einer stetig komplexer werdenden Regulierung auf nationaler und internationaler Ebene, einem zunehmenden Fachkräftemangel und den revolutionären Leistungssteigerungen der Künstlichen Intelligenz, die zunehmend Einfluss auf alle Branchen und Funktionen nimmt" (Jeschke und Fuchs 2024).

Zahlungsströmen oder Geschäftspartnerdaten oder auch im Anfragemanagement. Überall, wo große Informationsmengen analysiert werden müssen (Stichwort *Big Data*), ergeben sich durch KI umfangreiche Verbesserungen in der Erkennung von Risiken, deren Abarbeitung sowie in der Bearbeitungsgeschwindigkeit, also der Reaktionsmöglichkeit für richtige Entscheidungen inklusive Abhilfemaßnahmen usw.

Generell lässt sich schon jetzt festhalten, dass die häufig diskutierte KI-Fähigkeit, nämlich entsprechende (versteckte) Muster zu erkennen, für die Compliance-Arbeit von enormer Bedeutung sein wird. Denn wenn die Prozesse zur Analyse von Informationen weitestgehend digitalisiert und Daten gut vernetzt sind, verfügt man mithilfe der KI über Fähigkeiten zur effizienteren Steuerung von Compliance-Risiken sowie erhebliche Analyse- und Kontrollmöglichkeiten. Andererseits sollte man sich von diesen technischen Möglichkeiten sowie der dadurch steigenden Anzahl von – oftmals auch nur geringwertigen – aufgedeckten Risiken eben nicht in einen Regelungs- oder einen misstrauensbildenden Überwachungswahn treiben lassen, sondern den eigenen ethischen Kompass sowie natürlich die Mitbestimmungsrechte des Betriebsrates etc. im Blick behalten. Auf der positiven Seite der Anwendung von KI-Systemen bei der Compliance-Arbeit besteht eine umfassende Chance, bspw. die Steuerung der Maßnahmen genauer auf die Organisationsziele auszurichten und in der Durchführung ressourcenschonender zu gestalten. Richtig eingesetzt bzw. etabliert, wird der Einsatz von KI einen wertschöpfenden Nutzen entfalten können sowie dadurch die Compliance für Organisationen auch erlebbarer machen. Begrenzt vorhandene Ressourcen können dann nämlich bspw. auf die spannenden betriebswirtschaftlichen oder juristischen Aspekte gelenkt werden, während die Maschinen eher die eintönige Arbeit verrichten. Was diese Technologie nun aber letztlich wirklich bringt, wird uns die Zeit erst genauer lehren.

Digitalisierung im Allgemeinen spielt zweifelsfrei eine immer wichtigere Rolle bzw. kommt nun endlich mit ihrem vollen Potenzial in der Unternehmensweltan. Entsprechend finden sich eine Menge unterschiedlichster IT-Dienstleistungen mit Compliance-Bezug – wie Schulungssoftware inklusive maßgeschneiderter Schulungsinhalte – in der Entstehung bzw. Vermarktung.[7] Insbesondere in Forschung und Wissenschaft zeigt die Erfahrung, dass die in anderen Organisationen oder in der öffentlichen Verwaltung wahrgenommenen Hürden hinsichtlich Digitalisierung in sehr vielen Disziplinen äußerst gering sind, nicht zuletzt wegen der hohen Innovationsbereitschaft sowie der Tatsache, dass der Wissenschaftsbereich

[7] An dieser Stelle wird nun allerdings nicht auf einzelne Software-Lösungen eingegangen, da die Angebotsausgestaltung bzw. -vielfalt diesbezüglich recht dynamisch ist und immer wieder neue sowie spannende Applikationen hervortreten, welche genau mit den spezifischen Anforderungen in einer jeweiligen Organisation abzugleichen sind. Daher sollte man sich vor jeder neuen Software-Einführung (wenigstens annähernd) bewusst sein, was nun eigentlich mithilfe solcher Technik tatsächlich erreicht werden soll.

natürlich einen enormen Beitrag zur Digitalisierung geleistet hat bzw. weiterhin leisten wird. Hinzu kommt, dass viele Mitarbeitende dort noch sehr jung und in der digitalen Welt aufgewachsen sind, was die Implementierung neuer Tools sowie Herangehensweisen sicherlich erleichtert. Diese Gegebenheiten könnten auch die Compliance-Arbeit in Forschung und Wissenschaft wesentlich prägen oder sogar weithin verändern, sodass ein Benchmark für Unternehmen bzw. Organisationen – ebenso außerhalb des Wissenschaftsbereiches – gesetzt werden könnte (wenn der Forschungsauftrag auf dem Gebiet der Digitalisierung aktiv für Compliance wahrgenommen wird). Gemeinhin gewinnt ferner – u. a. eben in diesem Zusammenhang – das Thema der Regulierung neuer Technologien, einschließlich bspw. die Daten- und KI-Regulierung, an Bedeutung. Die Technologien kommen mit hoher Geschwindigkeit auf den Markt und finden zügig breite Anwendung, was neue Herausforderungen mit sich bringt. In der Forschung bewegt man sich daher nicht nur im Anwendungsbereich dieser Digitalisierung, sondern ebenso in der Innovation dieser Prozesse, Produkte etc. selbst.[8] Das bietet einen echten Mehrwert für den Wissenschaftsbereich und ermöglicht, in der Compliance gewiss Vorreiter sein zu können. Obwohl dieses Ziel heute noch nicht vollständig ausdifferenziert ist bzw. die breite Überzeugung hierfür fehlt, besteht großes Potenzial darin, dass die angewandte Wissenschaft in der Compliance eine führende Rolle einnimmt sowie signifikante Beiträge bspw. im Sinne eines Best Practice oder durch Software-Lösungen generieren kann.

Darüber hinaus wächst der Eindruck, dass die Regulatorik immer komplexer und schwieriger zu erfassen ist. Hier kommt die Digitalisierung äußerst nützlich zum Tragen, um Vorgaben effektiv sowie effizient mithilfe computerbasierter bzw. maschinengestützter Prozesse oder Tools abzubilden, sodass die Organisationsangehörigen jeweilige Regeln befolgen, ohne sich dessen eigentlich direkt bewusst sein zu müssen. Solche Tools können dabei – wie bereits in den vorangegangenen Kapiteln angerissen – perfekt unterstützen (ähnlich dem Beispiel des Geldautomaten, welcher zuerst die Karte und dann erst das Geld ausgibt, um sicherzustellen, dass die Geldkarte nicht zurückbleibt). Dergleichen (intuitiv) lenkende Mechanismen oder auch individuelle Anreizsysteme zum Einhalten von Regeln können mit entsprechenden Applikationen bzw. IT-Lösungen einen starken (positi-

[8] Eine zielgerichtete sowie weitestgehend „frühe Integration der Compliance- und Risikofunktion in Forschung und Entwicklung sowie Produktdesign ist sinnvoll, da die Regulierung, etwa des Umgangs mit personenbezogenen Daten, Monetarisierungsoptionen und Markteintrittshürden beeinflusst. *Compliance by Design* ist Teil eines proaktiven Risikomanagements, das kostspielige Mängel, Verspätungsschäden und Sanktionen reduziert und die Reputation stärkt. Diese geschäftsmodellprägende Funktion des Datenschutz- und KI-Rechts erfordert neue Organisations-, Team- und Vergütungsstrukturen" (Seibt 2024).

ven) Impact haben, um das (Arbeits-)Leben zu vereinfachen und die Regulatorik nahtlos in den Alltag zu integrieren. Dies hilft, Compliance als Teil des täglichen Handelns zu etablieren, ohne dass sie als zusätzliche Belastung empfunden wird bzw. überhaupt der Eindruck von Machtlosigkeit bzgl. einengender Bürokratie und unnötigem Zusatzaufwand entsteht.

Angesichts der rasanten Entwicklungen ist aktuell aber eben nur schwer absehbar, wohin sich alles bewegen wird und welche Themen in Zukunft relevant sein werden. Die hier präsentierten Überlegungen sind daher bestenfalls ein *educated guess* auf Basis des gegenwärtigen Standes. Aufgrund der stetigen Weiterentwicklung bspw. von Compliance, Regulatorik sowie Technologien ist es zudem kaum möglich, einen abschließenden und exhaustiven Überblick zu bieten. Deshalb kann gar nicht richtig beantwortet werden, welche Aspekte hier wirklich übergangen wurden, weil dies von den eigenen Anforderungen der Organisation und ihrer Stakeholder abhängt. Diese Einführung in die Compliance hat aber hoffentlich ein erstes Grundverständnis für diese Materie vermittelt, was den Ausgangspunkt für eigene Recherchen ermöglichen soll. Denn auch wenn die revolutionären Entwicklungen in der Technik vermutlich sehr vieles verändern werden, sollten wir als Menschen uns das Heft des Handelns nicht aus der Hand nehmen lassen. Und dies erfordert nun einmal, dass man stets ein (wenigstens grundlegendes) Verständnis von der entsprechenden Thematik hat und das Ganze nicht nur einer Blackbox oder ähnlichem anvertraut, welche autonom Entscheidungen für uns trifft oder Handlungen eigenmächtig für uns ausführt.

8.4 Wie könnte sich die CPL weiterentwickeln?

Was man sich nun unter der Zukunft von Compliance vorstellt, hängt natürlich sehr stark davon ab, wo man sich derzeit in der eigenen Compliance-Arbeit befindet, d. h. welchen Reifegrad das bestehende Compliance-Management-System der Organisation aufweist. Compliance als eine vergleichsweise noch recht junge Disziplin, welche Anfang der 2000er-Jahre aufgrund von verschiedenen Krisen oder auch Skandalen erst so richtig Fahrt aufgenommen hat, verursachte ein Umdenken in den Führungsetagen, unangemessenes Verhalten strukturell zu vermeiden.

Mittelständische Unternehmen oder Großkonzerne sind erfahrungsgemäß schon vertrauter mit den Zielkonflikten, die zwischen Gewinnmaximierung und Aufwand für Compliance-Maßnahmen entstehen oder die mit der Integration von Compliance in existierende Managementsysteme verbunden sind. Denn, wer leichtfertig Compliance-Verstöße in Kauf nimmt oder in der Vergangenheit genommen hat, wird zunehmend weniger als integer wahrgenommen bzw. verliert das oftmals hart erarbeitete Renommee. Oder anders geschrieben, sind das eben keine Kavaliersdelikte (mehr) und diese Organisationen verlieren stark an Wert. Die Recherche zeigte, dass diese Erfahrungen in die Verhaltenskodizes aufgenommen werden, indem sie Compliance- und moralische Werte stärker berücksichtigen. Der Trend hin zu einer engen Verknüpfung von Compliance- und Integritätsmanagement ist dort heute schon oft zu beobachten. Insbesondere, wenn Compliance-Management-Systeme noch nicht vollumfänglich aufgebaut oder integriert sind, werden die Herausforderungen einer wirksamen Compliance sowie einer wertebasierten Arbeitsatmosphäre gemeinsam angestrebt und als Wettbewerbsvorteil gesehen bzw. eingesetzt.

Allen Organisationen in Forschung und Wissenschaft ist nahezu gleich, dass ein Umdenken benötigt werden wird, das Compliance von einem puren Absicherungssystem hin zu einem Wettbewerbsvorteil positioniert. Während gewinnorientierte Organisationen in einem Markt stehen, der von wirtschaftlich konkurrierenden Marktteilnehmenden gestaltet wird, befinden sich gemeinnützige Forschungsorganisationen oder Hochschulen bzw. Universitäten meist in einem Umfeld, das durch Erwartungshaltungen und Strategien (geo-)politischer und öffentlicher Akteure beeinflusst ist. Organisatorische Veränderungen in der Ablauforganisation sowie eine stärkere Automatisierung und Digitalisierung (u. a. durch den Einsatz von KI) werden die operativen und regelmäßig wiederkehrenden Tätigkeiten der Compliance zudem besser ausführen lassen und bestehende starre Systeme langfristig ablösen. Eine Transformation in dieser Hinsicht wird allerdings nur gelingen, wenn organisationsklug vorgegangen wird, also Digitalisierung sowie Automatisierung u. a. als Reorganisationsprozess verstanden und deren Dysfunktionalitäten mitgedacht bzw. mitgemanaged werden; folglich sollten bspw. vor einer Software-Beschaffung die Anforderungen klar und deren Einsatz sinnvoll geplant sein. So könnte die Bedeutung von Compliance als ein agiles System sowie die Integration von Verhaltensnormen und Organisationswerten in bestehende Managementsysteme zukünftig relevanter bzw. in die geschäftspolitische Ausrichtung mit konkreten Zielen aufgenommen werden. Compliance und deren wirtschaftlicher Nutzen würde dadurch für Leitungsverantwortliche mehr in den Vordergrund gestellt, was für sie zukünftig ein noch größeres Umdenken erfordern könnte.

Für den Wissenschaftsbereich, vor allem im öffentlichen Sektor, bedeuten Compliance-Management-Systeme mit einem oft noch geringeren Reifegrad, bspw. aufgrund einem stärker regelgesteuerten Ansatz in risikorelevanten Prozessen wie u. a. dem Vergaberecht, sicherlich eine größere organisatorische Veränderung. Die generell hierin aufgeworfenen Denkanstöße sowie Impulse sollen die Sorge nehmen, ein Bürokratie-Monster auf- oder auszubauen und eine Überforderung der Organisation auszulösen. Die Ausrichtung des CMS auf Compliance-

Grundsätze könnte stattdessen Perspektiven hinsichtlich einer modernen Unternehmensführung (siehe *ESG-Compliance*; Geier et al. 2023) schaffen, wenn diese auf ein solides materielles sowie immaterielles Wachstum, auf eine Konsolidierung von Regelungsinhalten und auf eine stärkere Qualitätssicherung in Bezug auf die gesetzten Grundsätze abzielen. Dieses Austarieren zwischen (risikobasiertem) prinzipien- und regelgesteuertem CMS ist als eine Art Mechanik zu betrachten, die mit festen Regelungen oder Prozessen dort Risiken mitigiert, wo klare Vorgaben (z. B. harte Wertgrenzen) zu setzen sind, und da, wo zudem mit Menschen und nicht mit Maschinen gearbeitet wird, Grundsätze anwendet, bspw. bei der Entscheidungsfindung, ein Projekt auf bestimmte Weise durchzuführen.

Eines der relevantesten Compliance- und Integritätsrisiken in universitären Strukturen bzw. öffentlichen Organisationen ist wohl der Machtmissbrauch, welcher durch diverse Abhängigkeitsverhältnisse auftreten und sich in nichtsachgerechtem Umgang mit Interessenkonflikten bis hin zu korruptiven Verhalten ausdrücken kann. Die Auswirkung von ethischen Verfehlungen wird in der öffentlichen Wahrnehmung stärker an gesellschaftlichen Werten anstatt dem tatsächlichen Strafrecht festgemacht. Dies meint, dass ein CMS in Verbindung mit dem Integritätsmanagement, womit das wertebasierte Arbeitsverhalten in den Blick genommen wird, um ethischen Verstößen etc. frühzeitig vorzubeugen, zukünftig an Bedeutung gewinnen könnte. Aber wie lässt sich dieses Ziel einer gut funktionierenden Compliance- und Integritätskultur umsetzen? Hierfür kommt es darauf an, die Organisationswerte gut zu kommunizieren und eine regelmäßige Rückmeldung der Einstellungen sowie Wahrnehmungen der Belegschaft einzuholen und so ein organisationsangepasstes CMS zu entwickeln. Die Integration von Fragen zu Führungs- und Fehlerkultur sowie zu Meldeverhalten und Vertrauen in Mitarbeitenden-Umfragen sind geeignete Vorgehensweisen, um das etablierte Verfahren regelmäßig zu überprüfen. Zudem können Dialogformate mit Mitarbeitenden (z. B. durch die Leitungsfunktion als „Tone-from-Top"-Aktivität) als ressourcenschonende Compliance-Kultur-Maßnahmen, welche den Umgang mit integrem Verhalten in der Organisation thematisieren und ein übereinstimmendes Werteverständnis prägen, wichtige Begleitmaßnahmen sein. Die sozialisierende Eigenschaft von kultur- und werteprägenden Maßnahmen beugt rechtlichen Verstößen sowie Fehlverhalten vor und unterstützt nicht zuletzt die jeweiligen Leitungsfunktionen, die zunehmenden wirtschaftlichen und strategischen Anforderungen, die im Hinblick auf eine resiliente Unternehmensführung anstehen, effizient bzw. ressourcenschonend und wirksam umsetzen zu können. Auch damit könnte Compliance in Forschungsorganisationen gewiss als Wertschöpfungsfaktor anerkannt bzw. wahrgenommen werden sowie sich in Verbindung mit dem Integritätsmanagement zum erheblichen Wertbeitrag durchaus weiterentwickeln.

Es geht also auch um ressourcenarme Compliance- sowie Integritätsmaßnahmen für den Wissenschaftsbereich, vor allem im öffentlichen Sektor, die ergebnisorientierte Werkzeuge und Lösungen anbieten. Besonders gemeinnützige, staatliche oder nicht gewinnorientierte Wissenschafts-Organisationen vertreten das Grundrecht der Wissenschafts- und Forschungsfreiheit; sie üben damit einen zivilgesellschaftlichen Auftrag aus. Sie werden sich ergänzend zu ihrer Forschungsleistung zunehmend mehr an ihrem Werteverständnis messen lassen müssen, welches sie nach außen vertreten sowie nach innen einfordern. Wenn das Arbeitsverständnis also sinnstiftend geprägt ist, wird die Erhöhung des CMS-Reifegrads neben der *Regeltreue* immer auch von der *Wertetreue* abhängen. Dies hieße dann aber nicht, in eine Gesinnungsethik wie vom *Ethical-Leadership-Ansatz* propagiert zu verfallen; denn diese ist doch eher brüchig (vgl. Jung et al. 2018, S. 13 f.).[9] Nichtsdestotrotz könnte dies dazu führen, dass zukünftig Compliance gemeinsam mit einem integren Verhalten der Mitarbeitenden gedacht werden muss, weil in der jeweiligen Situation die Einhaltung von Compliance mit dem ethisch moralischen Verhalten des Einzelnen einhergeht. Eine nachhaltige Verhaltensänderung in der Belegschaft ist ein langfristiger Prozess, der mit den Instrumenten des Integritätsmanagements eine organisationsangepasste Sozialisierung erreichen kann. Die damit zusammenhängende Veränderung des Bewusstseins für die Aufnahme von Compliance und Integrität in die Unternehmenskultur könnte zukünftig noch bedeutender für das unternehmerische Handeln von Organisationen im öffentlichen oder non-profit Sektor werden.[10]

Mit dem Einsatz eines geeigneten Anreizsystems, also mit ausgeklügelten Maßnahmen zur Steigerung der Compliance-Motivation einzelner Personen (z. B. Lieferant:innen, Mitarbeitende, Projektpartner:innen), lassen sich integres Verhalten und Compliance ergebnisorientiert steuern sowie die organisationsspezifischen Ziele erfüllen. Solche erfolgsorientierten Bonus-Zahlungen sind in international

[9] Ein realistischeres Konzept eines wirksamen Compliance- und Integritätsmanagement wird bzw. würde also weniger an einer heroischen Gesinnungs- als vielmehr an einer Verantwortungsethik ansetzen, wonach Führungskräfte und Mitarbeitende die Entscheidungs- sowie Handlungsfolgen abschätzen und sich danach richten.

[10] Ein Integritätsmanagement, welches eine organisationsangepasste Sozialisierung erreichen soll, unterstellt eine damit einhergehende Verantwortungsdelegation auf Führungskräfte und Mitarbeitende, innerhalb derer der eigene (moralische) Kompass für (integere) Entscheidungen reflektiert wird. Ferner geht damit einher die Kompetenz zu stärken, einen Fokus im Sinne der Organisationsstrategie usw. setzen zu können, sodass keine moralischen Dilemmata zwischen wirtschaftlicher und moralischer Zielerreichung entstehen. Führungskräfte haben in diesem aufgezeigten Ansatz die sehr verantwortungsvolle Aufgabe, rechtssicheres Verhalten der Mitarbeitenden (in festgesetzten Grenzen) zu befördern.

agierenden Organisationen für die Leitungsebene bereits ein übliches Mittel. Ein Anreizmechanismus ist also durchaus ein breit einsetzbares Steuerungsinstrument, welches ein Compliance-konformes Mindset fördern kann. Da nun oftmals Organisationen mit gesellschaftlichem Auftrag, wie bspw. Hochschulen, besonders anfällig sind für Verfehlungen, die in der öffentlichen Wahrnehmung als moralisch problematisch angesehen werden, ist die *Enthaftung in der öffentlichen Wahrnehmung* ein doch sehr entscheidender Aspekt bzw. kann das Nichtbestehen für solche Organisationen äußerst erfolgsgefährdend werden. Aus diesem Grund wird die Steuerung der Einhaltung von Compliance bzw. des nach den jeweiligen gesellschaftlichen (kulturbedingten) Normen als korrekt wahrgenommenen Verhaltens wichtiger, wobei Compliance-Anreizsysteme zukünftig vermutlich eine größere Rolle spielen werden. Ebenso wäre sicher eine Weiterentwicklung zu einem sinnvoll durchdachten Standard diesbezüglich denkbar.

Soll die Aufgabe von Compliance als bedeutender Beitrag zur Wertschöpfung verstanden werden, wird eine Überzeugung bzw. Commitment über das konkrete Ergebnis (Outcome) der Compliance-Arbeit entscheidend sein. Die Akzeptanz dafür nach innen sowie außen zu schaffen, bewirken u. a. gut ausgearbeitete Compliance-Ziele, an denen die Risikoszenarien, -Erhebung, -Bewertung und entsprechende Compliance-Maßnahmen ausgerichtet werden. Für die Compliance-Funktionen könnte das zukünftig ein strukturierteres Vorgehen bedeuten, elementare Zielkonflikte zwischen der Einhaltung von Regeln und der Wahrnehmung von Grundsätzen zu steuern. Fähigkeiten in der Moderation sowie Kommunikation, der Überwachung, des Entdeckens und des angemessenen Adressierens von Risiken sowie Fähigkeiten im Umgang mit Schwachstellen und Verbesserungen könnten eine zentrale Position für die Wertschöpfung einnehmen. Damit werden sie vermutlich ergebnisorientierter wahrgenommen werden und vertrauensbildender wirken können.

Compliance als Wertbeitrag, Wertschöpfungsbeitrag und Wettbewerbsvorteil zu etablieren, Anreizsysteme und ein Integritätsmanagement zur Werteorientierung zu implementieren sowie die Compliance-Funktion als Moderator von Zielkonflikten zu positionieren, dürfte zukünftig in der Compliance-Arbeit also entscheidend werden. Voraussetzung dafür ist es, den Grad der CMS-Reife zu kennen, welcher im Veränderungsprozess mit beachtet werden müsste. Denn je nach Abweichung bedeutet das eine mehr oder weniger große Veränderung für die Organisation, was geeigneter Maßnahmen und angemessener Aufwendungen bzw. Ressourcen bedarf. Das einzusetzende Investment und die personellen Mittel sind sorgfältig zu planen sowie abzustimmen, um ein notwendiges Vorgehen auch rechtfertigen zu können, bspw. indem Aufwände in das Verhältnis des langfristigen Nutzens gestellt werden (*Business Case*-Betrachtung). Ein konstruktiver Transformationsprozess sollte entstehen, wenn die erforderlichen Veränderungen mit der positiven Perspektive für die Mitarbeitenden kommuniziert (vgl. *Change Management*) und transparent für die Belegschaft über den gesamten Zeitraum begleitet werden. Ein damit einhergehendes bzw. darunter fallendes *Change Management* sollte dabei auch stets aus der Perspektive der betroffenen Zielgruppe (z. B. Mitarbeitende) gedacht werden, um erfolgreich zu sein; denn jede Person bzw. Gruppe macht zwangsläufig – bewusst oder unbewusst – eine solche Rechnung auf (also was ‚kostet' diese Veränderung für mich, was ‚bringt' diese Veränderung für mich, lohnt sich dieser Aufwand letztlich für mich?). Absicht ist, dass sich die Transformation für alle Beteiligten konstruktiv und richtig anfühlt. Dies könnte dann schon der erste Schritt zu einem Commitment sein bzw. Compliance für alle positiv konnotieren und zur Bereitschaft führen, Verhalten nachhaltig zu verändern.

Letztlich sollten durch die Compliance-Arbeit im Bereich *Forschung und Wissenschaft* vor allem Strafen, Ordnungswidrigkeiten, finanzielle Verluste sowie Reputationsschäden verhindert, aber eben auch Werte wie Fairness im Sinne von Chancengleichheit etabliert werden, sodass alle Mitarbeitende die Möglichkeit erhalten, die eigenen Potenziale, Stärken und Ideen zum gesellschaftlichen Fortschritt bzw. zum Wohle der Organisation einzubringen. Darüber hinaus sollte Compliance dafür Sorge tragen, dass Fehlverhalten nicht geduldet wird und unethisches Verhalten die oben genannten Ziele nicht konterkariert, um die Organisationsangehörigen sowie die Gesellschaft und Umwelt in Gänze zu schützen.

Literatur

Asch, Solomon E. (1951): Effects of group pressure upon the modification and distortion of judgments. In: Harold Guetzkow (Hg.): Groups, leadership and men; research in human relations. Pittsburgh: Carnegie Press, S. 177–190.

BMAS (2024): CSR-Politik in Deutschland. Bundesministerium für Arbeit und Soziales. Online verfügbar unter https://www.csr-in-deutschland.de/DE/CSR-Allgemein/CSR-Politik/CSR-in-Deutschland/CSR-Politik-in-Deutschland/csr-politik-in-deutschland.html, zuletzt geprüft am 12.05.2024.

Brunsson, Nils (2002): The Organization of Hypocrisy: Talk, Decisions and Actions in Organizations. 2. Auflage. Oslo: Copenhagen Business Press.

Darley, John M.; Batson, C. Daniel (1973): "From Jerusalem to Jericho". A study of situational and dispositional variables in helping behavior. In: Journal of Personality and Social Psychology 27 (1), S. 100–108. https://doi.org/10.1037/h0034449.

Doyle, Sarah P.; Pettit, Nathan C.; Kim, Sijun; To, Christopher; Lount Jr., Robert B. (2022): Surging Underdogs and Slumping Favorites: How Recent Streaks and Future Expectations Drive Competitive Transgressions. In: Academy of Management Journal, 65, S. 1507–1540. https://doi.org/10.5465/amj.2019.1008.

EY (2024): EY Global Integrity Report 2024. London: Ernst & Young Global Limited.

Geier, Bernd M.; Meringdal, Inga Elise; Stille, Simone (2023): ESG-Compliance. Taxonomie, Offenlegung, Governance. München: C.H. Beck.

Jeschke, Sabina; Fuchs, Tobias (2024): Editorial – Next Generation Compliance. In: RDi Recht Digital. Online verfügbar unter https://rsw.beck.de/zeitschriften/rdi/single/2024/03/04/next-generation-compliance, zuletzt geprüft am 24.06.2024.

Jeschke, Sabina; Fuchs, Tobias; Thiele, Thomas (2024): Next Generation Compliance – Wie KI die Spielregeln revolutioniert. KI Park e.V. Online verfügbar unter https://kipark.de/next-generation-compliance-wie-ki-die-spielregeln-revolutioniertnext-generation-compliance/, zuletzt geprüft am 24.06.2024.

Jung, Stefan; Friedrichs, Stefan; Armbruster, Andre (2018): Antikorruption und Leadership. Göttingen: V&R Unipress.

Jüttner, Markus (2023): Die Kunst erfolgreicher Compliance. Eine realistische Sicht auf wirksames Compliance-Management. Frankfurt am Main: Fachmedien Recht und Wirtschaft (Compliance Berater Schriftenreihe).

Jüttner, Markus; Schütz, Marcel (2023): Compliance zwischen Schein und Sein. Wie Organisationen viele und widersprüchliche Erwartungen managen (müssen). In: *Konfliktdynamik* 12 (4), S. 258–265.

Milgram, Stanley (1963): Behavioral Study of Obedience. In: Journal of Abnormal Psychology 67, S. 371–378.

Ortmann, Günther (2010): Organisation und Moral: Die dunkle Seite. Weilerswist: Velbrück Wissenschaft.

Seibt, Christoph H. (2024): Wie die KI-Wirtschaft die Welt der Vorstände verändert. In: Manager Magazin. Online verfügbar unter https://www.manager-magazin.de/unternehmen/tech/kuenstliche-intelligenz-ki-basierte-predictive-economy-veraendert-die-welt-der-vorstaende-a-430a8820-bbd9-4152-a1af-fae746c781b7, zuletzt geprüft am 15.06.2024.

Made in the USA
Monee, IL
19 October 2026

66036572R00115